网络学习空间应用研究

李玉斌　刘　丹　姚巧红　著

科学出版社

北　京

内 容 简 介

网络学习空间已在我国各级各类学校中进行全面建设，正在成为现代教育的基础设施。本书作者在多年教学研究基础上，结合国内外相关研究成果，对网络学习空间的内涵及其应用进行了系统梳理和深入思考，力求体现网络学习空间应用的新观点、新理念、新模式、新实践。全书共五章，分别是理解网络学习空间、网络学习空间与课堂教学、网络学习空间与学生发展、网络学习空间与教师专业发展、网络学习空间与学校变革。

本书案例丰富，贴合实际应用，可读性强，可供教育行政部门工作人员、教育信息化研究人员、各级各类学校教师等参考和使用，也可供教育技术学相关专业的本科生、研究生阅读。

图书在版编目（CIP）数据

网络学习空间应用研究 / 李玉斌，刘丹，姚巧红著. —北京：科学出版社，2023.6

ISBN 978-7-03-075933-7

Ⅰ. ①网… Ⅱ. ①李… ②刘… ③姚… Ⅲ. ①网络教学－教学研究 Ⅳ. ①G434

中国国家版本馆 CIP 数据核字（2023）第 114648 号

责任编辑：杨慎欣 / 责任校对：韩 杨
责任印制：吴兆东 / 封面设计：无极书装

科学出版社 出版
北京东黄城根北街 16 号
邮政编码：100717
http://www.sciencep.com

北京中石油彩色印刷有限责任公司印刷
科学出版社发行 各地新华书店经销
*

2023 年 6 月第 一 版　开本：720×1000　1/16
2024 年 1 月第二次印刷　印张：14 1/4
字数：287 000

定价：128.00 元
（如有印装质量问题，我社负责调换）

前　言

　　自20世纪90年代以来，随着建构主义的兴起和新教育技术的普及，学习空间数字化重构成为全球教育变革的一个重要议题。网络学习空间作为集资源、工具、服务、社群和管理于一体的数字化学习环境，是在"互联网+教育"、从信息技术时代向智能技术时代跨越以及学习理念变革（个性化且有深度的学习）背景下孕育出来的一种新型学习环境形态，正在成为各级各类学校和教育单位的新基础设施。特别是随着移动互联、云计算、物联网、大数据、人工智能、虚拟沉浸、5G等技术的不断成熟及其深度融入人们的日常工作和生活，网络学习空间逐渐嵌入学习服务的关键环节，并不断打破学校教育、社会教育和网络教育的传统边界和服务壁垒，在推动和支撑教育生态发生革命性改变方面展现出了广阔的应用前景和强劲的应用潜力。

　　在这种背景下，我国于2012年9月召开了第一次全国教育信息化工作电视电话会议，时任中共中央政治局委员、国务委员刘延东在会上做了《把握机遇　加快推进　开创教育信息化工作新局面》的讲话。刘延东在讲话中强调，建设好"三通两平台"即宽带网络校校通、优质资源班班通、网络学习空间人人通以及教育资源公共服务平台和教育管理公共服务平台，是当前教育信息化建设的核心目标与标志工程。自此，网络学习空间人人通作为国家层面工程开始在全国范围内深入推进。2018年4月，教育部发布了《网络学习空间建设与应用指南》，将重构学习环境、优化资源供给、变革教学模式、重塑评价方式、创新服务模式、提升治理水平等作为网络学习空间建设与应用的目标。于是，推动正式学习与非正式学习有机融合，构建支持个性化、适应性学习的智能化学习环境；支持个性化资源推送，实现精准服务，创新资源供给方式；促进教学方式从以教为主向以学为主转变，从单一、被动的学习方式向多样化、个性化的学习方式转变；跟踪监测教与学全过程，实现基于数据的综合素质评价；创新教育服务供给渠道、手段和内容，形成多元教育服务并存的良性供给模式等，成为我国网络学习空间建设项目的重大任务。

　　本书相关研究内容得到全国教育科学"十三五"规划国家一般课题"网络学习空间的内涵及其应用模式研究"（BCA160048）资助。全书共五章，各章的主要内容如下。

　　第一章，理解网络学习空间。本章从学习空间演变谈起，对网络学习空间的内涵与发展，网络学习空间人人通的提出背景与国家政策等进行阐释。网络空间是一种社会性构建，弥漫着社会关系，在被社会关系支持的同时也生产社会关系和被社会关系所生产。因此，网络学习空间的建设，其关键是教师与学生、教学与学习、学校与社会等各种关系的调整、创新与重构。在教育中应用网络学习空间，其作用不是对传统教育进行强化，也不是简单地把传统教育过程和环节搬到网络上。网络学习空间建设的根本目的要旨向破解教育难题，促进学习方式转变和教育新生态构建。

第二章，网络学习空间与课堂教学。本章基于"概念界定、关键作用、典型模式、案例分享"的内容结构，分别讨论了网络学习空间在智慧课堂、翻转课堂、精准教学、问题解决教学、专递课堂建设中的应用，汇集了包括作者团队在内的国内外学者的最新研究成果，旨向创新人才培养、深度学习、差异化教学、个性化发展以及普及网络学习空间常态化应用与促进学生全面发展。

第三章，网络学习空间与学生发展。本章主要围绕利用网络学习空间发展学生核心素养、利用网络学习空间创新学习评价方式、基于网络学习空间的学习分析和基于网络学习空间的非正式学习等进行了讨论，力求展现当前的新做法、新实践、新进展。具体包括教学模式创新提升自主学习能力、虚拟创客空间促进创新思维发展、虚拟仿真平台强化实践动手能力、体质管理平台保障体质健康发展、思政教育平台深化家国责任担当；基于知识地图的个性化评价、学业能力诊断性评价、综合素质发展性评价、基于同伴的协作互评；学习分析（包括学习行为分析、认知结果分析、学习情感分析）；非正式学习的内涵、网络学习空间中的非正式学习模型、虚拟场馆学习与学生核心素养发展等。

第四章，网络学习空间与教师专业发展。本章共三个专题，前两个专题分别是面向网络学习空间的教师专业发展和基于网络学习空间的教师专业发展，体现了网络学习空间之于教师专业发展所具有的双重作用。一方面，网络学习空间为教师群体的协同提升和交流互动提供了新途径，可以促进教师的专业发展；另一方面，网络学习空间为教师的教学活动提供了新的实施环境，给教师专业发展提出了新要求。第三个专题是社区奖励对教师知识共享行为的影响。由于知识共享对教师群体共同成长、促进教育均衡发展意义重大，因而基于网络学习空间的教师知识共享备受期待。在这种背景下，作者团队基于社会交换理论，以调查实证的方式分析了网络学习空间中社区奖励对教师知识共享行为的影响程度和作用机制，希望能为网络学习空间建设和运营、教师知识共享活动组织和管理等提供动力机制。

第五章，网络学习空间与学校变革。网络学习空间带来的学习环境和学习方式变革，正在促使学校的组织形式和管理模式发生重大变革。传统意义上的学校正在不断调整，融入网络空间、个性化、智能化、虚实融合、多元协同的未来学校正在形成，其意义也在逐步从知识本位的教育向能力和素养本位的现代教育转型，从同质化教育向个性化教育转型，从信息集成管理向智能决策管理转型。本章以学校环境变革、学校课程变革、学校管理变革、学校形态变革为线索，对网络学习空间与学校变革问题进行了探讨。

  本书第一、二章由李玉斌撰写，第三、五章由刘丹撰写，第四章由姚巧红撰写，全书由李玉斌统稿。

  本书汇集了作者所在的数字化学习与在线教育团队过去多年的研究积累，以及国内外专家、学者的真知灼见，力求反映当前网络学习空间应用的最新进展。作者在本书相关研究过程中，得到了西北师范大学郭绍青教授、东北师范大学姜强教授、辽宁师范大学戴心来教授的指导和帮助，在此一并表示感谢。同时还要感谢作者团队的多召军、王琳、连洪俪、王思皖、郭沫、胡靖梅、吴静茹、王硕等在书稿校正过程中的奉献与付出。

  本书参考与引用了国内外大量的资料和研究案例，其来源均予以注释列出。受作者水平与学识所限，书中难免会有疏漏和不足之处，敬请读者批评指正。

李玉斌

2023 年 6 月

目 录

第一章 理解网络学习空间 … 1

第一节 学习空间的概念、构成与历史变迁 … 1
一、学习空间的概念 … 1
二、学习空间的构成 … 2
三、学习空间的历史变迁 … 5

第二节 网络学习空间的内涵与发展 … 8
一、网络学习空间的概念 … 8
二、网络学习空间的演进 … 10
三、网络学习空间的作用 … 12
四、网络学习空间的发展趋势 … 14

第三节 网络学习空间人人通 … 15
一、提出背景 … 15
二、政策路径 … 15
三、人人通意义下的网络学习空间 … 18
四、网络学习空间人人通的功能 … 19
五、网络学习空间人人通的应用 … 22

第二章 网络学习空间与课堂教学 … 27

第一节 基于网络学习空间的智慧课堂 … 27
一、智慧课堂的内涵 … 27
二、网络学习空间的作用 … 28
三、模式与案例 … 29

第二节 基于网络学习空间的翻转课堂 … 36
一、翻转课堂的概念 … 36
二、网络学习空间的作用 … 37
三、模式与案例 … 38

第三节 基于网络学习空间的精准教学 … 45
一、精准教学的概念 … 45

二、网络学习空间的作用……………………………………………46
　　三、模式与案例………………………………………………………47
　第四节　基于网络学习空间的问题解决教学……………………………53
　　一、问题解决教学的概念……………………………………………53
　　二、网络学习空间的作用……………………………………………54
　　三、模式与案例………………………………………………………55
　第五节　基于网络学习空间的专递课堂…………………………………59
　　一、专递课堂的概念…………………………………………………59
　　二、网络学习空间的作用……………………………………………61
　　三、模式与案例………………………………………………………62

第三章　网络学习空间与学生发展……………………………………………66
　第一节　基于网络学习空间的学生核心素养发展………………………66
　　一、教学模式创新与自主学习能力…………………………………66
　　二、虚拟创客空间与创新思维发展…………………………………70
　　三、虚拟仿真平台与实践动手能力…………………………………79
　　四、体质管理平台与体质健康发展…………………………………84
　　五、思政教育平台与家国责任担当…………………………………87
　第二节　基于网络学习空间的学习评价方式……………………………89
　　一、基于知识地图的个性化评价……………………………………89
　　二、学业能力诊断性评价……………………………………………92
　　三、综合素质发展性评价……………………………………………94
　　四、基于同伴的协作互评……………………………………………97
　第三节　基于网络学习空间的学习分析…………………………………103
　　一、学习行为分析……………………………………………………103
　　二、认知结果分析……………………………………………………107
　　三、学习情感分析……………………………………………………114
　第四节　基于网络学习空间的非正式学习………………………………124
　　一、非正式学习的内涵………………………………………………125
　　二、网络学习空间中的非正式学习模型……………………………126
　　三、虚拟场馆学习与学生核心素养发展……………………………131
　　四、应用案例…………………………………………………………133

第四章　网络学习空间与教师专业发展 ……………………………………136

第一节　面向网络学习空间的教师专业发展 …………………………136
一、网络学习空间对教师专业发展的新要求 ………………………136
二、教师网络学习空间教学应用现状 ………………………………139
三、教师网络学习空间评价指标研制 ………………………………140

第二节　基于网络学习空间的教师专业发展 …………………………150
一、网络研修社区 ……………………………………………………150
二、网络研修工作坊 …………………………………………………155
三、网络名师工作室 …………………………………………………159
四、基于网络学习空间的城乡教师协同发展 ………………………163

第三节　社区奖励对教师知识共享行为的影响 ………………………166
一、概念界定与理论基础 ……………………………………………167
二、研究模型和研究假设 ……………………………………………168
三、实证研究 …………………………………………………………171
四、结论与建议 ………………………………………………………176

第五章　网络学习空间与学校变革 ………………………………………179

第一节　学校环境变革 …………………………………………………179
一、智慧校园 …………………………………………………………179
二、智慧教室 …………………………………………………………183

第二节　学校课程变革 …………………………………………………186
一、线上线下混合 ……………………………………………………186
二、虚实融合 …………………………………………………………189
三、跨学科整合 ………………………………………………………192
四、个性化定制 ………………………………………………………195

第三节　学校管理变革 …………………………………………………199
一、共享协同 …………………………………………………………199
二、智能感知 …………………………………………………………201
三、监控预警 …………………………………………………………203
四、科学决策 …………………………………………………………204
五、家校共育 …………………………………………………………206

第四节　学校形态变革 ·· 208
　一、虚拟学校 ·· 209
　二、未来学校 ·· 209
　三、案例介绍 ·· 211

第一章 理解网络学习空间

进入 21 世纪，信息技术已经渗透到社会的方方面面，人们的工作方式、生活方式和学习方式等正在发生着深刻的变化。面对日趋激烈的国际竞争，世界各国普遍关注教育信息化在带动教育现代化和培养创新人才方面的重要作用，持续加大数字化教育资源和信息化教学环境的建设力度。网络学习空间在推动和支撑教育形态发生根本性变革方面呈现出广阔的应用前景，正逐渐发展成为各级各类教育的新基础设施。本章从学习空间的概念与历史变迁谈起，对网络学习空间的内涵、发展与作用，网络学习空间人人通的提出背景与国家政策等进行了阐释，试图从历史演进、应用场景、教育价值等不同视角，揭示网络学习空间的内涵。

第一节 学习空间的概念、构成与历史变迁

一、学习空间的概念

自 20 世纪 90 年代以来，随着建构主义的兴起和新教育技术的普及，优化、丰富教育教学方式，转变、创新学生学习方式得到国际教育界的普遍重视。作为学习活动的重要承载，学习空间变革成为全球教育改革的重要议题，受到前所未有的关注。美国高等教育信息化协会发布的白皮书认为，新的教学方法对学习空间提出了新的要求，虚拟空间的出现导致"教室"这一概念发生变化[1]。也有研究认为，在 20 世纪 90 年代之后，随着教育理念的转变和互联网技术的入场，用"学习空间"来指代人类学习的场所，体现了"以学习者为中心"的教学思想，突显学习空间在促进学习者参与、增强学习过程的社会性、支持学习者主动学习等方面的重要作用[2]。那么，什么是学习空间呢？下面列举一些研究者的观点。

场所观。许亚锋、尹晗、张际平认为，学习空间是指用于学习的场所，学习空间包括物理空间和虚拟空间[3]。这种观点强调了学习空间的物理性。

场域观。瞿一丹认为，随着"以时间消解空间"的习惯与传统的根本性转变，学界对空间概念的研究出现了集体转向，教育领域对学习空间的理解同样表现出了由"缺场性"认定转向"陌生化"的考察。学习空间以学习者为实践主体和体

---

[1] Oblinger D. Leading the transition from classrooms to learning spaces[J]. Educause Quarterly, 2005(1): 14-18.
[2] 崔璐. "课堂革命"与学习空间管理变革[J]. 教育探索, 2018(5): 10-15.
[3] 许亚锋, 尹晗, 张际平. 学习空间：概念内涵、研究现状与实践进展[J]. 现代远程教育研究, 2015(3): 82-94, 112.

验主体，以知识的生产、传承、传播和消费为中介，以学习活动广度拓展与深度挖掘为旨归的特殊场域[1]。这种观点在承认学习空间物理性的同时，更加突出了学习空间的社会性。

环境观。英国联合信息系统委员会（Joint Information Systems Committee，JISC）认为，学习空间是能够激励和促进学习者的学习，支持多种学习模式，提供个性化和包容性的环境，并且能够灵活地满足不断变化的需求[2]。

从上述这些观点可以看出，学习空间是一个多向度概念，内涵比较丰富。本书认为，学习空间是一种生态系统，是面向一定时代背景，以学习者为实践主体，承载和促进学习活动展开的生态系统。该定义的基本内涵如下。

（1）学习空间的使用主体是学习者。学习空间是为学习者的学习而构建的，是因学习者的学习而存在的；不同的学习空间具有不同的功能，满足不同的学习需求。

（2）凡是承载学习活动的场所都是学习空间。既包括正式的学习空间，也包括非正式的学习空间；既包括线下的物理学习空间，也包括线上的数字化学习空间（虚拟学习空间）。

（3）学习空间是一个活动系统。包括学习空间主体、学习空间客体、学习空间共同体、学习空间工具、学习空间规则、学习空间分工、学习空间生产系统、学习空间交换系统、学习空间分配系统等。

（4）学习空间不是静态的、呆板的，而是具有动态性、灵活性和生成性的，能够激励和促进学习者的学习。学习空间的发展趋势是支持多种学习模式和多样化教学方法，提供个性化和包容性的环境，并且能够灵活地满足不断变化的需求。

（5）学习空间是一定时代背景下的学习空间。学习空间的演变，与社会转型带动育人目标的转变、学习理论创新带动学习范式的变革、信息通信技术进步带动信息表征与人际互动方式创新等密切相关。

二、学习空间的构成

学习空间类型具有多样性。例如，杨俊锋、黄荣怀、刘斌将学习空间划分为正式学习空间、非正式学习空间和虚拟学习空间三种类型[3]。正式学习空间如教室、实验室、礼堂，非正式学习空间如过道、走廊、户外学习区，虚拟学习空间如网络学习系统、在线学习平台等。焦建利认为，学习空间是学校教育改革和发展极为重要的基础设施，包括物理空间、数字学习空间（个人网络学习环境、个人学

---

[1] 瞿一丹. 学习空间的嬗变及其哲学路径[J]. 当代教育科学, 2017(12): 3-8.
[2] JISC. Designing spaces for effective learning: a guide to 21st century learning space design [EB/OL]. (2015-09-15) [2023-01-20]. http://www.online-conference.net/jisc/content/designspaces.pdf.
[3] 杨俊锋, 黄荣怀, 刘斌. 国外学习空间研究述评[J]. 中国电化教育, 2013(6): 15-20.

习网络和网络实践社群等）和基于虚拟现实（virtual reality，VR）、增强现实（augmented reality，AR）等技术构筑的虚拟学习空间等[①]。不论是正式学习空间还是非正式学习空间，也不论是物理学习空间还是虚拟学习空间，均是一种社会性构建，具有物质、社会和精神的互动性，目的、教学法、空间和技术的统一性，以及人、物、事、境、脉的和谐性。

（一）社会学角度：物质性、社会性和精神性的互动

最初，人们对空间的认识更多地指向其物理学、几何学、地理学上的意义，强调空间的物质性，坐标、位置、距离等成为空间描述的基本要素。20世纪中后期，在哲学反思、新兴学科诞生和环境问题突显的背景下，社会科学领域发生了空间研究的集体转向，对空间的社会性和精神性给予高度重视，空间概念被赋予了更加多元和丰富的内涵。在社会学领域，空间被看作物质性、社会性和精神性的统一体，强调社会生产活动的物质空间、关系和秩序的社会空间以及个体主观感知与体验的精神空间的辩证统一。法国著名的城市社会学家昂利·列斐伏尔（Henri Lefebvre）提出了著名的空间生产理论和空间三元辩证观。列斐伏尔认为，空间是一种社会性产品，是由空间实践、空间的表征和表现的空间构成的辩证统一体。依据列斐伏尔的观点，学习空间可以划分为物质空间、社会空间和精神空间三大部分，如图1-1所示。

物质空间是学习活动的载体、场所与物质条件，如教室、学习工具、学习网站等，是学习活动开展与运行的必要条件但非充分条件，以有形的方式整体存在，具有预设性。社会空间是学习活动展开所依赖并不断生成的社会关系与秩序的空间，是学习活动的外在形式与内容，以共同体的方式整体存在，具有动态性。精神空间是个体在物质空间和社会空间中通过具体学习体验和思维活动所主观构建生成的自我反思与对话的空间[②]，赋予学习空间的根本性价值和终极性意义，以主体生命的方式整体存在，具有生成性特点。

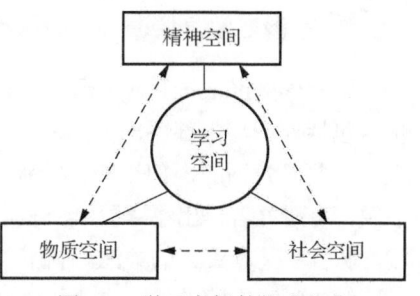

图1-1 学习空间的组成部分

（二）设计学角度：目的、教学法、空间和技术的统一

2009年，昆士兰大学拉德克利夫（Radcliffe）教授等基于"下一代学习空间项目"（next generation learning space，NGLS），提出了由教学法（pedagogy）、空

[①] 焦建利. 学习空间及其发展趋势[J]. 中国信息技术教育，2016(17): 20-21.
[②] 李爽，鲍婷婷，王双. "互联网+教育"的学习空间观：联通与融合[J]. 电化教育研究，2020, 41(2): 25-31.

间（space）和技术（technology）三要素构成的学习空间设计框架[①]，简称 PST 框架。华子荀等认为学习空间设计应首先从整体目标和期望开始。为此，他们在 PST 框架基础上提出了以目的为导向的学习空间设计框架，即 OPST 框架。OPST 框架包括目的、教学法、空间、技术四个要素，如图 1-2 所示[②]。

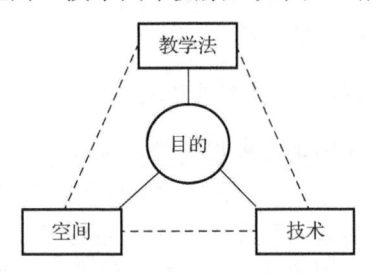

图 1-2　学习空间 OPST 框架

华子荀等指出，随着教学范式的转型，学生的学习方式发生了明显变化，教室不再是学习的唯一场所，学习空间设计的目的是要遵循以学生为中心的原则，既能支持正式学习，也能支持非正式学习，通过协作、互动、讨论等活动实现主动学习。教学法包括以教为主的方法、教与学并重的方法和以学为主的方法，学习空间设计要考虑以教为主、以学为主、教与学并重等多种方法的有效使用及其灵活且便捷的切换。学习空间设计应包括教学空间、虚拟空间和生活空间，技术要素涉及支持教师"教"的技术、支持学生"学"的技术、基础设备技术和社群互动技术。

（三）形态学角度：人、物、事、境、脉的和谐

形态学（morphology）源于生物学，是专门研究生物的形态及其规律性的学科，主要包括外形与内部各部分间的关系的研究。后来，形态学也成为语言学的一个分支，主要研究词的内部结构，特别是词素的性质与结合形式。受形态学研究思维的启发，有研究者提出了"五维"教学设计思想[③]，转向对教学活动中的人、物、事、境、脉五个基本要素的关注。利用"五维"教学设计思想，胡国良等对"5G+AI"视域下智慧学习空间的构建进行了创新研究，提出如图 1-3 所示的智慧学习空间模型[④]。

[①] Radcliffe D, Wilson H, Powell D, et al. A pedagogy-space-technology (PST) framework for designing and evaluating learning places[C]//Learning spaces in higher education: positive outcomes by design. Proceedings of the Next Generation Learning Spaces 2008 Colloquium, University of Queensland, Brisbane. 2009: 11-16.
[②] 华子荀, 马子淇, 丁延茹. 基于目标导向"教学法-空间-技术"(PST)框架的学习空间再设计及其案例研究[J]. 中国电化教育, 2017(2): 76-81.
[③] 沈书生. 形态视角下的信息化教学设计探析[J]. 电化教育研究, 2015, 36(12): 65-69.
[④] 胡国良, 黄美初. "5G+AI"视域下智慧学习空间的构建研究——基于开放大学的实践探索[J]. 远程教育杂志, 2020, 38(3): 95-104.

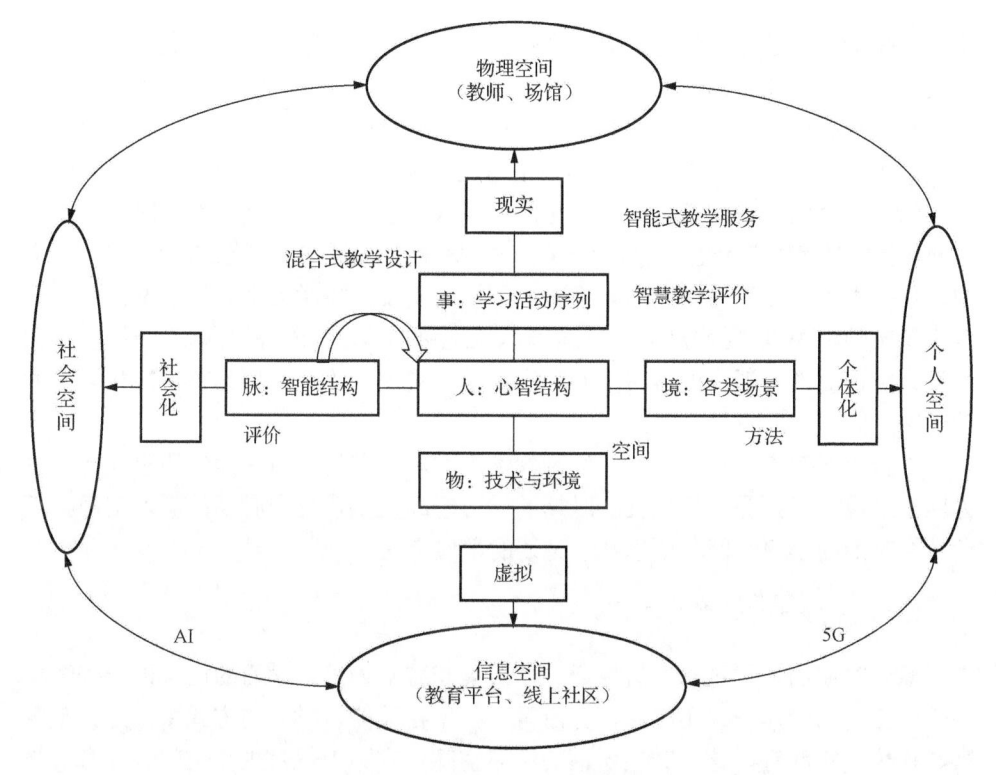

图 1-3 智慧学习空间的构成

其中,"人"是指学习空间中的利益相关者,包括教师、学生、管理者以及智能学伴、智能导师等。"物"是指支撑学习活动的技术及由其构成的学习环境,如网络学习系统、在线学习平台、多媒体学习资源、各种教学工具等,特别是能记录学习者行为轨迹并智能决策的技术平台。"事"是指由各种与学习相关的活动以及活动构成的序列,特别是基于证据实施的差异化、个性化的教学活动。"境"是指学习空间中教学活动所依附的情境,特别是能提供与真实世界体验紧密相关的情境化、沉浸式的教学场景,包括自适应与个性化推荐的场景。"脉"既指知识的内在关联与结构,也包括不断完善学习者的心智结构,尤其强调核心素养与面向未来的学习力。

三、学习空间的历史变迁

学习空间的历史变迁,受到两股力量相互作用的推动。一方面,技术推动了学习空间物质形态的发展和演变;另一方面,为了适应社会的发展,新教育理念和新学习范式推动着人们对教学中社会关系、教学秩序和认知方式的反思与变革。

瞿一丹在《学习空间的嬗变及其哲学路径》[①]一文中，将学习空间演变划分为四个阶段，分别是混沌式的原始社会阶段、非精细化的古代社会阶段、制度化的现代社会阶段和后现代转向阶段。李爽、鲍婷婷、王双在《"互联网+教育"的学习空间观：联通与融合》[②]一文中，将网络学习空间发展划分为五个阶段，分别是原始社会的学习空间、古代社会的学习空间、现代社会的学习空间、网络时代的学习空间和智能时代的学习空间。沈书生在《学习空间的变迁与学习范式的转型》[③]一文中，从技术革新在学习空间形态演变中的作用出发，将学习空间的形态依次划分为满足教师组织以"授导"为特征的教学活动的学习空间、满足师生开展以"探究"为特征的学习活动的学习空间和满足学生实现以"适应"为特征的学习行为的学习空间。

结合上述观点，从学习空间的时代性出发，本书把学习空间的历史变迁划分为四个阶段，分别是：原始社会时期的学习空间、农耕社会时期的学习空间、工业社会时期的学习空间和信息社会时期的学习空间。

（一）原始社会时期的学习空间

原始时期的人们过着群居生活，以采集和狩猎为生，学习的内容以一些简单的生产工具的制作与使用为主，并习得一些生存技能，学习的方式主要是日常观察、模仿、实践等。这个时期所谓的学习空间，实际上就是生活空间，二者交叉融合、密不可分，处于混沌、交融、共存的状态。

（二）农耕社会时期的学习空间

随着生产力的提高以及社会分工的初步形成，农耕社会时期的学习空间已经开始逐渐与生活空间分离。但同时受到当时社会生产力的制约，学习方式主要是口耳相传，学习资源和学习设施相对缺乏，所形成的学习空间也是简单且朴素的，具有一定的随意性与个别化倾向。当时的统治阶级在物质资源和思想上都进行绝对的控制，导致统治阶级和普通百姓所使用的学习空间形成了很大的差异。根据社会阶级的分化，农耕社会时期的学习空间可以概括为两种：一种是统治阶级的个别化教学的学习空间；另一种是普通百姓所处的较为朴素的自发性学习空间。从资料查证来看，我国学校产生于公元前 1000 年左右，学校的出现意味着人类正规教育制度的诞生，但当时的学校被统治阶级所占有，一些典型的教学机构，如私塾、学堂、书馆等是为统治阶级培养所需的人才。对普通百姓来说，他们被排

---

① 瞿一丹. 学习空间的嬗变及其哲学路径[J]. 当代教育科学, 2017(12): 3-8.
② 李爽, 鲍婷婷, 王双. "互联网+教育"的学习空间观：联通与融合[J]. 电化教育研究, 2020, 41(2): 25-31.
③ 沈书生. 学习空间的变迁与学习范式的转型[J]. 电化教育研究, 2018, 39(8): 59-63, 84.

除在学校教育体系之外，无法接受正规的学校教育，只能在日常生活和生产活动中获得少量的学习机会，通过学徒制来学习一些维持生活、生存的技能。

（三）工业社会时期的学习空间

17世纪欧洲资本主义革命爆发，资本主义经济体系得以确立。由于社会大生产和流水线作业方式对专业技能型人才的需求量急剧增加，教育被视为推动社会发展的重要力量，随之催生了一批体系完备、类型多样的现代学校，以教室为代表的学习空间大量建设，学习空间彻底从生活空间中独立出来。班级授课制出现并成为典型的教学组织形式，行为主义学习理论大行其道，学习以规模化、集体形式进行，教育机会呈现出平等和民主的特点，但教学方式逐渐形成了以教师为中心的特点。随着科学技术的发展和电力的普遍使用，视听技术和大众媒体开始在学习空间中崭露头角。据相关资料介绍，图1-4是1900年法国的插画家让-马克·科泰（Jean-Marc Côté）绘制的未来的教育场景，图右边的人把书本放进机器里，知识则传输到学生的头脑里[①]。

随着电子媒体技术在教育中的应用，知识表征方式不断丰富，使得知识传播的速度和范围得到大幅度提升，出现了视觉教育、视听教育、视听传播、远程教育等具有学术意义的概念，电子化的虚拟学习空间历史性地被创建出来。后来，多媒体计算机、计算机网络的出现及其在教育中的应用，使教室的空间布局和功能得到进一步拓展，以"教师"为中心的教学范式开始被质疑，并向以"学生"为中心的教学范式转移。

图1-4 让-马克·科泰想象的教育场景

---

① Aha 社会创新学院. 顾远：教育的新范式|前瞻[EB/OL]. (2017-11-16)[2020-06-07]. https://www.sohu.com/a/204617421-177272.

（四）信息社会时期的学习空间

在信息社会时期，教育信息化、教育现代化深入且快速推进。随之，交互式学习、混合学习、主动学习、深度学习、量化学习、自适应学习、个性化学习、沉浸式学习、灵活学习、无缝学习、泛在学习等概念被创造出来，传统学习空间逐渐成为新理念引领下教学创新与变革的束缚，重构学习空间成为全球教育改革的重要议题[①]。

在互联网、云计算、大数据、物联网、人工智能、5G 等技术的加持下，信息社会时期的学习空间呈现出"数字化、网络化、信息化、虚拟化和智能化"的特点，学习空间的作用从认知增效、信息共享、资源聚合，逐渐走向教学共享、学习共享、课程共享、服务共享。智慧校园、智慧教室、主动学习教室、未来教室、大规模开放在线课程（massive open online course, MOOC）、小规模限制性在线课程（small private online course, SPOC）、在线学习社区、数字化学习资源中心、数字图书馆、虚拟实验室、虚拟博物馆、虚实混合学习环境、创客空间等成为信息社会时期学习空间的代表。学习经验甚至可以不经过符号化就直接分享和传播；越来越多的普通人可以通过网络直接分享个人经验和智慧；教学活动开始从流水化作业转向精细化管理，旨向适应学习者需求和特点的个性化学习新阶段；虚拟教师、智能学伴的产生，使每个学生配备的不仅是虚实融合的资源，还包括虚实融合的教师。整体上，学习空间转向"虚实融合、多元交互、泛在协同、智能决策、灵活组合、个性化搭建"。

第二节　网络学习空间的内涵与发展

一、网络学习空间的概念

计算机网络技术进入教育领域，虽然出现了如网络课程、虚拟学习社区、Moodle 平台等，但当初并没有以网络学习空间的名义称呼和研究。2012 年 5 月，教育部召开了教育信息化试点工作座谈会，会上教育部原副部长杜占元提出"三通工程"要作为教育信息化"十二五"的核心目标，并强调"网络学习空间今后是一个重要的探索领域，希望大家高度重视"[②]。自此，国内掀起了网络学习空间

[①] 李爽，鲍婷婷，王双. "互联网+教育"的学习空间观：联通与融合[J]. 电化教育研究，2020, 41(2): 25-31.
[②] 教育部教育信息化推进办公室. 关于印发杜占元同志在教育信息化试点工作座谈会上的讲话的通知[EB/OL]. (2012-06-26)[2020-08-08]. http://www.moe.gov.cn/srcsite/A16/s3342/201206/t20120626_139233.html.

建设、应用和研究的热潮。那么，什么是网络学习空间呢？这里列举一些学者的观点。

虚拟空间说。网络学习空间是经过专门设计的，利用现代信息技术和计算机网络构建的支持学习发生的虚拟空间[1]。网络学习空间是指运行在任何平台载体或专门教育服务平台之上，支持在线教学活动开展的虚拟空间[2]。网络学习空间即利用现代信息技术和计算机网络构建的面向正式学习与非正式学习的虚拟空间[3]。

平台说。网络学习空间是网络化的社交平台、汇聚优质资源能力的"资源超市"、提升教师信息技术应用能力的服务平台和管理平台[4]。

载体说。网络学习空间是指学生、教师、管理者、家长等多个主体之间的交流、分享、沟通、反思、表达、传承等活动的载体，能够支持学习者个性化学习，能够鼓励学习者之间进行交互的一种网络设计产品[5]。

环境说。网络学习空间是借助云计算和网络技术构建的正式学习与非正式学习[6]、教与教、教与学、学与学全面互动的学习环境[7]。网络学习空间是指教师和学习者在虚拟的网络学习环境中的一块专属领地，在这里空间主人既可以像博客那样收藏、创建、分享学习资源，管理自己的学习，又可以像 Moodle、Sakai 平台那样组织或参加课程协作学习，随时提供或获取教师及其他学习者的帮助[8]。网络学习空间是随信息技术发展而不断完善、不断进化的个性化虚拟学习支持环境，是智慧学习环境的高端形态[9]。

场所说。网络学习空间是基于互联网，充分发挥信息技术作用，为不同用户提供应用与个性化服务，实现正式与非正式学习的虚拟学习场所[10]。

另外，根据运行平台、技术环境的不同，网络学习空间可以分为广义的网络

---

[1] 杨玉宝，吴利红. 泛在学习视角下网络学习空间的创新应用模式[J]. 中国电化教育，2016(7): 29-35, 42.
[2] 杨现民，赵鑫硕，刘雅馨，等. 网络学习空间的发展：内涵、阶段与建议[J]. 中国电化教育，2016(4): 30-36.
[3] 吴永和，管珏琪，余云涛，等."网络学习空间人人通"技术标准研究[J]. 信息技术与标准化，2014(6): 40-43.
[4] 崔婷婷. 思科推中国网络学习空间[N]. 电脑商报，2011-04-04(016).
[5] 佟钰."网络学习空间人人通"促进小学教师专业发展的研究——以吉林省教育社区为例[J]. 中小学电教，2013(12): 26-29.
[6] 吴永和，管珏琪，余云涛，等."网络学习空间人人通"技术标准研究[J]. 信息技术与标准化，2014(6): 40-43.
[7] 祝智庭，管珏琪，刘俊. 个人学习空间：数字学习环境设计新焦点[J]. 中国电化教育，2013(3): 1-6, 11.
[8] 吴忠良，赵磊. 基于网络学习空间的翻转课堂教学模式初探[J]. 中国电化教育，2014(4): 121-126.
[9] 祝智庭，管珏琪."网络学习空间人人通"建设框架[J]. 中国电化教育，2013(10): 1-7.
[10] 郭绍青，张进良，郭炯，等. 网络学习空间变革学校教育的路径与政策保障——网络学习空间内涵与学校教育发展研究之七[J]. 电化教育研究，2017, 38(8): 55-62.

学习空间和狭义的网络学习空间[①]。广义的网络学习空间涵盖的范围比较广,是指在任何网络平台和网络环境上运行,用来支持网络教学活动的空间。例如,各种学习管理系统,课程管理系统,大规模在线课程平台,用来支持教与学活动的QQ、微信、微博等社交软件。狭义的网络学习空间,是指由教育主管部门或学校认定的,为优化和变革传统的教学方式而研发的专门网络学习系统。狭义的网络学习空间是"四合一"的网络平台,包括:资源平台,能够存储、共享与学习相关的各种资源;学习平台,能够支持自主、合作、探究等多种学习方式;社交平台,支撑教师、学生、家长、管理者等与学习相关人员的互动交流;服务平台,提供在线教学、网络教研、综合素质评价、家校互动、校企合作,以及实名认证、资源生成、学习记录、数据分析、教学管理等功能。

二、网络学习空间的演进

有研究者根据网络学习空间依托的关键技术的发展,从技术驱动的技术交叉融合对构成空间的数字教育资源、管理与决策、交流与对话三个子系统产生影响的角度[②],将空间划分为知识存储与共享学习空间[③]、交互与知识生成学习空间[④]、个性化学习空间[⑤]和智能化学习空间[⑥]等不同形态。按照这一思路,本节把网络学习空间的演进划分为计算机网络技术与共享型网络学习空间、移动互联网技术与交互型网络学习空间、大数据技术与个性化网络学习空间、人工智能技术与智能型网络学习空间四个阶段。

(一)计算机网络技术与共享型网络学习空间

计算机网络技术是通信技术与计算机技术结合的产物,它利用通信线路和各种设备将分布在不同地理位置、功能独立的计算机系统相互联结,通过网络通信协议和各种网络操作系统进行信息通信与资源共享。共享型网络学习空间以计算机网络技术为支撑,借助多媒体和数据库技术,主要提供教学资源网络化的存储、

---

① 杨现民,赵鑫硕,刘雅馨,等. 网络学习空间的发展:内涵、阶段与建议[J]. 中国电化教育, 2016(4): 30-36.
② 郭绍青,贺相春,张进良,等. 关键技术驱动的信息技术交叉融合——网络学习空间内涵与学校教育发展研究之一[J]. 电化教育研究, 2017, 38(5): 28-35.
③ 张筱兰,郭绍青,刘军. 知识存储与共享学习空间(学习空间 V1.0)与学校教育变革——网络学习空间内涵与学校教育发展研究之三[J]. 电化教育研究, 2017, 38(6): 53-58, 70.
④ 张进良,贺相春,赵健. 交互与知识生成学习空间(学习空间 V2.0)与学校教育变革——网络学习空间内涵与学校教育发展研究之四[J]. 电化教育研究, 2017, 38(6): 59-64.
⑤ 张进良,郭绍青,贺相春. 个性化学习空间(学习空间 V3.0)与学校教育变革——网络学习空间内涵与学校教育发展研究之五[J]. 电化教育研究, 2017, 38(7): 32-37.
⑥ 贺相春,郭绍青,张进良,等. 智能化学习空间(学习空间 V4.0)与学校教育变革——网络学习空间内涵与学校教育发展研究之六[J]. 电化教育研究, 2017, 38(7): 38-42, 50.

管理与共享功能。

在共享型网络学习空间阶段，多媒体资源以"库"的方式存储，制作技术门槛较高，通常由专业人员来完成。存储的资源主要有视频资源库、案例库、多媒体课件库、试题库等，提供资源下载、资源检索、资源查询、资源浏览以及流媒体点播等共享服务，提供资源分类、资源发布、资源审核、资源编辑、元数据等管理服务。

（二）移动互联网技术与交互型网络学习空间

移动互联网使得各种智能移动终端和 APP 被广泛应用，形成了覆盖计算机、手机、平板电脑等多类型终端的网络体系，具有泛在性和分布性特点。在移动互联技术的支持下，交互型网络学习空间除了具有资源共享型网络学习空间的功能外，还能够提供泛在的学习交互功能，出现了智力资源共享、生成性资源存储、个人学习空间服务等功能。

在交互型网络学习空间阶段，学习资源共享和学习交互以"云"的方式提供，用户不需要维护复杂的硬件设备和软件系统。学习资源制作的技术门槛显著降低，生成性增加，且更加开放和便捷，使用者可以随时制作、及时发布。该阶段的网络学习空间不但能提供多种教学工具和学习交互工具，如签到、抢答、投票、拍照上传、直播、白板、分组、群聊等；还能提供名师在线授课、同步课堂、在线课堂、一对一在线辅导等智力资源共享服务。空间用户可以有个人空间，如学生个人空间、老师个人空间、管理者个人空间、家长个人空间等，不同身份用户进入空间，可以进行个性化信息发布、资源管理、信息管理以及使用身份许可等功能。

（三）大数据技术与个性化网络学习空间

大数据通常是指无法在一定时间内用常规软件和工具进行捕捉、管理和处理的数据，具有数据量大、实时性强、类型多样、价值丰富等特点，是一种重要的信息资产。利用大数据分析和挖掘技术，可以从海量复杂的数据中寻找有意义的关联、挖掘事物变化规律、准确预测事物发展趋势。把大数据技术应用到网络学习空间，提升网络学习空间的分析、预测和决策功能，为满足个性化学习需求提供支撑。

在个性化网络学习空间中，大数据分析和个性化引擎至关重要。通过大数据分析，空间生成了各种学习资源模型、学习路径模型、用户特征模型、知识图谱等。个性化引擎是空间实现个性化服务的核心部件，以大数据分析的各种模型为基础，根据用户的学习风格、认知特点等，匹配个性化和差异化的学习资源、学习路径、学习方式等。个性化网络学习空间可以在一定区域（如县域、区域、市域等）范围内，对区域内智力资源（智力服务）、学习资源环境等进行聚合，构建虚拟学校、虚拟班级，形成区域化学习中心，进行区域化管理。

（四）人工智能技术与智能型网络学习空间

自人工智能概念提出以来，人工智能技术发展与应用经历了多个阶段。新一代人工智能技术 AI2.0 呈现出深度学习、跨界融合、人机协同、群智开放、自主操控等新特征，对社会各个领域的渗透与影响正在不断加大，推动教育从信息化向智能化方向发展。在人工智能技术的驱动下，智能型网络学习空间在提供个性化学习服务的同时，可以实现学习者与资源、服务之间的智能匹配，为用户提供智能化、适应性服务，可以有效地支持智慧教育的开展。

在学习资源方面，多媒体与网络资源、智力与生成性资源、虚拟学习资源等在网络学习空间中智能聚合，可以满足学习者多样化的需求；智能导师、智能学伴等智能化学习资源会得到实质性应用。在大数据分析方面，由于数据采集的自动化和伴随性，会更加全面和多态，构建的各种模型、画像、图谱等更加精准；个性化引擎的智能化，提升了适配能力。大量智能代理的出现，可以替代用户重复性工作，协助用户完成复杂任务，如智能推荐、智能辅导、智能答疑、智能测评、智能批阅等。人机互动方面，用户可以通过语音、肢体动作、眼神、表情等，以自然的方式与学习空间交互。

三、网络学习空间的作用

在教育中应用网络学习空间，其作用不是对传统教育进行重新包装，也不是简单地把传统教育过程和环节搬到网络上。网络学习空间的核心作用，要体现在破解教育难题，促进教育教学创新和现代化等方面。

（一）促进教育公平

教育公平通常包括三个重要方面内容：一是教育机会公平。通过网络学习空间，增加教育的包容性，扩大教育的规模和范围，满足不同层次、不同类型的教育需求。二是教育质量公平。通过网络学习空间，提升教育服务的水平，增加优质教育资源共享的时效和范围，特别是优质教师资源的跨校施教，让高质量教育和优质教育惠及更多人。三是教育结果公平。通过网络学习空间因材施教，为学生提供更多的个性化教育服务，实现个性化教育，使更多学生得到适合的发展。

（二）支持教育创新

1. 促进教育范式转型

在网络学习空间支持下，通过教育业务重组、流程再造和要素优化，以及基于数据流的监测、评估与决策，教学范式从以老师为中心转向以学生为中心。

2. 创新教育资源供给

利用网络学习空间，形成并共享一定区域内生成性优质教育资源、组织智力资源服务等，扩大教育资源有效供给；构建名师工作室、学习共同体等方式，打破班级、学校和区域等组织边界，开放教育教学服务，优秀教师跨校施教，扩大优质资源供给范围。

3. 创新教学模式

突破时空限制和课堂边界，实现虚实融合，开展有利于培养学生问题解决能力、创新意识和创新能力的教学；利用空间进行学习分析和问题诊断，为学生提供差异性和个性化教学和指导；探索利用空间构建虚拟班级、实施分层教学、开展走班教学等。

4. 创新学习方式

开展自主、合作、探究学习；开展个人兴趣拓展学习、小组合作研究型学习、互动生成性学习、个性化学习；正式学习和非正式学习有机结合。

5. 优化课堂教学

通过网络学习空间调整课堂教学结构、优化课堂教学要素、完善课堂教学评价等。

（三）构建终身教育体系

随着知识更新速度加快和老化周期变短，每个人都产生了终身教育的需求。终身教育存在非正式性、泛在性、社会性、情境性、连通性、适应性等特点，而传统教育服务方式受时空限制，难以满足这种学习需求。通过网络学习空间建设，可以构建"人人皆学、处处能学、时时可学"的教育服务体系，可以实现在任何时间、在任何地点、以任何方式、从任何人那里学习的愿望。

四、网络学习空间的发展趋势

（一）从信息化走向智能化

云计算、大数据、类人智能等新技术正在推动网络学习空间从信息化向智能化方向发展，学习空间将逐步呈现出深度学习、跨域融合、人机协同、群智开放、自主操控等新特征，产生智能感知、智能识别、智能决策、智能推荐、智能辅导、智能答疑、智能评价等创新性应用。

（二）支持多种学习模式和不同教学法

网络学习空间可以提供多样化的智能应用学习场景，可以随时构建集中授课室、互动学习室、案例研讨室、分组合作室、实习实训室、远程协作室、学科实验室、创客梦工厂、游戏化教学平台、资源平台等，多种学习模式和不同教学法可以在同一个学习空间中灵活切换。

（三）虚实融合、多元联通、多向互动

随着教学法转向以自主、合作、探究为基础的学习模式，学习活动更加强调场外（教室外）因素的介入和非正式空间的支撑，打破地域、校校、班班与人人之间的壁垒，课内与课外联通，虚拟和实体融合，线上与线下贯通，学校、家庭与社会协通。一个开放的、相互协商、联通与融合的学习环境正在成为新常态，传统教室的边界不断模糊。

（四）学习体验逐步加强

随着物联网、虚拟现实、增强现实、混合现实（mixed reality，MR）等技术的应用，网络学习空间突破时空局限，能够支撑和承载更加丰富的学习体验。真实世界的各种自然与社会空间联通到学习者身边，创造虚实结合的认知与生产，从而构建出一个能够自由伸缩、跨地域延展、动态演变、情境化的学习体验空间。

（五）个性化学习服务能力不断提升

网络学习空间能够基于学习智能诊断，向学习者推荐辅导教师，提供个性化实时在线辅导；能够根据学习者的个人情况和学习状态，进行个性化学习分析和学习诊断，构建适合的学习方案；能够多元评估、精准画像，提供个性化学习策略、内容和路径，引导学生有效学习和深度学习，等等。

第三节 网络学习空间人人通

一、提出背景

2010年3月，湖南省教育厅决定依托世界大学城空间平台推动湖南职业教育系统的信息化工作，为每一位师生配发教学实名制的空间。经过一段时间的运行，在教学、管理、师生互动等方面取得了一定的效果。2011年4月，湖南省教育厅时任副厅长王键在湖南省社科院做报告时指出，教育信息化历经"校校通"和"班班通"两个阶段，未来需要"人人拥有一个学习空间"[①]。2012年3月，王键在湖南岳阳指导信息化工作时又进一步明确了"学习空间人人通"的说法；教育部领导在考察湖南省职业教育信息化工作后认为"湖南的经验值得在全国推广"[②]。

2012年5月28日，教育部教育信息化试点工作座谈会召开，会上教育部原副部长杜占元提出"三通工程"要作为教育信息化"十二五"的核心目标，并强调"网络学习空间今后是一个重要的探索领域，希望大家高度重视"[③]。2012年9月5日，第一次全国教育信息化工作电视电话会议召开，时任中共中央政治局委员、国务委员刘延东在会上做了《把握机遇 加快推进 开创教育信息化工作新局面》的讲话，强调要把"三通两平台"作为教育信息化建设的标志工程，大力推动网络学习空间人人通建设和应用；要求教师要率先使用，职业教育要率先部署，发达地区要率先示范，促进教学方式与学习方式变革，实现教与学、教与教、学与学的有效互动[④]。自此，网络学习空间人人通作为国家级项目开始在全国范围内全面建设。

二、政策路径

为了加快项目建设和深入应用，截至2019年年底，教育部等相关部门先后发布了56份相关政策[⑤]。表1-1列出了其中10份，从中可以大体了解我国网络学习空间人人通项目在政策层面的推进路径。

[①] 谢泉峰. 实现"人人通"的"网络学习空间"是什么[J]. 中国电化教育, 2017(2): 64-68.
[②] 姚学文. 杜占元来我省调研教育信息化, 湖南经验值得全国推广[N]. 湖南日报, 2012-03-21(002).
[③] 教育部教育信息化推进办公室. 关于印发杜占元同志在教育信息化试点工作座谈会上的讲话的通知[EB/OL]. (2012-06-26)[2020-12-10]. http://www.moe.gov.cn/srcsite/A16/s3342/201206/t20120626_139233.html.
[④] 教育部. 把握机遇 加快推进 开创教育信息化工作新局面[EB/OL]. (2012-11-02)[2020-12-10]. http://www.moe.gov.cn/srcsite/A16/s3342/201211/t20121102_144240.html
[⑤] 杨玉宝, 何经梅. 我国网络学习空间建设与应用政策年表的构建与反思[J]. 教育信息技术, 2020(6): 3-9.

表 1-1 我国推进网络学习空间人人通项目的政策（部分）

时间	名称	信息摘要
2012 年 10 月	《教育部等九部门关于加快推进教育信息化当前几项重点工作的通知》	网络学习空间是促进数字教育资源共建、共享与应用的前瞻性探索，利用网络学习空间可以形成新的教师研修形式、教学方式、学习方式以及师生互动与生生互动方式
2013 年 4 月	《教育部办公厅关于印发〈2013 年教育信息化工作要点〉的通知》	加快空间普及和应用，推进教学方式与学习方式改革；促进空间在各级各类教育教学中普及应用
2013 年 4 月	《教育部办公厅关于印发〈教育信息化"三通工程"年度任务指标（指导性）和〈2013 年度任务要求（部分）〉的通知》	开通网络学习空间人人通，达到要求的教师和学生的比例，2013 占比达到 10%；2014 占比达到 40%；2015 年占比达到 90%。2013 年，利用网络学习空间开展研修活动的中小学专任教师数占比达到 20%；整校开展网络学习空间应用的职业学校数占比达到 20%
2014 年 11 月	《教育部　财政部　国家发展改革委　工业和信息化部　中国人民银行关于印发〈构建利用信息化手段扩大优质教育资源覆盖面有效机制的实施方案〉的通知》	大力推进网络学习空间人人通。建立基于云服务模式实名制、组织化、可控可管的网络学习空间，开展教师研修模式、教与学方式的变革探索，促进校内外教育的有机结合，实现师生、生生、家校的多元互动
2015 年 2 月	《教育部办公厅关于印发〈2015 年教育信息化工作要点〉的通知》	网络学习空间应用覆盖面大幅提升。师生网络学习空间的开通数量达到 4500 万，使 50%教师和 30%初中以上的学生拥有实名网络学习空间，并在教育教学中深入应用
2016 年 2 月	《教育部办公厅关于印发〈2016 年教育信息化工作要点〉的通知》	网络学习空间开通数量超过 6500 万，80%以上的教师和 50%初中以上的学生拥有实名空间，逐步实现"一生一空间、生生有特色"。开展人人通专项培训，完成培训 11200 人
2018 年 4 月	《教育部关于发布〈网络学习空间建设与应用指南〉的通知》	提出了"重构学习环境、优化资源供给、变革教学模式、重塑评价方式、创新服务模式、提升治理水平"的空间建设和应用目标
2018 年 4 月	《教育部关于印发〈教育信息化 2.0 行动计划〉的通知》	规范网络学习空间建设与应用，保障全体教师和适龄学生人人有空间，开展校长领导力和教师应用力培训，普及推广网络学习空间应用，实现人人用空间。持续推进网络学习空间人人通专项培训。培训 1 万名中小学校长、2 万名中小学教师、3000 名职业院校校长、6000 名职业院校教师，并带动地方开展更大范围的培训

续表

时间	名称	信息摘要
2018年12月	《教育部关于加强网络学习空间建设与应用的指导意见》	以应用驱动和机制创新为动力，全面加强空间建设与应用，加快推进教育信息化转段升级，推动教与学变革，构建"互联网+教育"新生态。以空间为纽带，贯通学校教学、管理与评价等核心业务，将空间作为基于信息技术教育教学的基本环境。逐步建成以空间为支撑的网络化、一体化、数据化、智能化、个性化的教育服务体系，信息化社会网络教育新生态初步形成，空间的创新应用成为构建现代教育体系的重要驱动力量。实现基于空间的教与学应用、教学管理、教育治理的常态化，加快推进人人皆学、处处能学、时时可学的学习型社会建设
2019年2月	《教育部办公厅关于印发〈2019年教育信息化和网络安全工作要点〉的通知》	持续深化网络学习空间覆盖行动，拓展网络学习空间应用广度与深度。全国师生网络学习空间开通数量新增1000万个，继续推选网络学习空间应用优秀地区40个和优秀学校200所。完成中小学校长和骨干教师人人通专项培训6000人，推动逐步实现"一人一空间、人人用空间"

在对有关的政策内容分析的基础上，结合我国空间建设与应用的实践，有研究者将我国空间政策层面的推进工作划分为三个阶段，即初始探索阶段（2010～2012年）、普及应用阶段（2013～2016年）和深化拓展阶段（2017年以后）[①]。

（一）初始探索阶段（2010～2012年）

在湖南经验的基础上，我国创造性地提出了网络学习空间人人通建设任务，并上升到国家项目层面。2012年，教育部教育信息化试点工作座谈会、第一次全国教育信息化工作电视电话会议的召开，以及《教育部等九部门关于加快推进教育信息化当前几项重点工作的通知》（教技〔2012〕13号）的发布，初步明确了建设网络学习空间及其人人通的意义和发展目标。网络学习空间是促进数字教育资源共建、共享与应用的前瞻性探索，利用网络学习空间可以形成新的教师研修方式、教学方式、学习方式、师生互动与生生互动方式。探索"政府规范引导、企业建设运营、学校购买服务"的网络学习空间建设运营机制，加快部署实名制的网络学习空间建设，加大网络学习空间在教师研修、资源共享、互动教学、教学管理等方面的应用力度。

---

① 杨玉宝，何经梅. 我国网络学习空间建设与应用政策年表的构建与反思[J]. 教育信息技术，2020(6): 3-9.

（二）普及应用阶段（2013～2016年）

2013年教育部提出"加快网络学习空间普及和应用，推进教学方式与学习方式改革"后，通过分配指标、加强考核、建立有效推进机制等方式，使我国网络学习空间的建设数量呈现出爆发式增长。至2016年年底，全国开通了6500万个网络学习空间，80%以上的教师和50%初中以上的学生拥有实名空间，并提出了建立基于云服务模式实名制、组织化、可控可管的网络学习空间，开展教师研修模式、教与学方式的变革探索，促进校内外教育的有机结合，实现师生、生生、家校的多元互动，一生一空间，生生有特色等发展目标，各个部门和学校开始建设、推广网络学习空间的应用。教育行政部门通过制定年度工作要点、举办相关培训研修、提供人力资源保障等，多管齐下，共同推进空间的建设和应用。

（三）深化拓展阶段（2017年以后）

该阶段在继续推进网络学习空间建设规模的同时，提出了"一人一空间，人人用空间"的发展任务，提出了"重构学习环境、优化资源供给、变革教学模式、重塑评价方式、创新服务模式、提升治理水平"的应用目标。网络学习空间的应用在实践中不断深化和拓展，在提升信息化管理水平和治理水平，深化和拓展空间在网络教学、资源共享、教育管理、综合素质评价等方面发挥了越来越重要的作用。特别是《网络学习空间建设与应用指南》和《关于加强网络学习空间建设与应用的指导意见》的发布，进一步引导、规范和推动了网络学习空间的建设与应用。另外，除了继续组织网络学习空间应用相关培训外，国家通过开展应用普及评优活动、示范区、样板校等方式，进一步推进了网络学习空间与教育教学的深度融合。

三、人人通意义下的网络学习空间

人人通意义下的网络学习空间是特指某一类型的学习空间，即基于开放式的云计算架构，由企业专门为学习设计的，以学习者为中心，个人可终身使用的实名制网络虚拟空间。有研究者指出[1]，人人通意义下的网络学习空间具有五个主要特征，分别是采用实名制度、账号终身使用、空间人人拥有、资源创新运用、组织功能强大。与一般网络学习空间的不同在于，人人通意义下的网络学习空间是由教育主管部门或学校认定的，集资源、服务、数据于一体，支持共享、交互、创新的实名制网络学习场所，其主要内涵如下[2]。

---

[1] 谢泉峰. 实现"人人通"的"网络学习空间"是什么[J]. 中国电化教育, 2017(2): 64-68.
[2] 教育部. 教育部关于发布《网络学习空间建设与应用指南》的通知[EB/OL]. (2018-04-16)[2020-12-10]. http://www.moe.gov.cn/srcsite/A16/s3342/201805/t20180502_334758.html.

（1）网络学习空间建设与应用的根本目标是引领教育服务模式创新，促进教育体制机制变革，推动教育信息化升级转型，适应教育现代化发展要求。

（2）网络学习空间建设与应用的基本任务是提供教育应用服务，引入行业、机构等社会资源，支持教育教学模式创新，促进教育公平，提高教育教学质量。

（3）网络学习空间建设与应用的重要内容是聚合学习过程和教育管理数据，开展学情分析和学习诊断，精准评估教学效果，提供个性化学习服务，支持精细化管理和科学决策，推动人工智能在教学、管理中的应用。

（4）网络学习空间的核心属性是共享、交互、共创，基本特征是个性化、开放性、连通性和适应性。

（5）网络学习空间的基本构成包括个人空间、机构空间、集成的公共应用服务和数据分析服务等。

（6）网络学习空间建设与应用的基础是无障碍获取网络学习空间服务的网络和终端接入条件。

四、网络学习空间人人通的功能

在教育部发布的《网络学习空间建设与应用指南》中，明确了人人通意义下的网络学习空间框架及功能，如图 1-5 所示。

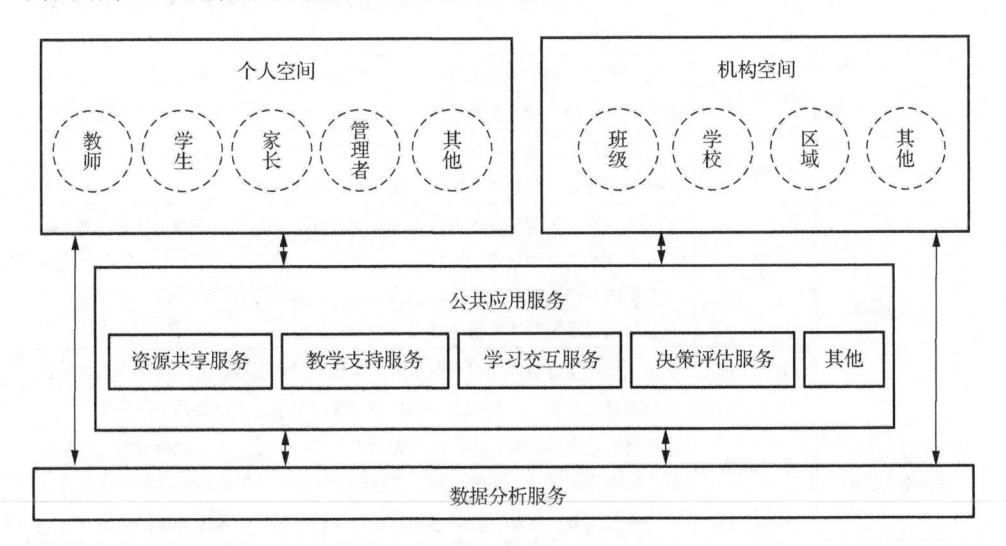

图 1-5 网络学习空间功能框架

（一）个人空间的主要功能

个人空间主要包括教师个人空间、学生个人空间、家长个人空间、管理者个人空间等类型，在功能定义上包括基本功能和角色功能。

基本功能是各种角色的个人空间都需要具备的功能，包括设置个人基本信息、访问权限、空间布局等，实现个人管理；支持留言、通知公告、关注空间动态信息等，实现消息管理；支持分类、评价和分享个人收藏、上传的资源等，实现资源管理；支持快捷访问、分类、评价和推荐个人收藏的各类教学、管理、学习交互类软件工具与平台等应用，实现应用管理；支持对个人创建、参与或订阅的社区进行分类、推荐等，实现交互社区管理。

角色功能是不同角色空间应该具备的功能。例如，教师个人空间应该具备教学管理功能、学情分析功能、网络研修功能等；学生个人空间应该具备学习管理功能、学情反馈功能、成长记录功能等；家长个人空间应该具备学情查询功能、家校互动功能等；管理者个人空间应该具备办学情况查询功能、空间应用查询功能等，详见表1-2。

表1-2 不同角色空间的主要功能

角色空间	角色功能	功能举例
教师个人空间	教学管理	支持在线备课、教学活动组织与实施、课程设计与开发等，实现课堂内外、线上线下相结合的教学；支持在线作业发布、在线作业批改、在线组卷、在线测试等，实现分层、个性化智能测评与诊断；支持课后答疑、网络指导等，实现个性化辅导
	学情分析	支持跟踪、监测学生学习全过程，开展学情分析、学习诊断等，实现精准教学、个性化资源与作业推送等
	网络研修	支持记录教学思考、教研心得等，实现教学反思；支持创建、参与、关注教师研修工作坊、名师工作室等，实现教师专业发展
学生个人空间	学习管理	支持参与在线学习活动，自行选择数字教育资源与智力资源进行学习等，实现知识建构与能力培养；支持在线完成作业、获取答疑辅导等，实现问题解决与即时反馈；支持自定学习目标、自主选择学习内容、自定学习步调、自我管理与监控等，实现自主学习
	学情反馈	支持查询学情分析和学习诊断报告，了解学习情况等，实现自我认知与反思
	成长记录	支持记录成长过程、获得成长分析报告等，实现自我改进与全面发展
家长个人空间	学情查询	支持查询学生的班级公告、课程表、学习活动情况、作业完成情况、考试成绩、综合素质评价结果等，实时掌握学生情况，实现有针对性的监督与指导
	家校互动	支持家长与教师互动交流、参与学校事务管理等，实现家校协同教育
管理者个人空间	办学情况查询	支持查询校园文化建设、教师培训、学生活动组织等情况，实现办学情况动态跟踪；支持查询教师教学情况等，实现教学情况动态跟踪；支持管理者根据不同业务职责，获得相应数据分析结果等，实现精准决策与科学管理
	空间应用查询	支持查询空间应用情况，如关注度、活跃度、影响力、公共应用服务使用频率等，实现空间应用动态跟踪

（二）机构空间的主要功能

机构空间包括班级空间、学校空间和区域空间等，能够调用各类公共应用服务，支持对机构空间成员（包括区域、学校和班级等）的添加、修改、删除等，实现成员管理；支持对教学案例、网络课程等生成性资源进行汇聚、评价、筛选、分类与发布等，实现生成性资源管理；支持教育政策解读、各类培训、活动安排等信息发布，实现信息公开；支持文化建设、心理健康教育、素质拓展、研修活动等，实现活动的组织与管理；支持可视化呈现各级各类活动组织的频次、参与人数、活动结果等，实现活动情况动态跟踪。

（三）公共应用服务功能

公共应用服务包括资源共享服务、教学支持服务、学习交互服务和决策评估服务等。

1. 资源共享服务

资源共享服务是指利用教育资源公共服务平台、企业与社会提供的教育资源，支持开展教与学活动，通过资源交易提高优质资源利用效率的服务。例如，提供各类检索功能，支持用户根据需要获取教育资源；提供生成性资源的申请、评价、审核等功能，支持用户向教育资源公共服务平台推送资源；提供根据用户个性化特征自动寻找、关联、生成与汇聚资源的功能，支持适应性资源获取；提供资源交易场所，支持数字教育资源与智力资源的多元共享。

2. 教学支持服务

教学支持服务是指集成各类教学应用，提供教学设计、知识管理、课程开发、协同教学、个性化学习等教学工具和环境，支持师生组织教学活动的服务。例如，提供教学设计模板、课件制作工具等备课工具，支持教师在线备课；提供内容展示、资源下发、互动、屏幕共享、终端分组等工具和学科教学工具，支持教师授课；提供在线组卷、在线考试、智能评阅等测评工具，支持学习评价；提供在线课程、微课等开发工具，支持师生创建课程资源；提供思维导图、小组管理、协同写作、项目进展管理等协同工具，支持协作学习；提供虚拟仿真实验、实训等环境，支持学生开展探究与虚拟实践活动；提供直播、点播等教学环境，支持在线授课、远程辅导、协同教学等；提供自动出题、自动批阅等工具，支持测评自动化；提供学习障碍自动诊断与及时反馈等工具，支持个性化智能教学；提供个性化问题解决等工具，支持个性化问题解答与指导。

3. 学习交互服务

学习交互服务是指集成学习交互应用，支持师生、师师、生生及其他各类角色间的交互活动的服务。例如，提供语音会议、交流研讨、答疑辅导、视频会议等实时交互工具，支持用户组建交互环境、合作探究等互动活动；提供内嵌或无缝衔接已有的社会性交互工具，支持用户建立交互社区；提供可视化分析工具等，支持交互过程分析，提升交互质量；提供研修工作坊、名师工作室等教研环境，支持开展教研活动；提供智能助理、智能伙伴等，支持开展精准教研。

4. 决策评估服务

决策评估服务是通过采集用户行为、过程与结果数据，提供可视化分析结果、生成分析报告等，支持管理者进行教育决策、教学质量评估、学生综合素质评价等。例如，采集教学过程、教学结果等反映教学行为的数据，为教师、管理者等提供可视化分析结果与分析报告，支持教学评价；采集学习过程、学习结果、成长过程等反映学习行为与综合素质的数据，为教师、学生、家长等提供可视化分析结果与分析报告，支持学习诊断、学习预警、综合素质评价等；采集资源应用、管理行为、家校互动等活动数据，为资源提供者、教育管理者等提供可视化分析结果与分析报告，支持资源个性化推送、精细化管理与科学决策等。

（四）数据分析服务

数据分析服务是指集成各类数据分析工具，利用从个人空间、机构空间和公共应用服务中采集的数据进行分析，为实现个性化学习、精准教学和科学决策等提供支持服务。例如，提供教学准备、教学过程、教学结果等教学分析工具，实现教学分析服务；提供学习成绩、学习水平、知识结构、认知风格等学习分析工具，实现学习分析服务；提供学生问题解决能力、语言能力、写作能力等数据分析工具，实现学生能力发展分析服务；提供学生综合素质评价数据分析工具，实现学生综合素质评价服务；提供用户空间应用行为、空间功能应用情况等数据分析工具，实现空间应用分析服务；提供多类型数据分析工具，满足多样化数据分析需求。

五、网络学习空间人人通的应用

随着网络学习空间人人通的建设，信息技术在教育中的应用正在从"计算机+教育软件"阶段上升到"云服务+教育数据"新阶段，"大平台+小前端+富生态、信息化+智能化+个性化"的教育新生态正在形成。

（一）构建泛在学习环境

传统的教学环境难以支撑现代的教学方式和承载新型的教学活动，重构学习空间成为国际教育改革的重要议题。从2015年开始，美国新媒体联盟发布的《地平线报告》中连续多年将学习空间的设计与重构列为教育变革的重要趋势。利用云计算、移动技术、物联网、大数据技术、沉浸式技术、人工智能等新型信息技术，持续加大网络学习空间人人通建设力度，可以构建具有"6A"特征的泛在学习环境，即任何人（any one）、在任何时间（any time）、任何地点（any where）、以任何方式（any way）、任何设备（any device）、获得任何内容（any thing），从而促进"网络化、数字化、个性化、终身化"的教育体系建设，构建"人人皆学、处处能学、时时可学"的学习型社会。

（二）创新教育资源供给

经过近30年的建设，我国的信息化教育资源在质量和数量上取得了令人瞩目的成就，但也存在着共享不畅、资源孤岛、使用不充分等问题。通过网络学习空间人人通的建设，创新教育服务供给的类型和渠道，建立基于政府主导、市场规则、真实性评价、多元并存的教育资源供给体系，加上数字化教学环境的成熟及信息化教学模式的稳定，为这些问题的解决提供了新思路。另外，随着对网络学习空间人人通研究创新和应用驱动，教育资源供给出现了新方式，智力资源共享、资源个性化推荐、资源自动汇聚、资源智能生成等成为关注的焦点。例如，在智力资源共享上，可以通过专递课堂、名师课堂、名校网络课堂、同步课堂、在线辅导等方式，实现优质师资资源的"跨区域、跨校际"的供给；通过网络学习空间，学生有机会与校外的教师、专家进行直接接触和互动。资源个性化推荐，实现从面向群体共性需求的规模化、无差别供给，转变为面向个体定制需求的精准化、智能化、个性化、适应性供给。资源自动汇聚，是利用资源使用数据和用户的真实性评价，实现资源的个性化整理、自动化排序和主题化聚合，可以汇聚适应区域教育发展需求的优质资源，缩短资源生成和进化的周期。资源智能生成，是资源供给的高级形态，网络学习空间不仅是存储、共享、聚合资源的地方，还能灵活、动态地自动产生教育资源。因此，通过教育资源供给类型、手段和方式创新，可以为学生提供丰富多元、可选择的教育资源供给模式，扩大教育资源有效供给，有利于破解优质教育需求与教育供给之间的矛盾，解决区域、城乡和校际之间资源配置不均衡等问题。

（三）变革课堂教学

利用网络学习空间变革课堂教学方式，是当前网络学习空间人人通应用的重点，各种新应用层出不穷。例如，利用网络学习空间融洽师生关系，实现民主教学；线上与线下教学有机融合、优势互动，开展混合教学；突破时空限制和课堂边界，实现虚实融合的教学；通过学习者行为、情感、认知数据分析，布置差异化课程资源、教学活动和作业测试等，进行分层教学；通过学习画像、个人知识图谱、错题笔记等，找到每个学生的薄弱点，进行学习评价和问题诊断，开展差异性和个性化教学与指导。发挥学习支架的认知辅助功能和网络学习空间的认知协同功能，调整教学结构，开展翻转课堂教学和问题解决式学习；通过专递课堂、同步课堂、共享课堂等协作教学课堂模式，实现校际协同授课；借助知识可视化工具、数据可视化工具、思维可视化工具，开展探究教学；通过虚拟工具、仿真资源、物联环境、制品打印等，开展创客教学，激发学生创造潜能。

（四）转变学生学习方式

利用网络学习空间转变学生学习方式，是当前网络学习空间人人通应用的焦点。通过改变传统教育教学流程，实现线上、线下相结合，支持自主、合作、探究学习，促进学习方式从以教师为中心向以学生为中心转变；从单一、被动的学习方式向主动化、定制化、泛在化、个性化和智能化学习方式转变；调动学生学习的积极性、主动性和创造性，培养学生问题解决能力、创新意识和创新能力。在网络学习空间支持下，通过构建教师、学生、家长之间的多元互动关系，让家长动态掌握学生情况、与教师互动反馈、共享教育过程和参与教学管理，提升家庭促学、助学能力；通过建立学习者与技术之间的具身关系，实现学习者与学习空间的真正融合，实现具身学习[1]；利用网络学习空间的游戏化功能，可以实现沉浸式学习，通过"挑战与技能平衡、及时的反馈、促进性交互、异质小组"等机制，有效触发学习者学习心流产生和主动参与的意愿，助力学生学习能力、学习毅力、学习创新力的提升；在网络学习空间支持下，通过学习内容个性化、知识呈现个性化、学习评价个性化，赋予学生表达自我的机会，激发学生潜能，实现个性化学习；通过录音、录像、拍照，电子批语、标注、示范，同桌互批、小组互批、组长批阅进行联合批改等丰富作业的形式；学生利用网络学习空间参与课内外教学活动，使智能终端成为日常学习工具，伴随性记录学生成长过程；利用网络学习空间选择网络课程、在线测试、智力资源服务等，养成主动使用网络学习空间寻求帮助、解决问题的意识；学生利用学习诊断、学习预警、综合素质

---

[1] 杨玉宝，谢亮. 具身认知：网络学习空间建设与应用的新视角[J]. 中国电化教育，2018(2): 120-126.

评价等可视化分析结果，发现学习、实践中存在的问题，及时进行学习调整与改进等。

（五）重塑教学评价方式

利用网络学习空间，全程记录、跟踪和监测教与学的过程，包括线上教学过程和线下教学过程，提升评价准确性、全面性和综合性；转变评价的方式，由结果导向的单一评价扩展到综合性、过程性、历时性的多维度评价，实现使用证据、基于数据真实性评价和综合素质评价，实施表现性评价、自我评价、学习契约评价和学习跟踪档案评价等；从注重评价的筛选、画像功能扩展到注重评价的诊断、激励与预测功能。德育是学校教育的首要任务，网络学习空间除了认知评价上的应用，德育评价也是网络学习空间应用重要的着力点。借助网络学习空间，可以对学生德育行为进行伴随性数据采集与分析，运用大数据实时记录学生的成长轨迹，引导学生养成好习惯，培养好品德。这种借助网络学习空间的"伴随式"德育评价，可以通过详细的评价指标体系生成德育"雷达图"和"档案袋"，学校和家长协同帮助学生取长补短，学生也可以从自己的发展轨迹中进行自我观察和自我判断，从他律走向自律。另外，利用网络学习空间，可以全面记录学生的运动情况和生理数据，创新体育评价方式。

（六）丰富教师专业发展模式

借助网络学习空间，可以创新教师专业发展模式。例如，通过基于网络学习空间的名师课堂、名师教研、专题教研、课程研发、教研评课、名师评课等，可以实现跨校际、跨城乡、跨区域的网上教研研修，促进教师群体的共同成长；通过网络学习空间记录教师专业发展历程和信息挖掘，可以发现问题和不足，提供更加有针对性的研修建议。《中共中央 国务院关于全面深化新时代教师队伍建设改革的意见》中提出要转变教师培训方式，推动信息技术与教师培训的有机融合，实行线上线下相结合的混合式研修[1]。基于网络学习空间，已经形成教师专业发展的三大范式：一是网络学习空间辅助以"师徒制、集体备课、听评课、校本教研、案例研讨等"为主要形式的传统范式；二是网络学习空间支撑"公共大厅式"的在线教研范式，强调名师示范、专家引领的作用；三是基于互联网思维的"私人会客厅式"的知识共享范式，强调"每个个体、时刻联网、各施所长、各取所需、实时互动"的特点。

---

[1] 中共中央 国务院关于全面深化新时代教师队伍建设改革的意见[N]. 人民日报, 2018-02-01(001).

（七）优化教育管理方式

落实立德树人根本任务，提升教育管理水平。一是利用空间了解学校动态、开展教学评估，将空间的数据分析服务融入日常管理中，动态管理与评价教师教学过程，了解学生综合素质评价情况等；二是利用网络学习空间调控教学资源配置类型，优化智力资源供给，建立基于数据改善教与学的机制、教师评价机制、家校沟通机制等，逐步推进管理业务重组、流程再造，实现管理精细化、智能化，监管评估过程化，显著提升教育管理效能和绩效；三是利用网络学习空间提升教育治理水平，建立智力资源共享、社会资源准入的监管评价机制，促进教育治理体系和治理能力现代化，探索体制机制改革，适应信息时代的教育发展需求。

第二章　网络学习空间与课堂教学

《教育部关于加强网络学习空间建设与应用的指导意见》要求，应对新时代和信息社会对创新型人才的培养需求，充分认识新技术对教育发展与变革的促进作用，深化空间应用，优化资源配置，提升教师信息素养和信息化教学水平，服务学生全面发展。课堂是促进学生全面发展的主阵地，普及网络学习空间、重构教育新生态，课堂教学是重中之重。本章基于"概念界定、关键作用、典型模式、案例分享"的内容结构，分别讨论了网络学习空间在智慧课堂、翻转课堂、精准教学、问题解决教学、专递课堂中的应用，旨向课堂教学创变的目的。

第一节　基于网络学习空间的智慧课堂

一、智慧课堂的内涵

智慧课堂是当前网络学习空间支持课堂创变的热点，对于"什么是智慧课堂"目前学界还存在不同看法。例如，智慧课堂是以先进的教育理念为指导，凭借教育信息技术的支撑，使以学生为中心的理念真正落地[1]。与传统课堂相比，智慧课堂更注重教师的引导性和创造性，致力于推动学生主动学习[2]，培养学生创造性思维能力和解决问题能力[3]，是实现学生智慧生成的课堂[4]。智慧课堂是在新技术环境下，以培养学生智慧能力为目标，利用创新变革的教学模式构建轻松、愉快、个性化、数字化的新型课堂[5]。利用大数据、云计算、物联网和移动互联网等新一代信息技术，打造智能且高效的课堂[6]，解决课堂互动、即时评价、资源推送等传

---

[1] 何曼.《数据驱动下的智慧课堂精准教学》：用技术勾勒"精准教+个性学"路线图[J]. 在线学习, 2020(8): 68-70, 87.
[2] 朱梦涛. "互联网+"时代的智慧课堂构建研究[D]. 长沙：湖南师范大学, 2019.
[3] 李祎, 王伟, 钟绍春, 等. 智慧课堂中的智慧生成策略研究[J]. 电化教育研究, 2017, 38(1): 108-114.
[4] 唐烨伟, 樊雅琴, 庞敬文, 等. 基于网络学习空间的小学数学智慧课堂教学策略研究[J]. 中国电化教育, 2015(7): 49-54, 65.
[5] 庞敬文, 王梦雪, 唐烨伟, 等. 电子书包环境下小学英语智慧课堂构建及案例研究[J]. 中国电化教育, 2015(9): 63-70, 84.
[6] 孙曙辉, 刘邦奇, 李鑫. 面向智慧课堂的数据挖掘与学习分析框架及应用[J]. 中国电化教育, 2018(2): 59-66.

统课堂教学中的难题[①]。智慧课堂应该能够全面、全程、伴随性地采集和分析教学数据和学习数据，解决难以获知在线学习者的真实学习体验、不能科学评价教与学的实际水平、难以精准评判课程设计的有效性、无法实时监控教与学的过程、数据可视化展示与呈现水平低等问题，从而实现实时监测教学状况、精确诊断教学问题、有效评估学生发展、精准预测学业风险，最终达到学生个性化地学与教师精准化地教[②]。上述这些说法虽然各有侧重，但也传达出智慧课堂应具备如下基本特征。

1. 旨向创新型人才培养

过去传统课堂培养出来的学生，往往在测试中比较突出，但实践能力和创新思维相对不足，难以满足当代社会发展对创新型人才的需求。与传统课堂相比，智慧课堂除了强调对基本学科知识的掌握，聚焦学生核心素养发展，同时注重了学生深度学习和创新技能的培养，如批判性思维与问题解决能力、创造性和创新能力、交流与合作能力等。

2. 网络空间起到支撑作用

智慧课堂的实施，离不开网络空间的支撑，网络空间与课堂的深度融合是智慧课堂实施的关键。在网络空间支撑下，通过对学习活动和教学流程的创新再造，显著提升课堂教学的信息化、个性化和智能化水平，从而打造教学方法更加先进、教学资源更加优质、教学体验更加良好、教学过程更加高效、教学评价更加精准、教学调控更加科学的新型课堂。

3. 以数据为基础的学习分析

智慧课堂是集数据、资源、活动于一体的智能生态系统，通过以数据为基础的学习分析，支持精准教学与个性化学习。例如，通过对学习过程产生的行为数据、作业数据、考评数据、个性化辅导数据等进行深入统计、挖掘，能够对学习者和学习群体精准画像，能够更加智能、科学和客观地掌握学情，能够针对性地进行学习诊断、学习指导、学习干预、学习推荐。

二、网络学习空间的作用

智慧课堂的实施，离不开网络学习空间的支撑作用。

---

① 刘邦奇, 李鑫. 智慧课堂数据挖掘分析与应用实证研究[J]. 电化教育研究, 2018, 39(6): 41-47.
② 成亚玲, 谭爱平. 智慧课堂数据采集框架设计研究[J]. 湖南工业职业技术学院学报, 2021, 21(3): 14-18, 25.

（一）便捷化资源服务

依据学习者特征、针对学习者的实际情况和个性化需要，借助网络学习空间能够便捷推送、订阅学习资源和教学服务，智能化地满足学习者个性化、多元化的学习需要。教师也可以根据教学需求，进行资源的个性化定制，随时随地获取所需的教学资源、教研资源和其他信息资源，实现教学资源大范围共享和个性化应用。

（二）科学化教学决策

统计、挖掘网络学习空间记录的个体、班级、学校乃至一定区域的多模态数据，通过横向比较（如不同个体、不同班级、不同学校、不同学科等）和纵向分析（如不同时间、不同学年、不同学段等），能够提升教学决策的科学化水平，有利于弥补传统教学决策经验化缺陷。例如，在班级层面，课前通过网络学习空间给学生推送个性化资源，开展预习、测评和学情分析，据此掌握学生的认知基础和学习需求，支持教师进行科学教学预设，实现以学定教，也为开展面向每一个人、适合每一个人的精准教学提供可能。

（三）立体化教学参与

基于"云、网、端"智能化网络学习空间，教师和学生可以在课前、课中和课后及时进行学习沟通，可以分层互动、分组探究；可以通过文字、图片、声音、视频等多媒体方式进行有准备、有思考的交流，使每个学生都能主动参与到精心创设的学习过程中，使每个学生的主体地位得到真正保证并发挥切实作用；教师和家长建立稳定的沟通机制，实施家校合作。

（四）可视化教学表达

使用多媒体、虚拟现实、增强现实等技术，将难以展现的信息、复杂的实验过程等形象化地呈现出来；使用物联网技术，将真实的场景引入课堂教学；使用数据建模技术，以动态、直观的方式呈现各种状态数据、发展趋势等。

三、模式与案例

从实践情况来看，根据支撑环境不同，智慧课堂可以分为两大类：一类是"多媒体教室+在线教学平台"环境下的智慧课堂，即平台型智慧课堂；另一类是"专门建设的智慧教室"环境中的智慧课堂，即教室型智慧课堂。

（一）平台型智慧课堂

在多媒体教室基础上整合网络教学工具或网络教学系统，学生和教师自带智能终端就可以开展智慧课堂教学。因此，该模式具有容易上手、搭建快速、成本相对低廉等特点。

案例1：基于雨课堂的智慧课堂。

雨课堂是清华大学在线教育办公室和学堂在线共同推出的一款基于云架构的智慧课堂教学工具，该系统由云服务器、电脑端和智能终端三部分组成。云服务器用于支撑系统的运行和教学数据的收集、存储、分析和决策。电脑端是一个整合的PPT插件，用于教师备课和上课，如图2-1所示。

图2-1　雨课堂电脑端

智能终端用于师生教学互动。在雨课堂中，师生互动操作通过微信和PPT界面进行，具有师生比较熟悉的优点。图2-2和图2-3分别是上课过程中的教师端和学生端截图。

图2-2　雨课堂教师端　　　　　　　图2-3　雨课堂学生端

雨课堂具有丰富的教学互动功能，上课过程中师生能够随时进行全员同步互动。例如，利用弹幕功能组织讨论，活跃班级气氛；通过限时测试，可以随堂知识检测，结果实时统计；学习过程遇到困难，学生能随时标记和匿名反馈；通过 PPT 同步功能，上课过程中学生不用忙于拍照抄写，腾出时间专注于听课、思考和互动。在课下，可以随时推送"预习材料+语音讲解"，推送作业题目，师生随时沟通，轻松进行教学翻转。另外，通过对教学数据全周期采集，可以分析课程运行情况、量化学习情况，提供个性数据报表，帮助教师精准教学。

教师课前可以利用雨课堂将预习要求、预习测试、预习资料等推送给学生。学生课前利用学习终端自主完成在线预习和作业，课堂上教师可以有更多的时间与学生互动，针对重点、难点教学内容进行分析、探讨和论证。结合课前预习数据，教师可以整体把握预习结果和存在的问题，有针对性地做好课堂教学设计；在教师授课过程中，学生碰到不懂的内容可以随时单击"不懂"或发送信息弹幕反馈给教师，根据学生的"不懂"数据或反馈数据，教师可以实时进行教学调整，避免传统课堂"教师一味灌输、学生一直忙于记录、认知层次低、效果差"的弊端；可以开展分组教学，每组的讨论结果随时发布，教师可以随时点评，同伴或不同小组也可以随时参与互评。课后，通过雨课堂给学生推送或分享扩展知识资源、练习、作业等，促进学习巩固、学习反思等。

案例 2：基于超星学习通的智慧课堂。

超星学习通是一款功能丰富，面向智能手机、平板电脑、Pad 等多终端的移动学习网络空间系统，具有课程设计与管理、课堂教学、直播教学等多项功能，如图 2-4 所示。在课程设计与管理方面，教师可以灵活进行教学设计，灵活安排教学资源、学习活动、作业、考试、发布通知等，对课程结构、课程功能、课程日历、教师团队、助教团队、学习班级、学习小组等进行管理；可以形成课程数据、学情统计、学习成绩、教学预警等各种统计报告，包括学生参与课程、章节学习、观看教学视频等学习数据。

在课堂教学方面，通过手机端 APP 的教学投屏功能，超星学习通可以把教学 PPT 通过计算机投放到多媒体教室的大屏幕上，手机成了遥控器，具有翻页、激光笔、聚光灯、添加活动等功能，如图 2-5 所示。在"添加活动"中，提供了包括签到、投票、选人、抢答、随堂练习等丰富的课堂学习活动，如图 2-6 所示。

在课前环节，教师可以利用超星学习通系统记录的学生的学习行为、作业、测评考试、个性化辅导等学习过程动态数据进行学情分析和问题诊断，在此基础上依据教学大纲提供有针对性的教学设计，包括学习资源、预习安排、课前讨论以及课中、课后活动等。在课上环节，教师可以利用超星学习通系统的投屏功能，展示和分享学生的课前学习情况、释答疑难问题，对学生的课前学习进行总结；

在主题讨论、随堂练习、分组任务、抢答等功能的支持下，教师通过合作探究等方式开展新任务学习，并进行实时测评和反馈；结合学生预习、作业、合作探究情况，进行分析点评和重难点讲解，巩固和提升学生的学习效果。在课后环节，教师利用超星学习通系统布置巩固、拓展、提升类作业，可以进一步强化学生的学习，提升能力，并结合超星学习通系统提供的课堂报告、学情统计报表，给学生推送个性化的学习材料、学习任务或学习辅导等。

图 2-4　超星学习通课程设计与管理

图 2-5　超星学习通教学投屏　　　　图 2-6　超星学习通学习活动

(二) 教室型智慧课堂

智慧课堂是一种新型的信息化教学环境，主要由电子书包系统、交互式显示系统、云资源服务系统、智能录播系统、可自由组合的桌椅、电子书包充电柜等组成，如图 2-7 所示。

图 2-7　某智慧课堂环境

其中，电子书包系统一般具备丰富的学科资源，作业、练习题的分组推送，练习题的自动批改和实时反馈，多种形式的在线讨论，学习资源在指定范围内共享，学习数据统计分析、学情可视化呈现以及学习监控等功能，有利于教师开展个性化教学。交互式显示系统如电子交互白板系统（投影、计算机、电子交互白板）、电子教学白板一体机（一体化电子白板）、电子黑板系统（可粉笔书写）等，与学生的电子书包系统、教师授课的电子书包系统以及云资源服务系统相连接，具有灵活的书写及批注功能、强大的对象处理功能、丰富的学科资源及工具以及信息呈现等功能。智能录播系统是对课堂教学进行实时录制，自动生成课堂教学录像，完整地记录教师授课和学生听课的全过程，包括教师讲授的过程、板书书写的过程、使用的多媒体教学课件、学生回答情况等，按照授课的时间顺序自动编辑生成授课实况录像；通过智能跟踪定位系统，可实现对教师、学生位置的智能跟踪，并根据讲课过程自动切换视频；同时还可以以流媒体的方式在互联网上进行直播，课后可以在网上点播重放。

在中国大学 MOOC 课程"智慧课堂教学"（https://www.icourse163.org/course/icourse-1001978001）中，谢幼如教授在长期研究的基础上提出了如图 2-8、图 2-9 和图 2-10 所示的智慧课堂典型教学模式。

1. 个性化教学模式

个性化教学模式的关键要素和基本环节如图 2-8 所示。

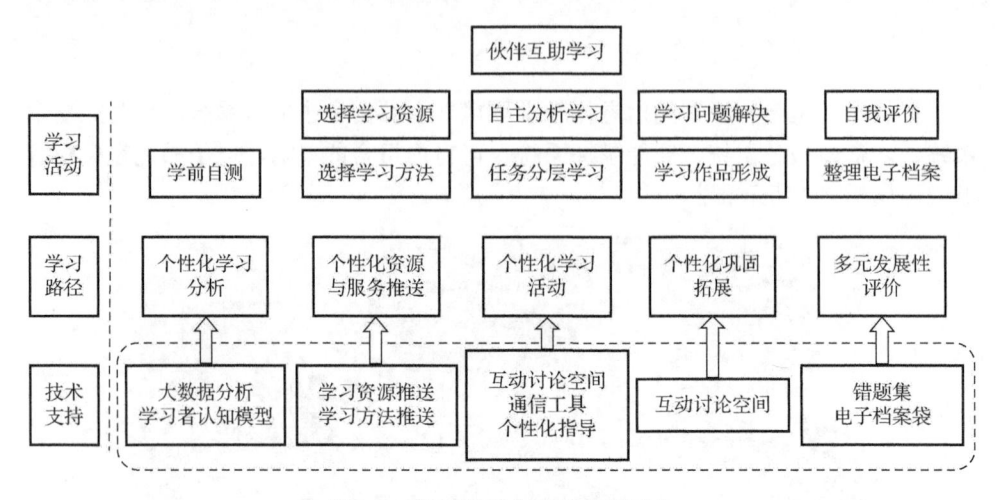

图 2-8 智慧课堂个性化教学模式

  阶段 1：开展个性化学习分析。组织学生学前自测，在大数据分析技术的支持下，对学生课前学习行为数据进行统计和挖掘，诊断个体和整体的学情，展示学生认知情况、学习倾向等个性差异，发现存在的问题。

  阶段 2：推送个性化学习资源与服务。根据学情大数据分析结果，针对学生个体、整体的学习需求，推送个性化学习资源、学习指导和学习方法；依托智慧教学平台与资源，为学生提供多样化、可自主选择的学习支持服务。

  阶段 3：组织个性化学习活动。借助网络学习空间的互动与通信工具，组织同伴或小组互助学习、自主学习、分层式学习。在活动过程中，为学生提供可选择的多样化的学习路径和个性化的学习指导。

  阶段 4：进行个性化巩固拓展。引导学生通过实际情境、最好是真实情境的问题解决或者个人学习作品创建，实现学习巩固和拓展。并利用网络互动空间进行展示共享，通过师生互评，优化改进。

  阶段 5：实施多元发展性评价。利用个人错题集、电子档案袋、电子量规等新型评价工具，从多个维度获取学习行为数据，分析学习行为和过程，实现发展性评价。

2. 探究性教学模式

  探究性教学模式的关键要素和基本环节如图 2-9 所示。

  阶段 1：创设情境与提出问题。教师利用智慧课堂中的富媒体资源，创设复杂的探究情境，诱发探究兴趣和认知冲突，进而通过讨论、头脑风暴等方式，启发学生提出有探究意义的问题。

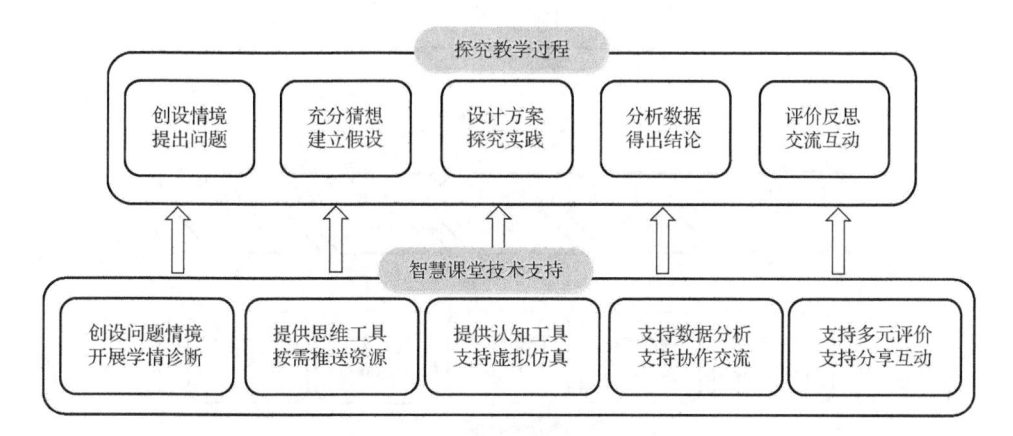

```
          ┌─────────────────────────────探究教学过程─────────────────────────────┐
          │  创设情境      充分猜想       设计方案      分析数据      评价反思    │
          │  提出问题      建立假设       探究实践      得出结论      交流互动    │
          └──────↑────────────↑─────────────↑────────────↑─────────────↑────────┘
          ┌─────────────────────────────智慧课堂技术支持─────────────────────────┐
          │  创设问题情境  提供思维工具  提供认知工具  支持数据分析  支持多元评价│
          │  开展学情诊断  按需推送资源  支持虚拟仿真  支持协作交流  支持分享互动│
          └───────────────────────────────────────────────────────────────────────┘
```

图 2-9　智慧课堂探究性教学模式

阶段 2：充分猜想与建立假设。利用思维导图、概念图等思维外化工具，支持学生进行问题分析与可视化，引导学生进行大胆的猜想假设，并让学生将假设发布到网络学习空间平台中进行小组或全班共享与交流。

阶段 3：设计方案与探究实践。在方案设计时，教师要为学生提供认知工具，引导学生提出研究思路，制订研究计划；在学生探索实践过程中，教师可以提供虚拟仿真资源，引导学生观察现象、动手设计、记录数据，以检验最初的假设是否正确，并利用智慧课堂的录像和云平台功能，记录学生的研究过程。

阶段 4：分析数据与得出结论。在数据分析时，教师要提供数据可视化工具帮助学生将实验数据绘制成可视的图表，支持学生进行数据分析处理；在形成结论后，要引导学生通过多种可视化方式进行成果的展示，并在网络学习空间云平台中共享探究成果。

阶段 5：评价反思与交流互动。教师组织学生进行交流互动，引导学生开展多种形式的自评与互评，并通过在线测试、在线表达、反思记录等，及时了解学习效果，进行个性化指导，使学生探究获得的知识得到进一步的内化。

3. 生成性教学模式

生成性教学模式的关键要素和基本环节如图 2-10 所示。

阶段 1：教师课前推送学习资源，并根据学生课前的预学反馈情况进行学情诊断，对教学目标、教学活动、教学资源、教学过程等予以"弹性—预设"。

阶段 2：教师创设真实的、贴近生活的学习情境，诱导学生提出问题，采用同桌讨论、小组会议、合作探究等多种形式，促进师生"交往—反馈"。

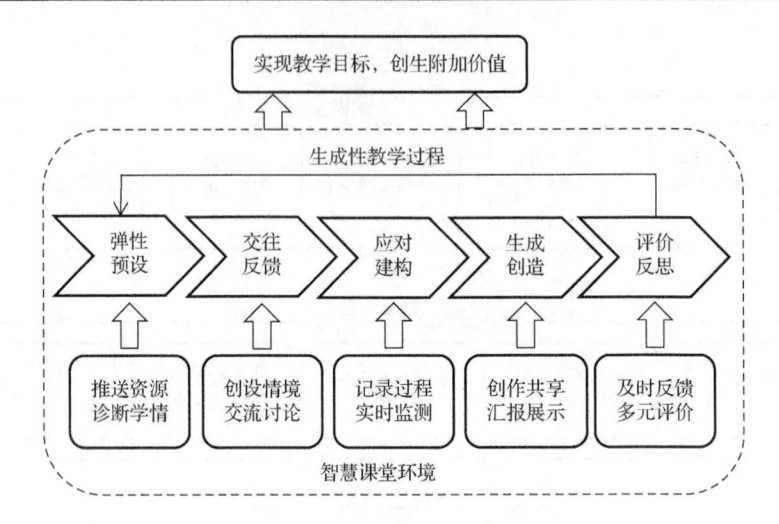

图 2-10 智慧课堂生成性教学模式

阶段 3：教师对学生的学习过程进行实时监测，密切关注、提炼学生产生的问题、观点、争论等生成性信息，及时给予反馈、引导和协助，根据具体情况灵活调整教学行为、提供学习支架，支持"应对—建构"。

阶段 4：教师提供认知工具和展示平台，引导学生进行学习成果展示、汇报和共享，实现"生成—创造"。

阶段 5：教师组织学生利用信息工具对学习过程、学习产出、学习收获等进行多元评价，开展"评价—反思"，进一步巩固和优化生成。

第二节　基于网络学习空间的翻转课堂

一、翻转课堂的概念

当前，人们对翻转课堂的界定主要是从其基本特征、实施过程等方面予以刻画。可汗学院的创办人萨尔曼·可汗（Salman Khan）认为，翻转课堂是指让学生在家中按照自己的学习进度观看教学视频，然后在课堂上与老师和同学协作探究解决问题[1]。祝智庭、管珏琪、邱慧娴认为，翻转课堂将学习过程中知识的传授与内化两个阶段颠倒过来，知识传授的提前和知识内化的改变实现了教学流程的逆序创新[2]。金陵认为，所谓的翻转课堂，其实质是教学结构的翻转。在传统课堂教学结构中，学生学习知识（导入、知识讲解、布置作业等）主要是在课上，内化知识（复习、预习、作业等）主要是在课下或家里。翻转课堂则刚好相反，学生

---

[1] 可汗. 翻转课堂的可汗学院：互联时代的教育革命[M]. 刘婧, 译. 杭州：浙江人民出版社, 2014: 1-38.
[2] 祝智庭, 管珏琪, 邱慧娴. 翻转课堂国内应用实践与反思[J]. 电化教育研究, 2015, 36(6): 66-72.

学习知识（自主学习、整理收获、提出问题等）主要是在课下或家里自主完成，内化知识（展示交流、协作探究、科学实验、完成作业、一对一指导等）主要是在课上完成，也就是把学习知识主要在课堂、内化知识主要在课外，颠倒成学习知识主要在课外、内化知识主要在面对面课堂的教学方式，如图2-11所示[①]。

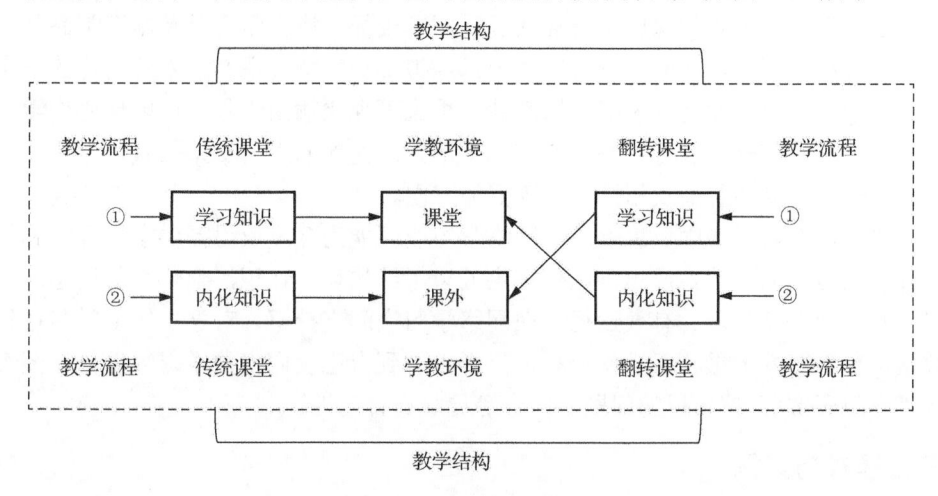

图 2-11　翻转课堂的特征

也有研究指出，作为一种新型的教学模式，翻转课堂在理论层面体现了混合学习的优势和生成课程的理念，具有增加课堂互动、促进学生个性化学习等特质，旨在达成培养学生问题解决、创造性思维、高水平推理和批判性思维能力等深度学习目标。表面上看，翻转课堂是对传统教学结构的革新，实质上则是将学习责任向学生进一步转移和对以学生为主体、教师为主导的教学理念的进一步强调。如果教师的主导作用不能切实转化为学生的自主学习行动，基于翻转课堂的深度学习理想将会难以实现。

二、网络学习空间的作用

学习过程是师生、同伴以及学生与相关人员（如家长、社会教师）和资源之间认知与情感交互影响的统一过程。网络学习空间作为集资源、工具、服务和管理于一体的教育服务云体系，能够使学校学习、家庭学习和网络学习无缝衔接，为学生营造一种自主有援、积极参与的学习环境，使其更容易产生积极的情感体验并保持深度学习的状态。网络学习空间对翻转课堂的支持作用主要体现在以下三个方面。

第一，在课前初步掌握阶段，网络学习空间可以提供活动安排与学习支架、

---

① 金陵. 翻转课堂与微课程教学法[M]. 北京：北京师范大学出版社，2015: 15.

推送与呈示学习资源、帮助学生通过互助交流开展个性化自主学习，使学生明确学习方向，抓住学习重点，按照自己的认知习惯、方式、节奏和兴趣等对学习内容进行信息加工和意义建构，激发学生的内在学习动机。

第二，在课堂深度加工阶段，网络学习空间可以给以"认知协商、问题解决、迁移应用"等为核心的深度学习活动提供问题表征、协作学习以及学习制品展示与互评支持。例如，在网络学习空间中，虚拟现实、增强现实技术等构建的虚实融合环境，可以增加问题表征的情境性；思维可视化输出工具，可以使协作学习在充分思考的基础上进行，避免协作流于形式；便捷的学习支持工具，可以使学习制品展示、循环展播及相互评价等更加方便。

第三，在课后巩固反思阶段，网络学习空间能为深度反思提供学习反馈和结果评价两方面的支持。反思可以使学生的思考结构化、认识清晰化，促进思维发展，是实现深度学习的有效途径。在网络学习空间支持下，对学生线上学习过程数据进行伴随性记录和可视化分析，让学生看到自己及同伴的学习数据分析图表或"学习画像"，使反思的问题、内容等更加有针对性。

三、模式与案例

以埃瑞克的深度学习路线、加涅的九段教学、皮连生的广义知识学习模型以及布鲁姆的认知目标分类等理论为基础，结合翻转课堂存在的问题和目标旨向，整合学习支架的认知协助机制和网络学习空间的泛在协同功能，我们构建了面向深度学习的翻转课堂模型，如图2-12所示[1]。

（一）模型设计的基本思路

如图2-12所示，整个过程包括三个阶段（课前初步掌握、课堂深度加工、课后巩固反思）、十个环节（注意与预期、激活原有知识、加工新知识、预评估、认知协商、外化提取、迁移应用、课堂总结、学习评价和学习反思），共同构成一个完整的深度学习过程。

注意与预期、激活原有知识：是所有学习活动启动必备的基础环节，为翻转课堂和深度学习活动的开展营造积极的学习氛围并做好学习准备。

加工新知识、认知协商和外化提取：是让学习者在众多信息和事实间进行联系、整合和批判，从而形成概念知识的结构化表征或心智模式，体现出深度学习的信息整合特性，为接下来的迁移应用提供知识准备，是决定深度学习能否实现的第一个关键环节。

---

[1] 姚巧红，修誉晏，李玉斌，等. 整合网络学习空间和学习支架的翻转课堂研究——面向深度学习的设计与实践[J]. 中国远程教育，2018(11): 25-33.

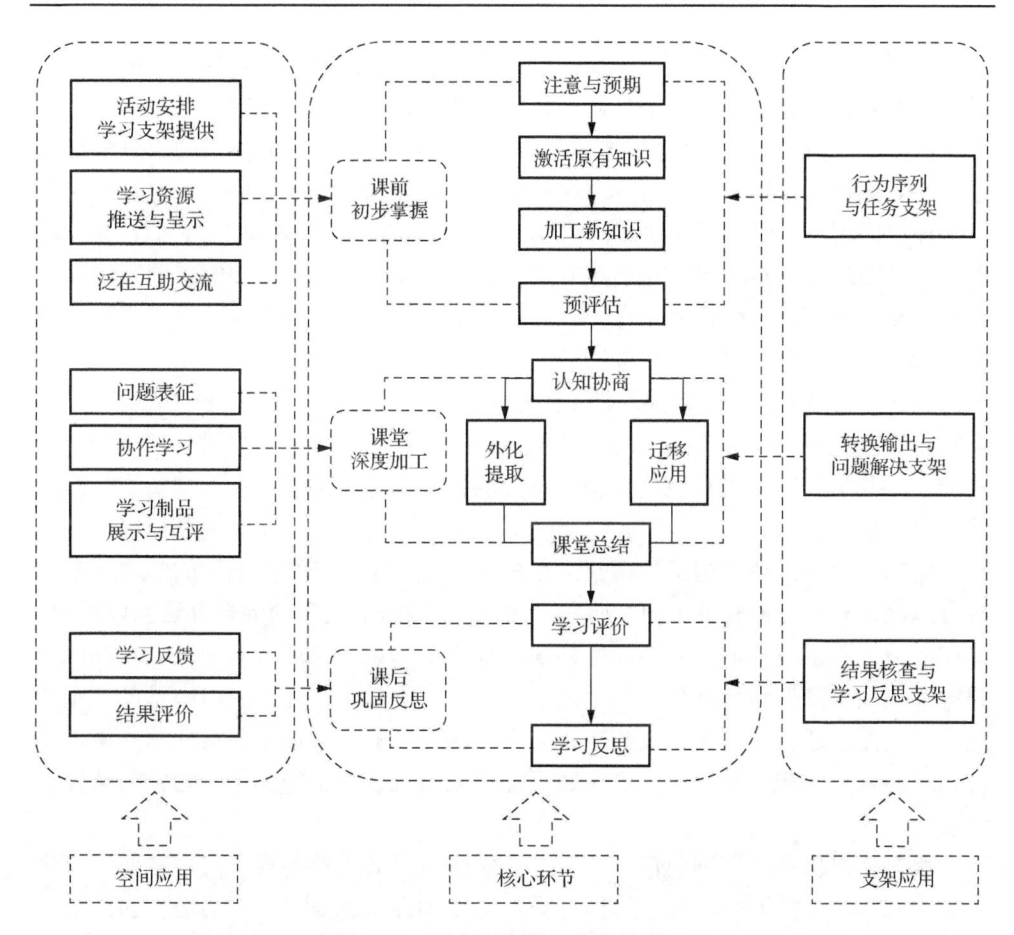

图 2-12　面向深度学习的翻转课堂

迁移应用：主要是以评价、创新和问题解决等方式，调动学生通过积极的思考和行动将所掌握的知识或技能应用到新的情境中，即皮连生广义知识学习模型理论中所谓的"变式练习、对外办事、对内调控"，体现出深度学习的高阶特性，是深度学习能否实现的第二个关键环节。

学习反思：使学生对自身的学习过程、学习结果等进行多元化评价，以进一步整理经验、发现问题，补救不足，甚至进一步拓展。

（二）对模型的具体分析

1. 课前初步掌握阶段

在典型的翻转课堂模式中，知识获得任务是在课前通过微视频由学生自主或少量协助来完成的，然后课上通过"简单测试"和"补漏式讲解"就直接进入了知识应用，即高阶学习阶段。实践证明，这样的翻转课堂无法实现预期的教学效果，主要是因为通过微视频等技术手段执行的"教学"的实际效果无法与课堂中师生面授的效果相媲美，且容易造成学生只能学到零散的、不成体系的部分知识[①]。在学生对知识及其结构没能较好掌握的情况下，就匆忙开始利用知识进行问题解决和迁移应用，这样的深度学习自然成了基础不牢的"空中楼阁"，看似很美，实则效果并不尽如人意。另外，通过几道测试题，就对学生"知识的掌握程度和存在的问题"下结论，然后进行的"补漏式讲解"，还极有可能存在"补不准"的问题。为了解决上述问题，本模型做了四点调整。

第一，调整了翻转课堂课前学习阶段的功能定位，从"获得理解"调整为"初步掌握"。实践表明，学生课前通过"微视频+练习"、以自主方式进行的学习，一般情况下其学习结果也只能达到初步掌握的程度。翻转课堂的设计与实施，必须尊重这个事实。

第二，适应上述的情况和调整：在模型中增加了"获得知识"的学习环节，并合理地分布于课前和课上两个阶段，采用"技术+面授"的混合办法加以解决，即在课前"注意与预期、激活原有知识、加工新知识"等环节的基础上，在课上安排"认知协商"和"外化提取"两个环节，力保学生在迁移应用中具备一定的知识，从而使迁移应用真正发挥丰富意义、深化理解、增加知识活性的作用，实现真正的意义建构，并避免匆忙实践可能带来的难以纠正的或先入为主的认知性错误。

第三，提供行为序列及任务支架，让学生从"观听获得式学习"转变为"思考加工式学习""动手式学习"。俗话说，动手的课堂总是"欢声笑语"的课堂，动手的学习就是积极主动的学习。在"行为任务"的带动下，促使学生反复翻阅教材或观看视频，以寻获信息进行意义整合，达成"行动促进认知"的目的。

第四，在课前的其他环节中，注意与预期是通过设置学习支架等引起学习者对活动的注意、明确学习任务，产生学习动机；激活原有知识是让学生有意识地从认知结构中提取相关的知识经验，使其处于活跃状态。进行预评估主要有两个目的：一是教师把握学生课前的学习情况；二是遴选学生课前学习中产生的有代表性的问题或案例，发挥"小老师"的作用，在课上通过批判性理解促进深度认知。另外，目前尚无有力的证据表明，学生观看教学微视频比阅读图文材料效果更好。在研究实践中我们也发现，有的学生甚至不愿意观看视频性材料，这类学生觉得阅读图文材料效率更高。因此，通过网络学习空间提供多样化的内容表征材料以满足不同学习风格学生的需要，也是翻转课堂课前学习活动应该注意的问题。

---

① 王忠惠，朱德全."翻转课堂"的多重解读与理性审视[J]. 当代教育科学，2014(16): 30-33.

2. 课堂深度加工阶段

在课堂深度加工阶段，包括认知协商、外化提取、迁移应用和课堂总结四项活动，具体如下。

认知协商：首先要求学生以小组的方式相互审阅课前对"新知识"的加工材料（基于行为序列支架书写的纸质材料），学生之间相互比对、检查和借鉴，然后每个小组汇报所谓的"有异议结果"，最后由教师利用网络学习空间展示"有异议结果"，进行释疑性分析、针对性讲解、延伸拓展等，促进学生对知识的多角度审视和理解，解决"补不全、补不准"等问题。

外化提取：为了让学生真正系统化和结构化地掌握知识，在认知协商的基础上，学习活动进入以"提取"为核心的外化阶段。我们知道，"编码"和"提取"是两种基本的学习活动。长期以来，心理学界和教育学界一直暗含着这样的实践假设[1]：学习主要发生在对经验和知识进行编码的阶段，提取只能测量先前学习经验的产出，但本身并不能产生学习。自杰弗里·卡皮克（Jeffrey D. Karpicke）博士在国际著名学术期刊 Science 上发表《提取对学习至关重要》（*The Critical Importance of Retrieval for Learning*）的文章以来，"提取"促进学习的价值开始被高度重视。卡皮克的实验表明[2]，提取学习比重复学习活动更能增强学习内容的长时保持，比基于概念图的细化学习方式更能维持和促进有意义的学习，同时还能显著增强学生学习的投入度。因此，外化提取是对理解的增强和意义的精练，具有重要的学习意义。通过外化提取，使个体建构的理解以及认知结果以可视化形式"表现"出来，不但能为学生和教师进行共享、分析、讨论、辩论奠定基础，使对话在可视层面进行成为可能，避免交流流于形式，而且可以使学生的思考结构化、认识清晰化，促进认知发展和思维建模。

迁移应用：以灵活的方式，通过创造性的思考和行动将所学的针对某个主题的知识和技能应用到新的情境之中。

课堂总结：课堂总结是课堂深度加工阶段的最后一个环节，由教师对学习内容和应注意的问题等进行提炼和结构化梳理，对课后学习巩固和反思活动进行指导和要求。本阶段有四条学习活动路径可以选择：一是"认知协商—外化提取—课堂总结"；二是"认知协商—迁移应用—课堂总结"；三是"认知协商—外化提取—迁移应用—课堂总结"；四是"认知协商—迁移应用—外化提取—课堂总结"。在具体实施过程中，教师应结合具体情况，灵活处理。

---

[1] 贺斌. 提取式学习最新研究进展及其对有意义学习的影响——来自《科学》的文献[J]. 现代远程教育研究, 2015(1): 12-21.

[2] Karpicke J D, Roediger H L. The critical importance of retrieval for learning[J]. Science, 2008, 319(5865): 966-968.

3. 课后巩固反思阶段

学习结果最终必须进入长时记忆，因此安排课后的"巩固练习"和"学习反思"是非常必要的，是深度学习的"最后一公里"。巩固练习和学习反思，使学生能够及时发现并有效解决学习过程中尚隐藏或遗留的问题，对自己的学习过程和结果进行监控、调节、补救或完善，是促进深度学习不可缺少的环节。

巩固练习一般有三种方式：一是提供学习结果核查表让学生进行"查漏"，然后利用网络学习空间中的资源（包括老师、同学等智力资源）进行"补缺"；二是布置适当的练习或作业，让学生在应用中巩固；三是布置一些拓展任务，让学生在问题解决中巩固。学习反思是促进学习者对知识深度理解、个人意义主动建构、经验技能迁移应用、复杂问题解决以及元认知发展的有效策略。所以安排学习反思活动，在促进深度学习目标达成方面具有重要的作用。根据陈佑清等学习者对反思的理解[①]，学习反思涉及三种形式：一是对某项内容或问题的"反复思考"，即沉思、深思或审慎思考；二是"反身思考"，即学习者以自身（自己的经验、行为或自己的问题等）为思考对象，通常是总结经验、修正不足；三是指"返回去思考"，即对已经发生或完成的学习事件、学习过程、学习方法、学习策略等的思考。

4. 学习支架应用

学习支架是由教师、同伴、计算机或纸质工具提供的支持，这些支持可以使学生有意义地参与他们不可能完全独立完成的任务，并获得相应的技能[②]。使用学习支架能够支援学生以延伸他们的能力，促使他们真正深度参与有意义的学习活动，支持学生的高阶思维或思维结构化，以及发展学生的元认知能力（或者说自主学习能力）。学习支架在本模型中发挥如下作用。

（1）在课前自主学习过程中，通过提供清晰的行为序列和任务支架，激发学生的学习兴趣，指明需要考虑的重要任务/问题因素，使学习者抓住学习重点，明确学习方向。

（2）在课堂深度加工阶段，通过提供转换输出和问题解决支架（如范例、图表、问题、建议、向导以及思考问题的技巧与方法等），使学习情境能够以保留了复杂性和真实性的形态被展示和被体验，支持学生以深度思维的方式解决问题、阐明观点或给出答案，从而让学生经历一些更有经验的学习者所经历的思维过程，并支持学生间相互学习。

（3）在课后反思巩固阶段，通过提供学习结果核查支架或结构化反思支架，

---

① 陈佑清. 反思学习：涵义、功能与过程[J]. 教育学术月刊, 2010(5): 5-9.
② Spector J M, Merrill M D. 教育传播与技术研究手册（第四版）[M]. 任友群, 焦建利, 刘美凤, 等译. 上海：华东师范大学出版社, 2015: 626.

使学生对自己的学习活动进行自主监控、调节并进行有深度的反思,从而及时发现学习中存在的问题并采取相应的补救措施。

(三)模型应用

为了验证模型在教学实践中的可行性和有效性,课题组以某小学六年级两个平行班学生为实验对象,开展了对比实验研究。表 2-1 是数学课"正比例"内容实验班的教学设计。

表 2-1 教学设计的总体思路描述

学习阶段	设计思路
课前初步掌握	(1)教师通过网络学习空间提供行为序列和任务支架,推送录制的"正比例"微视频和准备的电子材料,对整个学习过程和具体要求等进行阐明,包括课前、课堂和课后三个学习阶段的关联关系,使学生明确学习方向,抓住学习重点 (2)让学生对已学习的"变化的量""比例"等知识点进行回忆,按照学习支架进行要点书写,激活原有知识 (3)让学生利用网络学习空间中的电子材料和教材内容,依据行为序列和任务支架进行自主学习,对正比例公式($a/b=k$)中各要素进行分析,总结正比例关系的特点和判断依据,设计具有正比例关系的案例等活动,对新知识进行信息加工 (4)通过网络学习空间的"拍照上墙"功能,学生将"按照行为序列和任务支架"书写的材料利用手机拍照后上传空间,教师对学生的学习情况进行预评估,并遴选有代表性的问题进入课堂的认知协商环节
课堂深度加工	(1)各小组对组员"拍照上墙"的纸质材料进行相互阅读和整理,汇总出经小组协商尚有异议或不理解的意见和问题,由轮值组长进行汇报 (2)教师结合"预评估"和"小组汇报"的结果,组织讨论或进行讲解,引导学生通过观察、分析和思考,明确正比例的特征和规律,让学生进一步理解正比例的意义、纠正不正确认识等 (3)听取教师讲解和协商讨论后,学生按照转换输出支架要求,对正比例的特征、意义、判断标准等进行语言组织,完成外化提取 (4)迁移应用。教师通过网络学习空间展示生活中的问题——进行问题表征,让学生运用所建构的正比例知识解决实际问题,然后通过拍照上墙进行成果展示和互评,开展协作学习 (5)教师扼要地进行课堂总结,梳理结构,明确重点
课后巩固反思	(1)教师在网络学习空间中提供有关正比例关系的在线练习和评测,学生进行巩固练习;提交后可以查看其他同学提交的结果,并可在原有提交内容基础上进行标注性修改 (2)教师通过网络学习空间提供学习结果核查支架,让学生进行自我核查或家长协同进行核查,并提交核查结果 (3)在空间中分享心得。学生通过三五句话,按照反思支架进行学习反思,对"正比例"这个知识点理解和应用中容易出现的问题等进行总结

"正比例"一节是六年级数学教学中的重点内容,其主要学习目标是:通过具体问题,引导学生理解正比例的特征和意义,使学生能够正确判断两个量是否为正比例关系,从而培养学生积极参与学习活动和灵活运用知识解决问题的能力。

在学习本节内容时，学生既需要通过观察、交流、归纳等思维活动对知识进行深入理解，也需要通过分析、判断和创新等迁移性活动形成一定解决问题的能力，因此适合采用深度学习的方式进行学习。其中，对加工新知识、认知协商和迁移应用等三个关键环节的主要教学设计如表2-2所示。

表2-2　部分关键环节设计

主要环节	环节设计
加工新知识	（1）阅读教材，解释下面所示表达式的含义。 正比例关系 $$\frac{Y}{X}=k(一定)(k\neq 0)$$ （2）依据上面所示表达式，写出正比例关系成立的条件。 （3）结合下表回答问题： 时间与路程关系表 | 时间/小时	1	2	3		| | --- | --- | --- | --- | --- | --- | | 路程/千米 | 60 | 120 | 180 | | | 表中有几个变量？ 用（1）所述含义说明变量之间的关系。 从表中发现了什么规律，用该规律把表格的空白处填写完整。 （4）结合下图中表格信息，把二维坐标画写完整。 商店有一种圆珠笔，价格和数量的关系如下： | 数量/支 | 1 | 2 | 3 | 4 | 5 | 6 | 7 | 8 | | --- | --- | --- | --- | --- | --- | --- | --- | --- | | 总价/元 | 1.5 | 3.0 | 4.5 | 6.0 | 7.5 | 9.0 | 10.5 | 12.0 | 上表中数据还可以用图像表示 （5）结合生活实际，举个教材中没有的正比例关系例子，并依据（2）的描述说明你的例子是正比例关系。 （该环节是一个动态生成环节，举两个生成性例子。）
认知协商	例A：教师在课前预评估环节发现，有不止一位同学对正比例关系中"$k\neq 0$且是定值"这一条件没有理解透。例如，有的同学认为"正方形的边长与正方形的周长和面积都是正比例关系"。于是教师组织同学重新思考"加工新知识"环节中（2）的正比例条件，让学生思考"正方形的边长与正方形的面积是正比例关系"违反了哪个条件？ 例B：小组相互阅读课前"拍照上墙"的材料时，一位同学认为另一位同学举的例子"大米总重量与袋数是正比例关系"的表述不严密，借此发起正反两方面批判性理解：什么情况是正比例关系？什么情况下不是正比例关系？

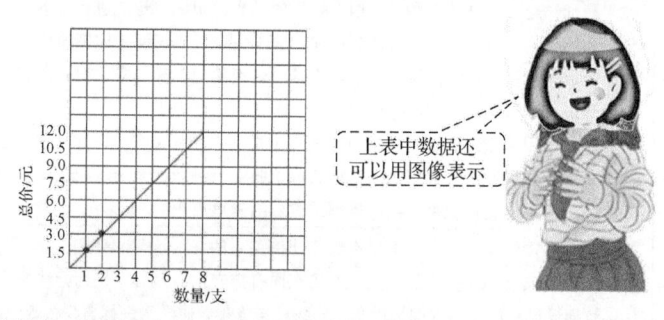

续表

主要环节	环节设计
迁移应用	经过上述学习，同学们理解了正比例关系的特征和意义。例如，在公共汽车的行驶速度 v（单位：千米/小时）固定不变的情况下，汽车的行驶里程 s（单位：千米）随着行驶时间 t（单位：小时）的变化而变化，可以写成函数表达式：$s=v\times t$。那么，电器的电压为 U（单位：伏特），电器的电流为 I（单位：安培）会随着电阻 R（单位：欧姆）的变化而变化，其函数表达式是：$I=U/R$。请说明：该表达式是正比例关系吗？为什么？

实验效果表明：该模型始终把"学生行动、学生思考、学生反思"作为活动设计的出发点，通过使用网络学习空间和一体化设计，把虚拟学习环境和课堂实体环境无缝衔接，能很好地促进各个阶段深度学习的发生；在网络学习空间支持下，个体建构的理解通过外化提取和拍照上传，使讨论和交流在可视层面进行，在一定程度上避免了学习协作流于形式，使合作学习切实发挥了弥补差异、共享经验的作用；通过使用学习支架，学生经历了"自主加工—认知协商—输出建模"，在两次信息加工（输入和输出）基础上，实现了深度理解的目标；通过"迁移应用—展示互评—自我反思"，在灵活应用和解决问题过程，实现了深度体验的目标；最终在面向深度学习的翻转课堂模型、网络学习空间和学习支架的综合作用下，通过课前的整合性学习、课堂中的高阶学习和课后的反思性学习，有效实现了深度学习的目标。

第三节 基于网络学习空间的精准教学

一、精准教学的概念

20 世纪 60 年代，精准教学的开创者奥格登·林斯利（Ogden Lindsley），使用标准变速表、学习者绘制学习行为图表等手段，构建了用来跟踪学生学习情况和基于数据教学决策的方法[1]。精准教学起初以行为学习理论为主要理论基础，将学生行为作为观察的对象，将行为频率数据作为反映学生行为变化的指标，认为教学是提出学生应达到的目标并对行为进行控制的过程。

随着现代信息技术的发展及其与更多教学环节的深度融合，"精准教学"被赋予了新的内涵和使命。祝智庭、彭红超认为，精准教学是一种包括精准确定目标、开发材料与教学过程、计数与绘制表现、数据决策等核心环节的高效教学方法，引入信息技术能够进一步激发精准教学的活力，为教师与学生提供更好的服务[2]。

---

[1] 吴伟. 精准教学的历史与反思[D]. 金华：浙江师范大学，2020.
[2] 祝智庭，彭红超. 信息技术支持的高效知识教学：激发精准教学的活力[J]. 中国电化教育，2016(1): 18-25.

焦建利认为，精准教学是借助大数据、信息与通信技术，实时记录、跟踪和分析学生在教学过程中的数据，并协助教师开展有针对性的差异性和个别化教学[①]。陈迪权认为，精准教学是教师依据课程标准、教学内容与学生的认知水平确定精准的教学目标，设计适应性的学习任务，推荐个性化的学习路径，在教学过程中借助信息技术获得学生学习过程的数据和信息，实时生成学习评价，从而有针对性地调整教学策略实现课堂优质高效教学的一种教学模式[②]。计亚萍认为，精准教学需要精准洞悉学情、精准确定目标、精准实施教学、精准评价效果、精准设计作业，形成一个递进循环过程，使教学落细、落小、落实[③]。

二、网络学习空间的作用

精准教学是教育信息化 2.0 时代背景下，以大数据、人工智能等现代信息技术应用为核心的数据驱动型教学的典型应用之一。在精准教学中，网络学习空间除了具有设置个人基本信息、访问权限、资源管理与共享等常规功能外，需要发挥如下关键作用。

（一）采集、分析教学数据

数据的全面记录，是学情分析、目标分析、内容分析、路径选择、教学干预等工作达到"精准"的基础。目前，网络学习空间能够采集、记录、存储、分析的数据主要是用户的个人基本情况数据、行为数据和学习过程数据等。随着技术的成熟，网络学习空间采集数据的能力将更加强大，如用户的生理、眼动、情绪以及其他心理数据。

（二）学情分析、差异化推送

支持基于数据的跟踪、监测学生学习全过程，开展学情分析、学习诊断等，实现精准评价、有针对性的差异化资源与作业推送；支持查询学情分析和学习诊断报告，了解学习情况、进行学习预警等。

（三）个性化学习、自主学习

支持个性化参与在线学习活动，自行选择数字教育资源与智力资源进行学习；支持在线完成作业、获取答疑辅导，实现问题解决与及时反馈；支持自定学习目标、自主选择学习内容、自定学习步调、自我管理与监控等。

---

① 焦建利. 赶个时髦，说说"精准教学"[J]. 中国信息技术教育, 2018(9): 23.
② 陈迪权. 精准教学评价指标体系的构建[D]. 金华：浙江师范大学, 2020.
③ 计亚萍. 基于精准教学个性化"五精"教学设计的实践探究[J]. 卫生职业教育, 2020, 38(6): 78-79.

（四）丰富的教学活动

支持在线备课、教学活动组织与实施、课程设计与开发等，实现课堂内外、线上线下相结合的教学；支持在线作业发布、在线作业批改、在线组卷、在线测试等，实现分层、个性化智能测评与诊断；支持课后答疑、网络指导等，实现个性化辅导。

三、模式与案例

（一）精准混合教学模式

将网络学习空间、混合式学习、精准教学三者有机融合，有研究者构建了如图 2-13 所示的基于网络学习空间的精准混合教学模式[①]。

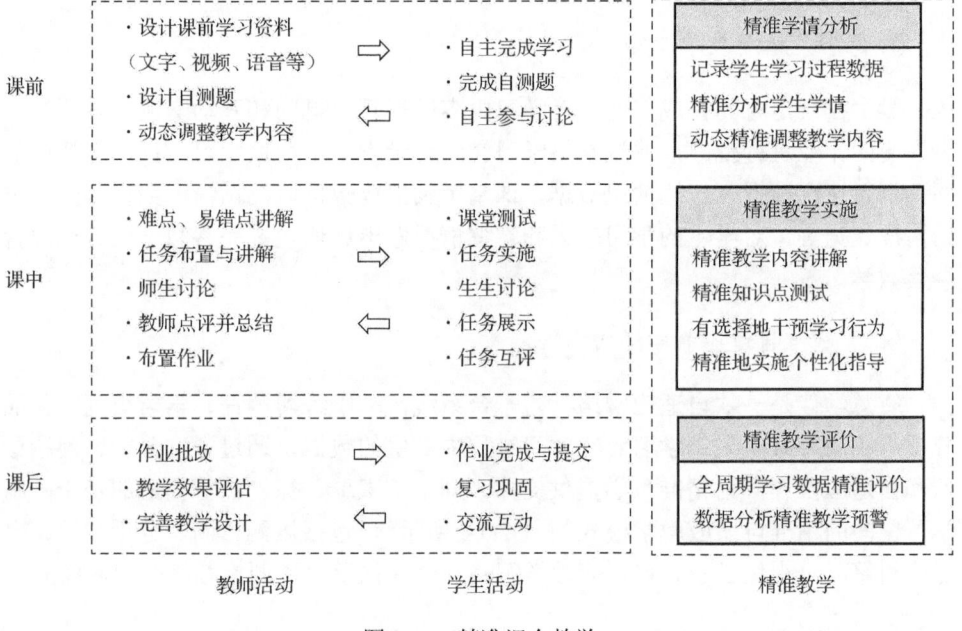

图 2-13 精准混合教学

1. 课前：精准学情分析

教师通过网络学习空间为学生准备课前学习资料，围绕知识点和学习资料布置自测题，以便检查学生的学习情况；学生通过网络学习空间自定步调学习，完

---

① 孙远强. 基于网络学习空间的精准教学研究[J]. 九江职业技术学院学报, 2020(2): 14-18.

成相应资料学习后,通过自测题检验自己的学习效果,自主与同学、教师进行讨论。网络学习空间记录学生参与学习情况,分析学习时长、任务完成度、答题结果等数据,形成学校、班级、学生个人的学情报告。如有必要,教师可以结合学情报告在课前动态调整教学内容。

2. 课中:精准教学实施

结合课前学情数据,教师首先对难点、易错点进行重点讲解,并通过随堂测试进一步巩固、了解学生的掌握情况;然后布置自主、合作、探究性任务,学生通过查阅资料、同伴讨论、小组讨论、师生讨论等完成任务,并利用网络学习空间进行学习成果展示,分享心得体会、遇到的问题、经验技巧等,尽可能全员互动。在这个过程中,教师对学情预警出来的可能有困难的学生要给予重点关注、干预和指导。最后,教师进行点评总结,引导学生深入思考、拓展思维,布置课后作业等。

3. 课后:精准教学评价

学生在规定时间完成作业,对学习内容进行复习巩固和互动交流;教师对学生提交的作业进行批改,通过网络学习空间记录学生全周期学习数据,包括课前阅读资料情况数据、自测情况数据、课堂考勤情况数据、测试情况数据、参与讨论情况数据等,对学生的学习效果和掌握情况做出评估,并完善教学设计以改善今后教学。

(二)精准自适应教学模式

智慧学伴是一款自适应网络学习平台系统,基于练习测评、学习交互、作品分析等主要方式,采集学习者在学习过程中产生的数据,通过数据分析、问题诊断和自适应推荐,为精准教学提供支撑。刘宁、王琦、徐刘杰等提出的基于网络学习空间的精准自适应教学模式如图2-14所示[①],包括微测诊断、分析预测、自适应引擎、可视化显示、自适应教学策略、个性化学习资源推荐等关键性要素。

1. 微测诊断

在课前或单元教学开始前,教师利用智慧学伴的微测诊断工具进行学情诊断,支持教师精准确定教学目标、精准设计个性化的教学内容;在上课期间,使用微测诊断工具对教学情况进行诊断,教师可以根据诊断结果对教学节奏、

[①] 刘宁, 王琦, 徐刘杰, 等. 教育大数据促进精准教学与实践研究——以"智慧学伴"为例[J]. 现代教育技术, 2020, 30(4): 12-17.

教学内容等进行调整；课后或单元结束后，应用微测诊断工具开展后测，验证教学的有效性。

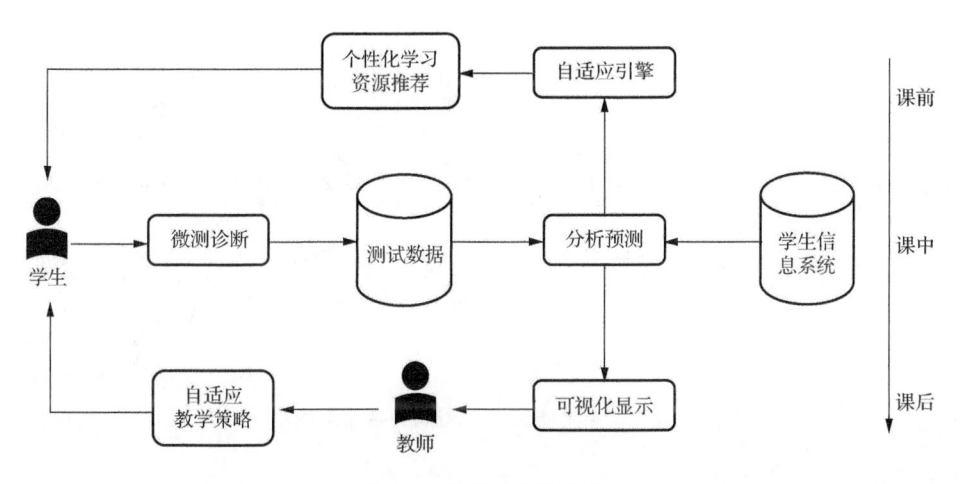

图 2-14 精准自适应教学

2. 可视化显示

系统形成的可视化报告，可视化呈现学习者的认知结果，帮助教师准确把握学习者的学习情况，为精准教学提供客观依据。可视化报告主要包括学科认知地图、学习者学科能力和素养、学科核心概念掌握情况（得分率）与核心能力指标的测评反馈等。可视化报告，不仅为教师精准设计课堂教学提供参考，也能帮助学生及时了解自身的学习情况，进行自我调节学习。

3. 自适应教学策略与个性化学习资源推荐

根据系统的诊断结果，对教学内容、学习情况、最近发展区等进行教学分析，然后进行教学方案设计，包括教学活动设计、构建自适应学习支架等。在教学方案的实施阶段，通过课中学情诊断对预设的教学活动及学习支架再进行调整，以适应学习者课中最近发展区的变化。最后，进行课后学习诊断，以检验教学方案的有效性，进一步改进教学方案，为后续教学提供借鉴，并根据学习者的学习结果评测，为其提供有针对性的教学辅导，推荐个性化学习资源。

（三）精准教学在试卷讲评中的应用

试卷讲评是一种基本的教学活动和授课类型，具有促进学生及时查漏补缺、深化理解、巩固所学等重要作用。当前，试卷讲评课存在"讲评内容比较多、重难点不容易把握、针对性不强、效率不高"等问题。针对这种情况，山东省淄博高新技术产业开发区第一中学刘老师在初中生物学试卷讲评课中使用了精准教学，如图2-15所示[①]。

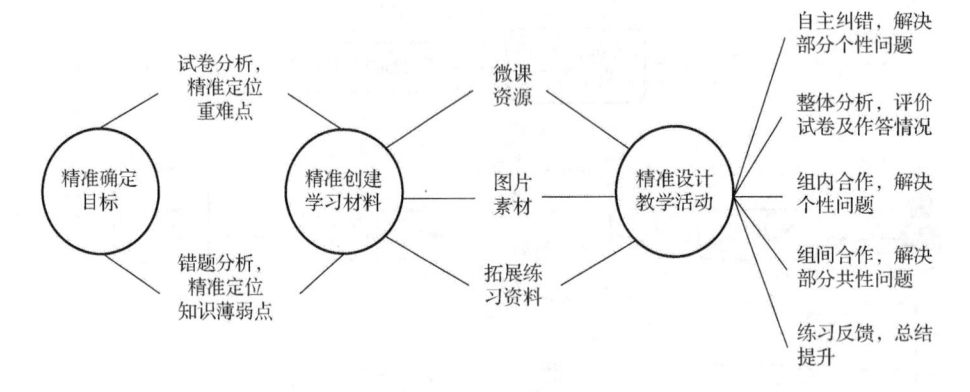

图2-15 精准教学在试卷讲评课中的应用

1. 精准确定目标

刘老师利用"智学网"网络学习空间系统进行阅卷后，自动生成班级试卷分析表。在设计试卷讲评方案时，通过对分析表中的数据（如各题目的平均分、得分率和各小题答错选项的答错率）的深度挖掘和分析，结合具体试卷题目内容，刘老师精准地确定试卷讲评课的教学目标。

例如，期中考试涉及"人体生命活动的调节、人类活动对生物圈的影响、传染病和免疫"等章节的内容，各部分的总分和整体得分率情况如表2-3所示。

表2-3 各部分的总分和得分率情况

考查内容	总分	整体得分率/%
人体对外界环境的感知	28	66.42
神经系统的组成	14	67.36
神经调节的基本方式	16	58.18
激素调节	22	66.52
人类活动对生物圈的影响	4	70.65
传染病及其预防	14	66.70
免疫与计划免疫	14	55.40

通过总分值数据，刘老师确定了此次考试的重点是"人体生命活动的调节"一章的内容，通过整体得分率的数据分析得知，考试的难点在"神经调节的基本

---

① 刘遵阁."精准教学"在初中生物学试卷讲评课中的应用[J]. 生物学教学, 2019, 44(9): 23-25.

方式"和"免疫与计划免疫"这两节的相应内容。另外，如果某题得分率过低，说明相应的内容教师没有教明白，或学生没有学清楚。此次考试中有以下 4 个题目（表 2-4）属于得分率较低。

表 2-4 低得分率题目对应知识点分析

题号	得分率/%	相应知识点
14	39.22	"测定反应速度"中反射弧的分析
15	43.32	常见环境污染问题及其成因
25	54.56	探究实验设计原则及实验结果数据分析
24	59.61	免疫第三道防线的作用过程

根据"智学网"提供的各个错题错误选项的错误率，结合与部分出错学生的交流，可精准定位学生在生物学知识方面的薄弱点，或解决生物学有关问题的缺陷。最终确定了本次试卷讲评的目标，分别是：能够分析常见反射活动中的感受器和神经中枢；能够说出常见环境污染问题的成因，形成环境保护的意识；能够分析探究实验题目中实验设计的原则；能够描述免疫第三道防线是如何发挥作用的。

2. 精准创建学习材料

目标精准确定之后，刘老师针对学生考试暴露出来的短板知识或技能，有针对性地开发了学习材料。

（1）制作微课资源，课前"自主纠错"。此次考试中，第 14、15、25 题得分率偏低，说明学生对相关知识内容未能很好地内化，对相关知识间的联系的认识不清楚，分析解决试题的能力也存在不足。针对这三个题目，刘老师分别制作了"再次认识反射弧""环境污染问题原因大汇总""实验设计的原则及数据分析"三个微课，并上传至网络学习空间，让学生课前自主学习，并进一步纠正错题。

（2）组织图片素材，课中"组间合作、教师点拨"。在生物学试题中，有些涉及结构图、模式图、曲线图分析，讲解这类题目的时候结合图片，不但能提升讲解效率，更能提升教学效果，教会学生应用所学知识来综合运用，提升解决问题的能力。例如，第 24 题出错原因主要是学生不能准确地分析免疫第三道防线免疫反应的过程，从而导致学生在答题时不能准确地填写产生抗体的细胞、吞噬抗原抗体复合物的细胞。为此，刘老师针对此题专门制作上传了相应的图片素材，并设计了两个问题："图中产生抗体的细胞是哪个？抗原抗体复合物最终被什么细胞吞噬？"引导学生对图片内容进行深入观察，从而理解免疫第三道防线发挥作用的过程，并通过课中"组间合作、教师点拨"的方式，进一步加深学生的理解。

（3）提供拓展练习，课中"练习反馈"。提供拓展练习材料，主要是相关错题的变式练习。学生自主纠错或学生互讲、教师点拨之后学生掌握情况如何，需要通过变式练习进行检测，从而精准反馈讲评效果。根据错误的试题，刘老师又有针对性地设计了一些变式练习。

3. 精准设计教学活动

完成目标精准定位、学习材料准备后，根据学生的行为表现，刘老师进一步精准设计教学活动。

（1）自主纠错，解决部分个性问题。学生利用网络学习空间系统，针对考试中的错误题目，自主查阅资料进行修改，未能解决的，在题目上做好标记；对于得分率比较低的第 14、15、25 题，修改前要求观看"再次认识反射弧""环境污染问题原因大汇总""实验设计的原则及数据分析"微课，明确自学重点。学生通过课前学习，解决掉了部分问题，有的问题即使没有解决，通过进一步自主思考的过程，也能为课上师生共同解决做好准备。

（2）整体分析，评价试卷及作答情况。教师课上用 3 分钟左右的时间，整体上解释试卷难度、考查的重难点以及班级整体掌握情况等，基于数据"证据"，进行精准肯定、精准鼓励，并提出精准期望。

（3）组内合作，解决个性问题。学生在课前自主纠错后，还有部分题目没能独立解决。针对这一情况，刘老师设计了小组内研讨环节，把学生个性问题解决的过程交由各个小组。组长作为主持人，组员逐一说出自己还未掌握的知识，并通过组内成员间的互助和讲解来解决，对于组内仍然没有解决的问题，组长最终汇总给教师。

（4）组间合作，解决部分共性问题。小组研讨结束后，大部分问题得到了解决。然后，刘老师请有问题的小组先发言，再分配其他小组帮忙解决问题。要求学生在互助讲解的过程中，不仅仅是要给出答案，还要详细说明解决问题的过程，包括如何审题、如何读图、作答技巧和涉及的知识等。组间互动之后，学生或教师可以进一步提出问题或质疑，这样通过讨论一道题、解决一类题的方式，使学生理解得到深化、能力得到升华。

（5）练习反馈，总结提升。借助平板电脑，刘老师推送了一组变式练习题，检查学生的学习效果。推送的变式练习题与得分率较低的题目类似。如针对第 14 题，推送了两道选择题，全班 45 名学生中有 40 名全部正确，仅有 5 位学生出错。通过获得的变式练习题数据，说明学生整体掌握这一知识点的情况还不错，5 位出错学生需要教师课下跟进单独辅导，进一步精准解决这些学生的问题。最后，刘老师通过扼要总结，进一步助力学生对问题分析、归纳能力的提升，最终完成了教学任务。

第四节 基于网络学习空间的问题解决教学

一、问题解决教学的概念

随着课程改革的不断推进和各学科课程标准把培养学生的问题解决能力确定为课程教学的重要目标，问题解决教学模式得到越来越多的关注。在《国家中长期教育改革和发展规划纲要（2010—2020 年）》中更是明确要求：推进培养模式多样化，探索发现和培养创新人才的途径，着力提高学生勇于探索的创新精神和善于解决问题的实践能力[1]。

将问题解决定义为一种教学方式，最早是由苏联教育家马赫勒托夫（Мирза ИсмаиAOBну Махмутов）提出来的[2]。马赫勒托夫认为，问题解决教学是把学习的内容置于复杂且有意义的问题情境中，让学习者通过解决富有真实性的问题来学习问题背后的知识，提升解决问题的技能、促进学生的自主学习。

问题解决教学概念提出后，如何开展问题解决教学成为人们关注的焦点。约翰·布朗斯福德（John D. Bransford）和巴里·斯坦（Barry S. Stein）提出了 IDEAL 模式，即问题解决需要经历发现问题（identifying a challenge）、界定问题（defining a challenge）、探寻策略（exploring alternatives）、计划行动（acting a plan）、审视反思结果（looking at and reflecting on results）等阶段[3]。David Jonassen 区分了基于良构问题和劣构问题的教学[4]。良构问题解决教学包括六个步骤，分别是：①回顾先决性的构成概念、规则和原理；②提出问题领域的概念模型或因果模型；③模拟成功案例中的问题求解方式；④提出实践问题；⑤鼓励寻求不同的解决方法；⑥反思问题状态与问题解决方法。劣构问题解决教学包括七个步骤，分别是：①阐明问题空间和情境的限制条件；②识别阐明各种意见、立场以及利益者的看法；③生成可能的问题解决方法；④通过构建论据，评价多种解决方法的生存力；⑤监控问题空间、选择解决方法；⑥实施和监测解决方案；⑦调整解决方案。

陈珊梳理相关研究后指出，问题解决过程中存在如图 2-16 所示的认知和元认知活动[5]。

---

[1] 国家中长期教育改革和发展规划纲要工作小组办公室. 国家中长期教育改革和发展规划纲要(2010—2020 年)[EB/OL]. (2010-07-29)[2020-12-16]. http://www.moe.gov.cn/srcsite/A01/s7048/201007/t20100729_171904.html.
[2] 邓铸, 余嘉元. 问题解决对问题的外部表征和内部表征[J]. 心理学动态, 2001(3): 193-200.
[3] 冯仰存. 数据驱动的教师教学决策研究综述[J]. 中国远程教育, 2020, 41(4): 65-75.
[4] Jonassen D H. Instructional design models for well-structured and ill-structured problem-solving learning outcomes[J]. Educational Technology Research and Development, 1997, 45(1): 65-94.
[5] 陈珊. 促进问题解决的学习干预设计与应用研究[D]. 上海：华东师范大学, 2013.

问题表征是问题解决的关键环节，包括确定问题初始和目标状态、确定问题的关键信息、与已有图式建立联系。形成解决方案，学习者不仅仅是要从已形成的图式中搜索适合的解决方案，还要探索多种解决方案并进行对比和选择，具体包括：形成多个方案、对比/选择方案（评估、证据支持）、制订计划等环节。执行方案，包括监控（对各种与问题解决相关的要素进行评估）和基于证据的调整。在评价阶段，学习者需要对方案执行的结果、过程和方法进行评价和反思。

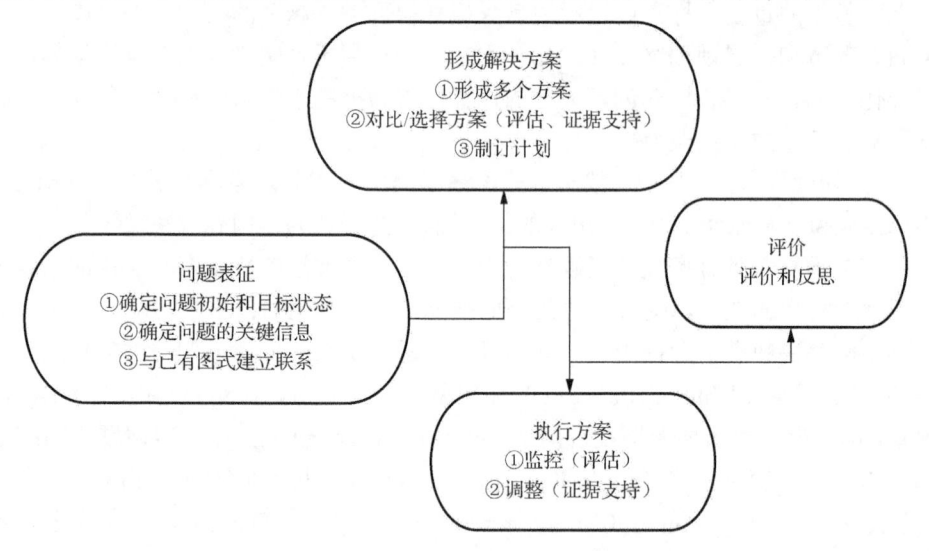

图 2-16 问题解决过程中认知和元认知活动

二、网络学习空间的作用

在问题解决教学过程中，网络学习空间能够提供多方面的作用，主要如下：

（1）创设丰富的情境和可视化的问题空间，支持群体协商，识别、界定和表征问题。

（2）提供丰富的学习资源，帮助问题解决小组研究问题解决的计划、制定问题解决的方案；支持学习者分析和探索问题，组织和完善问题解决的过程，从而提高学习效率和创造性。

（3）提供丰富的学习工具，包括各种问题解决工具、交流工具、协作工具、认知工具、思维建模工具、评价工具、绩效工具等。

（4）基于大数据、实景记录与学习分析技术，对学习者个体和群体学习进行数据采集、统计、挖掘、画像与过程记录，实现可靠、真实的形成性评价方式，改变传统的只注重结果且不适于问题解决教学的总结性教学评价方式。

（5）记录学习过程，展示、共享问题解决方案和成果，促进学习反思和自我监控，支持高阶学习，发展学习者的思维。

三、模式与案例

（一）DPSC 模式

DPSC 是英文"develop problem-solving capability"首字母缩写，即培养问题解决能力。该模式由杨滨、汪基德提出，面向中小学生教学，围绕着培养学生的理解、辨别问题的能力，表述问题的能力，解决问题的能力，问题解决后的反思能力以及问题解决方法的交流能力进行设计，包括创情景、设支架，同建站、提方案，施方案、控过程，展评价、改方案，说方法、谈经验五个关键教学环节，如图 2-17 所示[①]。

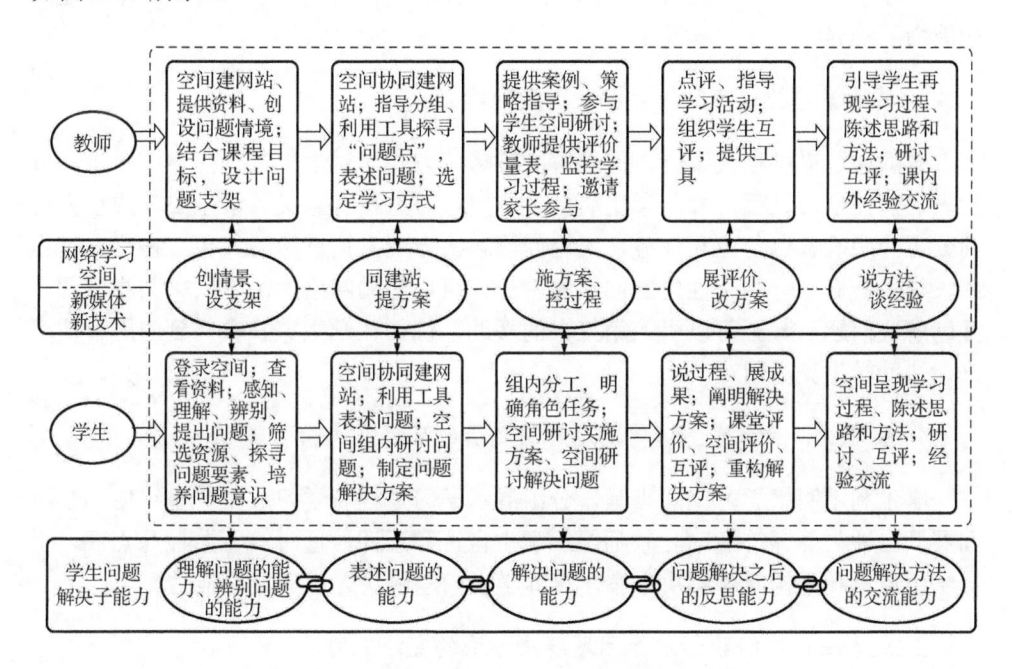

图 2-17　基于网络学习空间的 DPSC 模式

---

① 杨滨, 汪基德. 网络学习空间 DPSC 教学应用模式构建研究——网络学习空间人人通促进教与学深度变革实践反思之一[J]. 中国电化教育, 2018(5): 44-52.

实施流程如下。

1. 创情景、设支架：培养理解问题和辨别问题的能力

教师根据课程目标整合问题解决能力目标，在网络学习空间中创建学习安排和必要的支持性材料，为学生创设出解决问题的情境，并适当提供引导学习、促进投入、深化认知的学习支架；学生登录网络学习空间后，查看学习资料、提出问题、筛选资料和问题。这个过程重在培养学生的问题意识，理解和辨别问题的能力。

2. 同建站、提方案：培养表述问题的能力

教师安排学生分组，选定学习方式；学生利用网络学习空间工具表述问题、小组内讨论问题、制定问题解决方案。在该环节，教师和学生在网络学习空间里要合作建设学习网站，将自主、探究、合作性活动行为化，重点旨向学生表述问题能力的培养。

3. 施方案、控过程：培养解决问题的能力

教师通过提供相关案例、问题解决策略等方式，对学生进行指导；提供评价量表，调控学习过程；参与学生研讨，确保学习过程有意义。学生要完成组内协商分工，明确各自角色和任务，实施问题解决方案，提炼学习成果。在这一过程中，学生会遇到一些个性化的问题和困难，可以借助网络学习空间来共享资源、互助解决问题，甚至可以引入第三方的援助，例如让学生家长参与到问题解决中来，协助学生克服困难。

4. 展评价、改方案：培养问题解决之后的反思能力

学生利用网络学习空间工具，分组展示学习过程和学习成果，小组内、小组间展开自评与互评等活动。教师组织学生自评和互评，适时给予监控与点评，引导学生反思和重构问题解决方案，培养学生问题解决之后的反思能力。

5. 说方法、谈经验：培养问题解决方法的交流能力

引导学生利用网络学习空间工具高效再现问题解决的过程和阐述小组问题解决的方法；利用空间展开交流，在教师评述和学习伙伴的述评中反思，总结本组问题解决的经验，学习、借鉴同伴、各小组的长处和优点。该环节重在培养学生清晰表达、有效交流的能力。

DPSC 模式较好地体现了学生问题解决能力的发展规律和网络学习空间在支持问题教学中的重要作用，对实际工作有一定指导作用。

（二）IGGIA 框架

随着数字时代的到来，计算思维作为人的一项核心素养和重要能力受到高度重视。教育部颁布的《普通高中信息技术课程标准（2017 年版）》中，将计算思维列为高中信息技术学科的核心素养之一，并规定在高中信息技术课程中设置"算法和程序设计"模块，强化高中生的计算思维能力的培养。周以真教授认为，计算思维是使用计算机科学的基本概念解决问题、设计系统和理解人类行为[1]。Shute 等认为，计算思维是一种自动化问题求解的科学思维方式，使用计算机解决问题的思维过程就是计算思维[2]。所以，计算思维在本质上是一种问题解决思维，是利用计算机科学领域的思想方法，在形成问题解决方案的过程中的一系列思维活动。土耳其巴斯肯特大学计算机教育和教育技术系的 Kalelioğlu、安卡拉大学信息学部的 Gülbahar 以及加齐大学远程教育研究与应用中心的 Kukul 等学者，通过对已发表的计算思维研究文献的全面分析，提出了面向问题解决过程的计算思维框架，即 IGGIA 框架[3]，如表 2-5 所示。

表 2-5 面向问题解决过程的计算思维框架

问题解决过程	计算思维概念与能力
确定问题（I）	抽象、分解
收集、表示和分析数据（G）	数据收集、数据分析、模式识别、概念化、数据表示
生成、选择和规划解决方案（G）	数学推理、设计算法和程序、并行
实施解决方案（I）	自动化、建模和仿真
评估解决方案并继续改进（A）	测试、调试、概括

该框架将问题解决过程分为：确定问题，收集、表示和分析数据，生成、选择和规划解决方案，实施解决方案，评估解决方案并继续改进五个环节，在五个环节中通过使用计算机科学术语，如设计算法和程序、并行、仿真、建模等，实现对学生计算思维的培养。

基于 IGGIA 框架，有研究构建了旨向学生计算思维培养的教学流程，如图 2-18 所示[4]。

---

[1] Wing J M. Computational thinking[J]. Communications of the ACM, 2006, 49(3): 33-35.
[2] Shute V J, Sun C, Asbell-Clarke J. Demystifying computational thinking[J]. Educational Research Review, 2017, 22: 142-158.
[3] Kalelioğlu F, Gülbahar Y, Kukul V.A framework for computational thinking based on a systematic research review [J]. Baltic J. Modern Computing, 2016, 4(3): 583-596.
[4] 万欣琦."面向问题解决过程的计算思维框架"在小学 Scratch 编程课中的应用研究[D]. 西安：陕西师范大学, 2019.

环节	教师活动	学生活动	计算思维
确定问题	创设问题情境	体验问题情境 通过抽象和分解确定问题	抽象、分解
收集、表示和分析数据	提供资源，引导学生分析问题	分析问题 识别问题的内在模式	数据收集、数据分析、概念化、模式识别、数据表示
生成、选择和规划解决方案	启发引导 组织讨论	设计算法 完成学习任务单	数学推理、并行、设计算法和程序
实施解决方案	提供帮助 指导反馈	通过自动化、建模和仿真实施方案	自动化、建模和仿真
评估解决方案并继续改进	组织汇报 综合点评	评估并优化方案 迁移拓展	测试、调试、概括

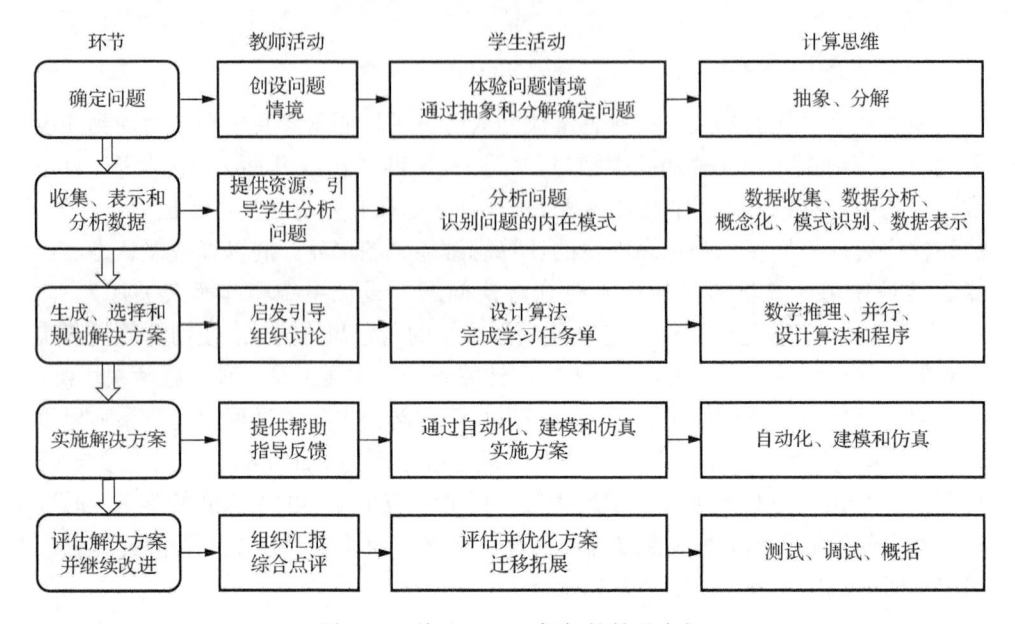

图 2-18　基于 IGGIA 框架的教学流程

1. 确定问题

确定问题主要涉及计算思维概念中的抽象和分解。抽象是识别和提取相关信息来定义主要概念的，分解是将数据、过程或问题分解成更小、可管理的部分。教师创建问题情境，学生通过体验问题情境，对学习任务有整体的感知，从任务情境中抽象出问题。

2. 收集、表示和分析数据

确定问题之后，学生需要对问题进行分析，通过分析案例，提炼程序执行的算法。在这一阶段涉及计算思维概念中的数据收集、数据分析、模式识别及数据表示等。数据收集培养学生收集信息的能力；数据分析是通过寻找模式或发展洞察力来理解所收集的数据；模式识别是观察数据的模式、趋势及规律。在课程中，模式识别是寻找程序运行的内在逻辑和运行原理；数据表示是通过图表、文字或图像描述和表示数据。在教学中，教师提供资源，引导学生分析问题，学生需要以代码的方式表示程序运行的过程。

3. 生成、选择和规划解决方案

在解决问题之前，学生需要生成、选择和规划解决问题的方案，主要涉及计算思维概念中的算法设计和程序以及并行。算法设计是指为解决类似的问题（或做一项任务）创建一系列有序的指令；并行是将大任务拆分为小任务，同时处理小的任务，以更有效地解决大任务。在这个环节中，教师启发引导学生分组讨论，引导学生寻找解决问题的方法，通过流程图的形式，将解决方案表示出来，然后从以下几个方面进行评估：哪种方案能最恰当地解决问题？哪种方案最有效？哪种方案更易实现？进而选出最合适的解决方案。

4. 实施解决方案

教师给学生提供支架，供学生根据所设计的方案选择性使用，学生根据所绘制的流程图，使用软件等编写程序，实施所设计的问题解决方案，将流程图转换为程序脚本，验证方案的可行性。在这个阶段学生需要综合使用顺序结构、选择结构及循环结构，编写最优程序，以便自动化执行解决方案。在程序编写过程中，学生对流程图中有问题的地方进行修改，以优化问题解决方案。

5. 评估解决方案并继续改进

在程序编写完成之后，需要评估解决方案并继续改进，通过对程序的测试和调试，优化程序。同时，在每个主题结束后，学生展示分享自己的作品，进行学生自评、组间互评以及教师评价，对作品提出修改意见，然后学生再修改自己的程序，以最优方式实现最终效果。最后，教师抛出拓展任务，让学生将本节课所学知识进行迁移应用。

第五节 基于网络学习空间的专递课堂

一、专递课堂的概念

教学点是一种为适应我国农村地区特别是居住分散、人口稀少的偏远地区的发展而设置的小规模不完全学校，在农村教育中占据着越来越重要的地位[1]。2017年中国农村教育发展报告的统计数据显示，截至2016年全国教学点的数量为9.84万个，其中乡村教学点8.68万个，占全国总数的88.21%[2]。然而，由于农村教学点地理位置偏远、办学条件有限、师资水平相对较低、数量短缺严重，音、体、美等学科教师更是严重匮乏，开不出课、开不齐课、开不好课等问题制约着我国义务教育的均衡发展。为了解决城镇薄弱学校和教学点缺少师资，开不出、开不足、开

---

[1] 王继新，施枫，吴秀圆．"互联网+"教学点：新城镇化进程中的义务教育均衡发展实践[J]．中国电化教育，2016(1)：86-94．
[2] 原春琳．《中国农村教育发展报告2017》：2016年全国有近9万个乡村教学点[EB/OL]．(2017-12-23)[2022-05-16]．http://news.cyol.com/yuanchuang/2017-12/23/content_16805195.htm．

不好国家规定课程的问题，我国积极推动了专递课堂建设。

专递课堂是指由教育资源相对优质的学校的教师，利用教育信息传输系统给一个或几个薄弱学校或教学点的学生进行异地远程授课的教学方式，实现了优质教学资源在更大范围的共享。早期的专递课程是通过卫星电视系统实现的。2001年12月，为实现优质教育资源共享，加大面向西部地区教育服务的力度，增进东西部地区教育教学交流，中国教育电视台"面向西部地区基础教育同步课堂"正式开播，该节目的特点是通过IP多媒体课件和电视节目两种形式，播出与教师授课进度相同的课程，西部地区的师生可以选择实时收看电视，也可以通过IP数据广播将课件下载到计算机服务器上，选择非实时学习。2003年3月，国务院下发了《国务院关于进一步加强农村教育工作的决定》[1]，在全国范围内实施"农村中小学现代远程教育工程"，采取教学光盘播放点、卫星教学收视点、计算机教室等模式将优质教育资源传输到农村学校。

随着互联网传输速度的提升和网络学习空间的广泛建设，目前提到的专递课堂主要是指借助互联网进行的。2012年5月，教育部原副部长杜占元在教育信息化试点工作座谈会上，要求做好"三个课堂"[2]，即"专递课堂""名师课堂""名校网络课堂"。2014年11月，教育部等五部门印发了《构建利用信息化手段扩大优质教育资源覆盖面有效机制的实施方案》的通知[3]，要求通过"三个课堂"等多种形式，促进教育公平、提升教学质量。2016年6月，教育部印发了《教育信息化"十三五"规划》的通知，要求积极推动"专递课堂"建设，巩固深化"教学点数字教育资源全覆盖"项目成果，进一步提高教学点开课率，提高教学点、薄弱校教学质量；推广"一校带多点、一校带多校"的教学和教研组织模式，逐步使依托信息技术的"优质学校带薄弱学校、优秀教师带普通教师"模式制度化。2020年3月，教育部发布了《教育部关于加强"三个课堂"应用的指导意见》文件，要求到2022年，全面实现"三个课堂"在广大中小学校的常态化按需应用，建立健全利用信息化手段扩大优质教育资源覆盖面的有效机制，推动实现教育优质均衡发展。

---

[1] 国务院关于进一步加强农村教育工作的决定[EB/OL]. (2008-03-28)[2022-05-16]. https://www.gov.cn/zhengce/content/2008-03/28/content_5747.htm.

[2] 教育部. 杜占元同志在教育信息化试点工作座谈会上的讲话[EB/OL]. (2012-07-13)[2022-05-16]. http://www.edu.cn/xxh/focus/zc/201207/t20120713_808666_2.shtml.

[3] 教育部. 教育部 财政部 国家发展改革委 工业和信息化部 中国人民银行关于印发《构建利用信息化手段扩大优质教育资源覆盖面有效机制的实施方案》的通知[EB/OL]. (2014-11-24)[2022-05-16]. http://www.cac.gov.cn/2014-11/24/c_1114112447.htm.

二、网络学习空间的作用

专递课堂的支撑环境主要由中心校主讲教室环境、教学点教室环境和网络教学平台三部分组成。其中，中心校主讲教室是主讲教师为教学点学生授课的环境，借助网络学习空间能够传送主讲教室课堂实况和接收教学点教室实况，如图 2-19 所示[1]。

图 2-19 某主讲教室环境

教学点教室是教学点学生学习的环境，借助网络学习空间能够接收主讲教室课堂实况和发送教学点教师实况，如图 2-20 所示[2]。

图 2-20 某教学点教室环境

网络教学平台主要用于：主讲教师、辅助教师共同备课，明确任务与分工，

---

[1] 王娟. 基于视频互动的异地同步课堂教学互动策略研究[D]. 重庆：西南大学，2020.
[2] 王方舟. 教育云同步课堂与实体课堂教学模式比较研究[D]. 上海：上海外国语大学，2019.

使主讲教师充分了解教学点学校学生的情况；上传数字化学习资源，如微课、作业、测验、通知等，供学生课下自主学习、个性化学习；引导双方学生课下进行互动交流、互相评价、准确进行学习反馈、分享学习心得等；增强专递课堂的互动性、有效性；采集、分析数据，研判学情，进行教学诊断和评价；及时调整教学内容、及时针对性辅导、及时开展中心校与教学点的教研及交流；在课堂外为家长搭建了解和沟通的平台，特别是让远在外地打工的教学点学生父母也有机会参与到孩子的成长中来。

三、模式与案例

专递课堂由中心校主讲教师、教学点辅助教师、教学点学生等人员组成。在网络学习空间支撑下，优质校主讲教师以网络直播或在线课程的方式给一个或多个异地教学点的学生上课，异地教学点的辅助教师则配合主讲教师组织课堂。其中，主讲教师由城镇学校的优秀学科教师担任，辅助教师是指薄弱学校或教学点学科教师。专递课堂的实施模式主要有直播授课、同步授课两种典型方式。

（一）直播授课模式

利用网络学习空间直播授课系统，由中心校主讲教师专门为一所或多所教学点学生进行远程授课，中心校的学生不参与。在这种模式中，辅助教师一边辅助主讲教师的"教"，一边辅导学生的"学"，如图 2-21 所示。

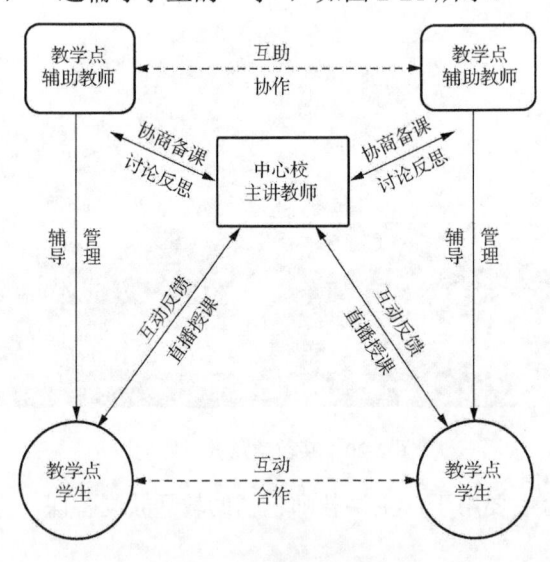

图 2-21　直播授课模式

（二）同步授课模式

主讲教师在给本地学校学生上课的同时，将课堂教学实况同步传输显示在远端教学点教室中，远程教学点课堂实况也同步传输显示在主讲教师课堂中，主讲教师可以和两地学生实时交流互动，两地学生之间也可以实时交流互动，如图2-22所示[①]。

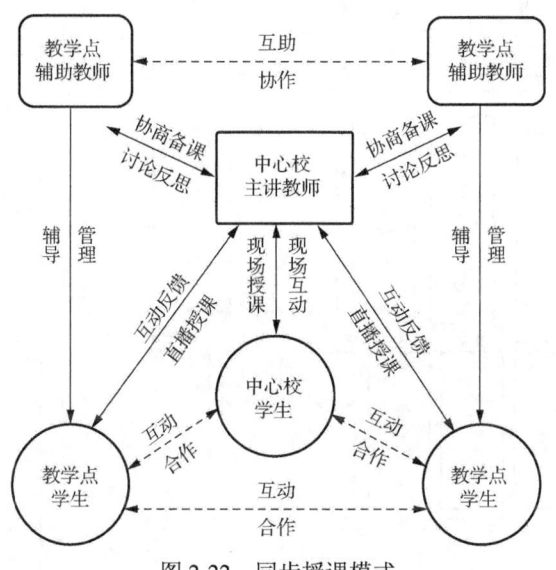

图2-22 同步授课模式

（三）"互联网+支教"专递课堂项目简介

专递课堂的主讲教师一般由城镇中心校的优秀学科教师来担任，但实践中发现，有的地方即使是中心校，美术、音乐、信息技术教师同样短缺，教学理念、教学方法、教学效果也不理想；特别是中心校教师常常在本校的教学任务已经非常繁重，再让他们额外为教学点开课，往往难以保证质量，很容易半途而废。为此，甘肃省结合基础教育的实际，重点实施"互联网+支教"专递课堂项目，主讲教师由师范院校的优秀实习生来承担，创新了专递课堂的实施思路。甘肃省陇南师范高等专科学校作为甘肃省"互联网+支教"专递课堂项目承担院校，担负对甘南藏族自治州舟曲县6个中心校及17个教学点美术和音乐专递课堂任务。经过实施前的充分考察、沟通和论证，实施中的不断总结、改进、提炼，形成了陇南师范高等专科学校"互联网+支教"专递课堂模式，该模式包括保障、环境、要素及实施四大模块，每一个模块中各个组成部分之间的内在关系如图2-23所示[②]。

[①] 刘圣泽.专递课堂的架构与应用模式探究[J].中国教育技术装备,2020(5):89-91.
[②] 马娟,潘文生."互联网+"师范院校支教服务有效策略研究——以陇南师专对口舟曲县23个教学点同步互动专递课堂为例[J].甘肃高师学报,2020,25(1):45-49.

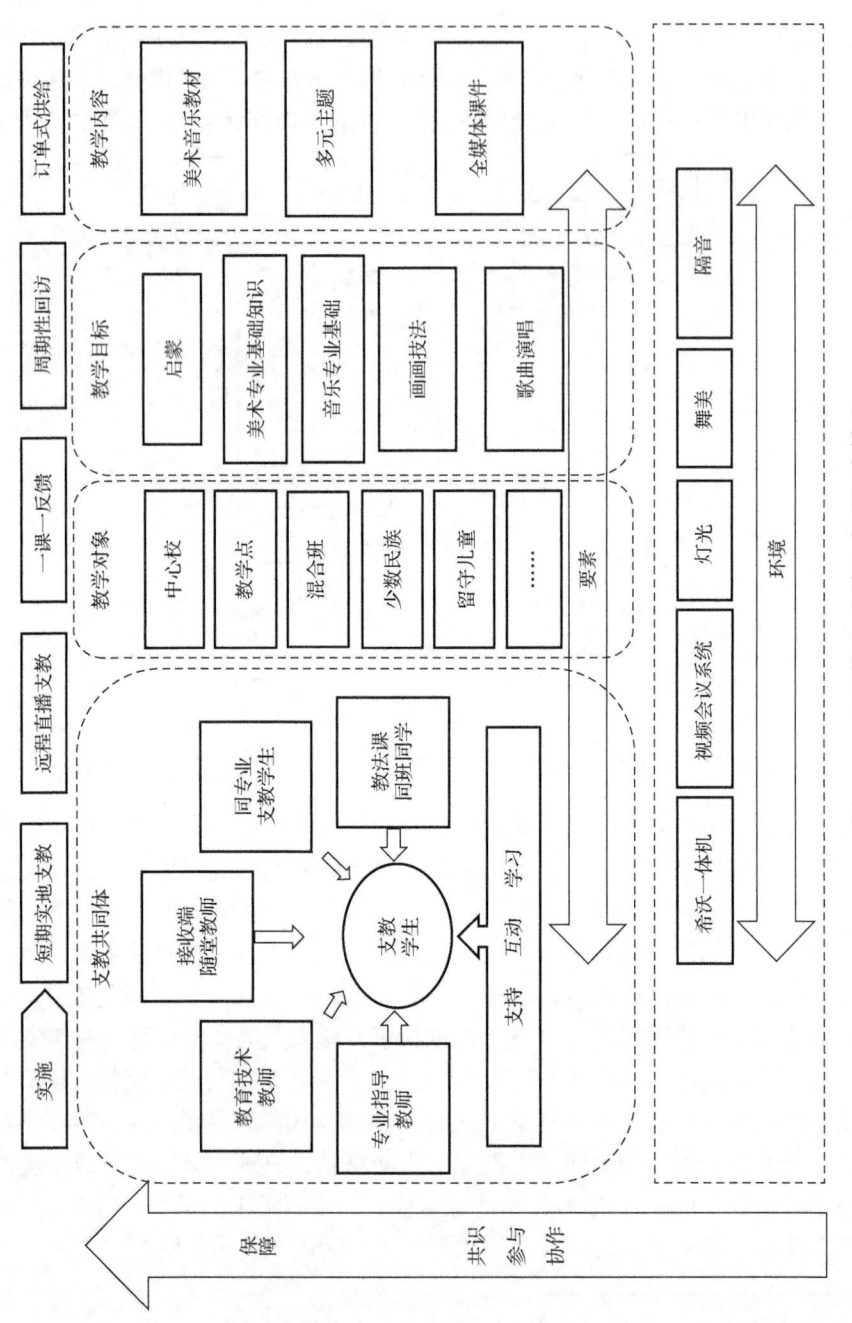

图 2-23 "互联网+支教"专递课堂模式

师范院校的优秀实习生来承担主讲教师，优点是这些职前教师思想活跃、热情有干劲，信息化素养高、接受新鲜事物快，但是存在教学经验不足、课堂教学把控能力不强等问题。为了保证教学质量，构建了由专业指导教师、教育技术专业教师、教学点随堂教师、教法课同班同学、同专业支教学生组成的支教共同体，共同备课、试讲、制作教学资源、直播授课等，精心打磨每次课的内容、形式、方法与流程。专递课堂通过网络视频会议系统直播功能，实施了1~4个中心校及教学点短期实地支教、远程直播支教、一课一反馈、周期性回访、订单式供给等专递课堂活动。教学对象包括中心校学生、教学点学生、混合班学生、少数民族学生、留守儿童等。

第三章　网络学习空间与学生发展

《国家中长期教育改革和发展规划纲要（2010—2020年）》中要求：注重因材施教，关注学生不同特点和个性差异，发展每一个学生的优势潜能。借助网络学习空间，变革教学方式、学习方式、评价方式、管理方式等，是实现创新人才培养、促进学生个性化发展的有效策略。在本章，主要围绕利用网络学习空间发展学生核心素养与创新学习评价方式、基于网络学习空间的学习分析和非正式学习等进行了讨论，力求体现当前的新做法、新实践、新进展。具体主要包括教学模式创新提升自主学习能力、虚拟创客空间促进创新思维发展、虚拟仿真平台强化实践动手能力、体质管理平台保障体质健康发展、思政教育平台深化家国责任担当；基于知识地图的个性化评价、学业能力诊断性评价、综合素质发展性评价、基于同伴的协作互评；学习分析（包括学习行为分析、认知结果分析、学习情感分析）；非正式学习的内涵、网络学习空间中的非正式学习模型、虚拟场馆学习与学生核心素养发展等议题。

第一节　基于网络学习空间的学生核心素养发展

核心素养是学生在接受相应学段的教育过程中，逐步形成的适应个人终身发展需要的必备品格和关键能力，是对学生知识、技能、情感、态度、价值观等多方面要求的综合表现[1]。根据国家发展对人才的要求，中国教育学会于2016年9月公布了《中国学生发展核心素养》，以培养"全面发展的人"为核心，分为文化基础、自主发展、社会参与3个维度，涉及6个方面（人文底蕴、科学精神、学会学习、健康生活、责任担当、实践创新）、18个点（人文积淀、人文情怀、审美情趣；理性思维、批判质疑、勇于探究；乐学善学、勤于反思、信息意识；珍爱生命、健全人格、自我管理；社会责任、国家认同、国际理解；劳动意识、问题解决、技术应用）。利用网络学习空间发展学生核心素养，不仅仅是对教学内容的选择和表征，更涉及课堂教学模式、学习方式、课程体系等多方面的变革。

一、教学模式创新与自主学习能力

（一）网络学习空间中的自主学习

2016年6月7日，教育部印发《教育信息化"十三五"规划》通知，要求"鼓

---

[1] 林崇德. 中国学生核心素养研究[J]. 心理与行为研究, 2017, 15(2): 145-154.

励学生应用网络学习空间进行预习、作业、自测、拓展阅读、网络选修课等学习活动，养成自主管理、自主学习、自主服务的良好习惯"。网络自主学习虽然使师生处于时空完全分离的状态，但并不代表教师要给予学生完全的自由，教师的角色由知识的传授者、教学活动的主导者转变为帮助者、引导者，当学生的自学能力达到一定程度时，教师处于隐身状态，只在必要时间提供帮助。

传统教育长期受教师主导教学的影响与制约，教师在教学实践中重技术轻设计，经常过分强调技术使用，学生的主体地位得不到应有的保证，设计出的教学活动不能有效促进学生全面发展。特别是采用重成绩轻能力的教学评价方式，重视提高学生的成绩，而忽视教会学生学习，这种本末倒置的做法导致学生的自主学习能力始终无法得到很好的锻炼与提升。影响学生进行自主学习的因素有很多，不仅包括学生自我效能感、学习动机、学习态度、学习风格和学生自尊等内部因素，还包括教师、网络技术、学习伙伴和社会文化等外部因素。网络学习空间为学生提供支持自主学习的信息化生态环境，成为实现学生个性化发展和加快建设学习型社会的重要途径。

（二）网络学习空间中的自主学习类型

按照学习的自主度由低到高，可以将自主学习分为指导型自主学习、引导型自主学习以及发现型自主学习[①]，如表 3-1 所示。

表 3-1　网络学习空间自主学习类型

自主学习类型	自主度	网络学习空间使用	教师角色	学习者自学能力
指导型自主学习	低	共享型网络学习空间 交互型网络学习空间	主导者、传授者	低
引导型自主学习	中	个性化网络学习空间	引导者、帮助者	中
发现型自主学习	高	智慧型网络学习空间	处于隐身状态	高

（1）指导型自主学习适用于共享型网络学习空间与交互型网络学习空间，学习空间为学习者自主学习提供学习资源的网络化存储与共享、个人云空间等功能，方便学习者获取与存储学习资源，与教师进行实时交流。由于此阶段学习者的自主学习能力处于较低水平，所以需要先由教师确定学习内容，制定学习策略，选择学习工具，并及时向学习者提供指导与评价。学习者在网络学习平台完成学习任务，并根据学习内容调整自己的学习行为，理解学习意义，积极主动地对知识进行建构与整合，完成自学过程。

（2）引导型自主学习适用于个性化网络学习空间，在大数据、学习分析等技

---

① 刘军, 郭绍青, 黄琰, 等. WSR 视野下网络学习空间开展自主学习 SPA 模型构建——网络学习空间内涵与学校教育发展研究之九[J]. 电化教育研究, 2019, 40(7): 46-52.

术的支持下，深度分析学习者学习的相关大数据，精准勾勒学习者画像，建立学习者模型，提供个性化学习服务。此时，学习者有能力完成一部分的自主学习，所以教师的主要任务在于设计个性化教学方案以及引导学习者进行探究及合作学习。学习者在学习空间中开始逐渐脱离教师的掌控，根据自己的学习风格与兴趣，选择学习资源，自控学习步调，逐渐由"他主"过渡到"自主"。

（3）发现型自主学习适用于智慧型网络学习空间，运用人工智能技术构建智能学习环境，多种形式的智能代理与智能引擎为个体和群体精准建模，为学习者提供智能学伴和智能导师，学习者在此环境下具有较强的自主学习能力和较高的思维能力，学习过程中依靠自己的独立思考、主动探索并完成知识的内化与迁移。教师处于隐身状态，只在必要时提供帮助。技术变革创新自主学习模式，网络学习空间为学习者提供脚手架，帮助学习者逐渐由"他主"转向"自主"。

（三）网络学习空间中的自主学习模式

国内外学者对网络学习空间中的自主学习模式进行多年探索，其中典型模式有温内和巴特勒自主学习模式、齐莫曼自主学习模式、麦考姆斯自主学习模式。刘军等[1]以物理-事理-人理系统方法论（wuli-shili-renli system approach，WSR 方法论）为理论基础，通过对空间支持、学习进展、学习自主度三个维度进行解析，构建了网络学习空间开展自主学习的 SPA（space progress autonomy）模型，如图 3-1 所示。并且借鉴 WSR 方法论的实践方法与过程步骤，阐述了网络学习空间开展自主学习活动的六个步骤，即明确目标、确定任务、调查分析、选择策略、设计方案、实施与评价。

（1）明确目标，对学习者的学习动机、学习风格和学习期望进行分析，通过学习者与教师的交流讨论获取必需的指导，判断制定的学习目标是否合理。

（2）确定任务，梳理学习目标的关系准则，教师根据教学内容，精心设计教学环节，有选择性地向学习者提供学习资源，保证学习者明确自主学习任务。

（3）调查分析，根据学习目标与任务，通过调查分析学习者的信息素养，如操作经验、知识背景，评估当前信息化软硬件环境所能提供的网络学习空间功能层次，获取必需的数据信息。

（4）选择策略，根据调查分析结果和目标指向，选择实现整体学习目标和分目标的基本框架和技术支持，明确所需要的网络学习空间各子系统的功能，为学习者设计一个良好的自主学习环境，确保可行性与易接受性，以促使学生相互协作，主动开展自主学习；学习者在网络学习空间自主学习的过程中，遇到无法独立解决的问题时，及时向教师提供问题反馈报告，教师及时查看问题反馈报告，并进行整理汇总，对个别问题单独答疑，对共性问题集中答疑。

---

[1] 刘军，郭绍青，黄琰，等. WSR 视野下网络学习空间开展自主学习 SPA 模型构建——网络学习空间内涵与学校教育发展研究之九[J]. 电化教育研究，2019，40(7): 46-52.

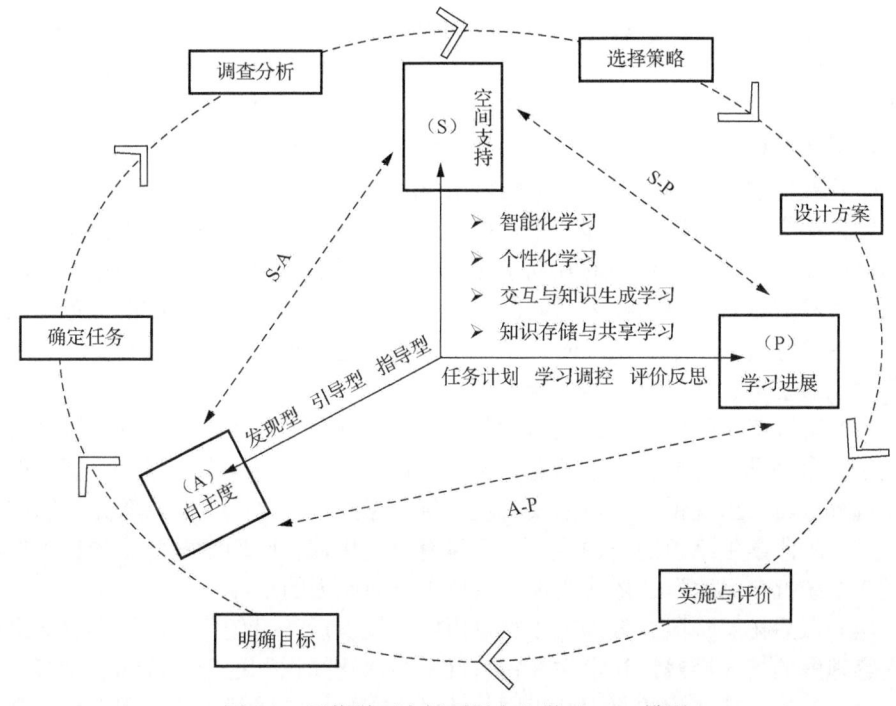

图 3-1 网络学习空间开展自主学习 SPA 模型

（5）设计方案，通过策略的确定，设计合适的自主学习系统方案。在此过程中，学习者可以随时与同学、教师通过在线讨论的形式进行探讨，共同完成学习策略的选择、学习内容的选择、学习计划的制订，这些数据会永久保存在网络学习空间中，以供教师和学习者随时查看，后台根据这些教育数据，对学习者精准建模，向学习者提供更为个性化的教育支持，为尊重学习者的隐私，学习效果的检测成绩只对教师开放。

（6）实施与评价，根据方案组织开展自主学习活动，对学习过程中的学习资源、教与学环境、学生、教师、教学组织形式进行合理的调度与控制，帮助学习者选择合适的学习资源并合理控制学习进度，网络学习空间的数字资源子系统和交互与对话子系统将提供主要的支持。在评价反思阶段，学生主要的行为是反思、评价、交流及修正，管理与决策子系统起到主要支持作用。

（四）模式应用案例

广州市越秀区云山小学的吴慧燕老师利用"广州数字教育城"学习空间开展小学数学课程的教学应用[①]。教学过程如下：

---

① 吴慧燕. 基于网络学习空间培养小学生自主学习能力的研究——以"广州数字教育城"学习空间在小学数学教学应用为例[J]. 教育信息技术, 2017(6): 77-80.

（1）课前预习阶段。教师在平台群组中下发包含学习资源链接的预习任务学习单，该学习资源为学习平台的微视频，学生自主观看预习内容并在作业系统中完成复习和预习的习题检测。教师通过预习任务中的习题检测、故事视频的观看和问题思考的检查和反馈了解学生的学习情况。这一阶段是通过任务驱动的形式让学生开展自主探究学习活动，增强自主学习意识。

（2）探究新知阶段。教师在平台群组中下发探究活动任务单，提出待解决问题和活动要求，并将平台中的互动学习软件链接提供给学生，学生根据任务单的要求，带着问题开展小组探究活动。学生完成任务后，可以将完成的任务单上传到平台中进行交流分享。这一阶段学生可以自主选择视频库资源进行学习，通过小组探究活动培养学生自主学习能力。

（3）阶段练习阶段。借助网络学习空间的个性化作业系统，教师布置分层练习，系统自动批改并提供反馈信息。学生根据个人学习情况自行选择不同难度的习题进行练习，出现错误时可以及时观看解题思路进行修改，无须等待老师的批改。这一阶段学生练习的自由度高，可以有效利用课上时间激发学生的自主性，通过"系统批自己改"的形式实现学生自主学习能力的培养。

（4）课后拓展阶段。教师在平台群组中下发课后学习任务单，并布置促进课程内容理解的接龙游戏，让学生在留言回复中深化知识。这一阶段通过游戏的形式指引学生进行新知识的复习和巩固，让学生在自主完成任务的过程中逐步掌握自主学习的方法，实现自主学习能力的提升。

在基于网络学习空间的自学模式实践中，教师必须重视学生的认知能力发展水平，尊重学生的个性发展，在设计教学活动中要有效利用教学空间功能，引导学生养成良好的自学习惯，传授高效的自学方法，这样才能将学生的潜能全部激发出来，达到促进自主学习能力长效发展的最终目标。

二、虚拟创客空间与创新思维发展

（一）创客教育与核心素养

创客教育是一种以创新人才培养为重要目标、以项目学习为主要形式，在技术支持下的创造性学习。创客教育以创客空间为基本载体，将创客空间应用于学习环境的重构过程中，以建构主义学习理论、基于问题的学习、项目学习法、自主学习等多种教育理念为指导，在创造性实践活动过程中开展教育，助推教师与学生的角色转变。首先，创客教育融合杜威"做中学"、项目学习法等教育理念，学生以解决生活实际问题为项目任务，有助于激发学生的学习动机，同时创客教育的学习活动与课程设计有助于学生稳定的学习意志的形成与学生自主学习能力的提升[1]。其次，创客教育要求学生分组合作，根据目标任务，运用跨学科知识，

---

[1] 庞敬文，唐烨伟，钟绍春，等. 创客教育支持学生核心素养发展模型研究[J]. 中国电化教育，2018(5): 69-73, 95.

利用综合实践手段完成实际产品作为所学知识的产出,有助于学生协作交流能力、创造能力以及动手实践能力的提高。再次,创客教育强调对学生"工匠精神"与"批判性思维"的培育,其中,工匠精神在创客活动中表现为对作品极致的追求、对细节的打磨探索、对创作的全身心投入和对作品负责任的态度[1],批判性思维则要求学生有意识地对创客活动进行评判,用审视的眼光看待问题,并能准确把握、合理推断、多角度考察、评定价值、预测后果,有助于学生责任意识的培养与严谨求实科学精神的形成[2]。最后,创客教育以解决与生活密切相关的现实问题为项目任务,帮助学生健康生活。从一定程度上来看,学生发展核心素养与创客教育在育人目标上是基本一致的,创客教育的实施有助于学生的学习方式向自主学习、合作学习和探究学习方向转变,进而积极推动学生学会学习、实践创新、科学精神三大核心素养的发展[3]。

（二）虚拟创客空间

创建创客空间的主要目的是鼓励并支持成员分享创意思想、交流学习心得、协同开展实践创新活动等。除了实体的创客空间,还可以利用网络学习空间建立虚拟创客空间,通过建立数据关联业务系统和网络知识门户聚合知识,提供知识交流与服务。虚拟创客空间不仅能够为开展远程创客教育搭建学习环境,提供学习资源、学习工具、交流平台等功能支持,还可以为学习者提供个性化学习辅助和评估,实现学习资源的整合与推荐、学习过程的监督和反馈等功能,具有匿名性、资源多样性、系统开放性、服务个性化等特点。

李向蕾[4]对基于中小学创客教育的网络学习空间框架进行了设计,将空间分为互动交流、创客教育课程管理、协同创客、知识分享四个模块,线下实体空间主要负责创客项目的创作,线上虚拟空间则主要提供服务支撑。杨滨[5]基于兰州市城关区教育公共服务平台的教学空间,整合学校现有的教学资源,构建了虚拟创客空间,如图 3-2 所示。虚拟创客空间为项目实施提供了便利,空间的合理设计可以有效整合资源,学生通过空间可以参与本组项目的学习,还可以随时访问其他组的项目空间,通过在线讨论和离线发帖等方式参与多个项目的学习活动,使学生学科知识的意义建构和问题解决能力得以提升。雒亮等[6]设计了基于线上线下商务（online to offline，O2O）的创客教育空间结构,分为线上虚拟空间和线下实体

---

[1] 曹祎遐. 创新, 工匠精神的延伸[N]. 解放日报, 2016-04-12(010).
[2] 王佑镁, 王晓静, 包雪. 成为自造者: 众创时代的创客素养及其发展[J]. 中国电化教育, 2017(4):10-16.
[3] 王牧华, 商润泽. 创客教育促进初中生核心素养形成路径的实证研究[J]. 中国电化教育, 2019(5):92-97, 105.
[4] 李向蕾. 基于中小学创客教育的网络学习空间框架的设计与开发[D]. 北京: 北京邮电大学, 2018.
[5] 杨滨. 网络"教学空间"支持下的创客教育——以兰州市 A 校基于 VP 创客空间的 PBL 教学为例[J]. 电化教育研究, 2016, 37(7): 34-42.
[6] 雒亮, 祝智庭. 创客空间 2.0: 基于 O2O 架构的设计研究[J]. 开放教育研究, 2015, 21(4): 35-43.

空间两部分，如图 3-3 所示。线上虚拟空间提供如创客项目背景知识、项目案例库等学习资源呈现、测试与模拟训练、创客项目过程管理、项目实施过程监控与记录、异步讨论与专家答疑等功能。学习者在线下实体空间协作开展动手实践，同步面对面讨论，接受教师及专家的操作指导。通过线下实体空间的实践，学习者最终完成完整的项目作品、展示作品、收获专业技能等多方面能力的提升，并且围绕常态化课程、创客工作坊、挑战赛和体验营四种创客空间的主要活动范型进行了功能结构设计。

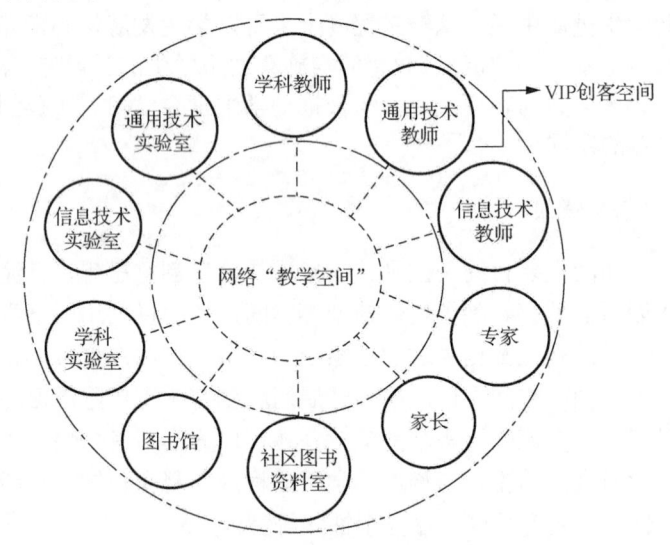

图 3-2 基于网络"教学空间"的虚拟创客空间

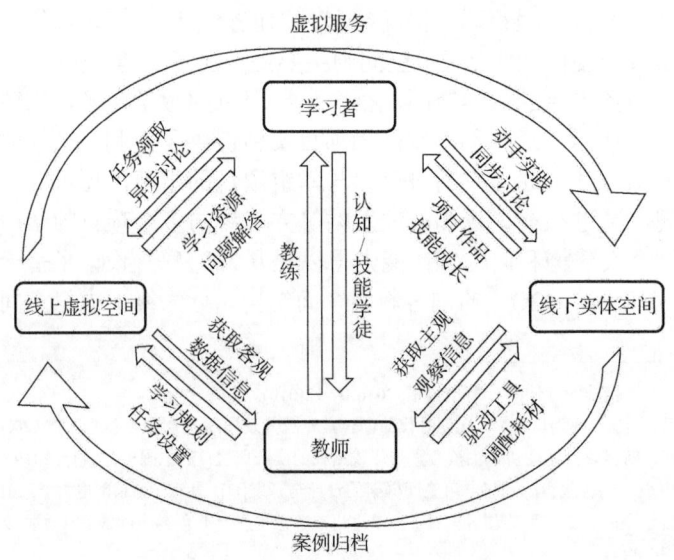

图 3-3 创客空间 2.0 功能模型

针对高校创客教育的发展现状，以网络学习空间原有的功能为基础，马麟[①]提出了在网络学习空间平台中构建关于创客教育的在线创课、虚拟实践、分享交流、在线评价、智慧服务这五个主要功能空间，如图 3-4 所示。

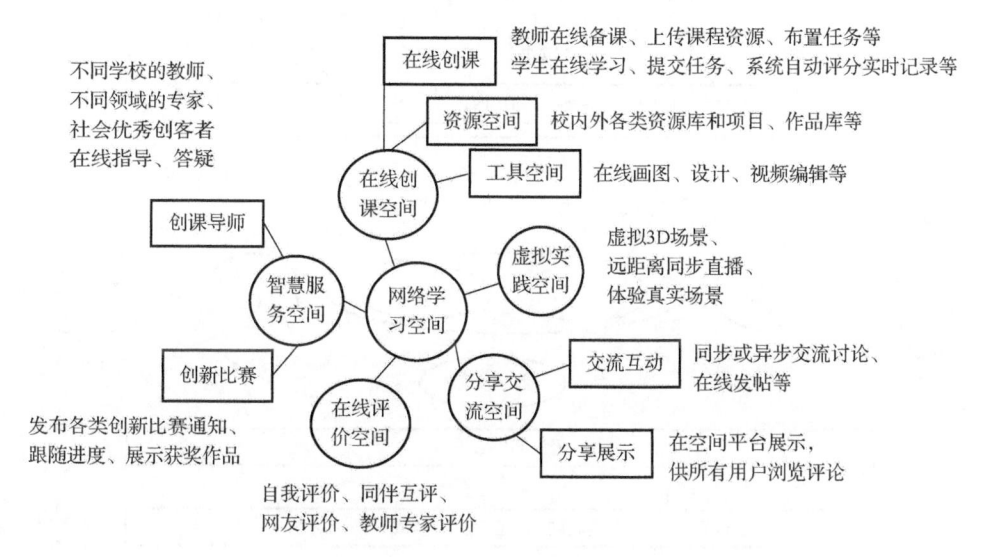

图 3-4　高校创客教育的网络学习空间功能构建图

以云计算中心平台为技术基础，曾明星等[②]设计了面向大学生创客的网络学习空间，如图 3-5 所示。该空间主要有在线创课、虚拟实践、创客资源、在线服务、展示分享、学习管理和创客社交七个云服务空间功能。"七空间"中以在线创课与虚拟实践为核心空间，其他空间主要服务于这两个核心空间。面向大学生创客的网络学习空间不同于传统的网络学习空间，除了具有资源的共享、成果分享、交流互动、学习管理等传统功能以外，还具有在线创课学习、虚拟实验与体验、产品虚拟开发等功能。不但是一个自主创课学习空间，而且是一个虚拟实践空间，是创客开发训练、知识内化与创造的场所。由此可见，将网络学习空间与创客实体空间相结合，开展虚拟创客空间建设，使学习者获得虚拟协作与实体活动的人本化服务与个性化体验，凸显线上线下二维空间各自的功能优势，有利于培养学习者的创新思维。

---

① 马麟. 基于网络学习空间的高校创客教育模式构建研究[D]. 南充：西华师范大学, 2018.
② 曾明星, 宁小浩, 周清平, 等. 面向大学生创客的网络学习空间构建[J]. 中国电化教育, 2016(11): 30-38.

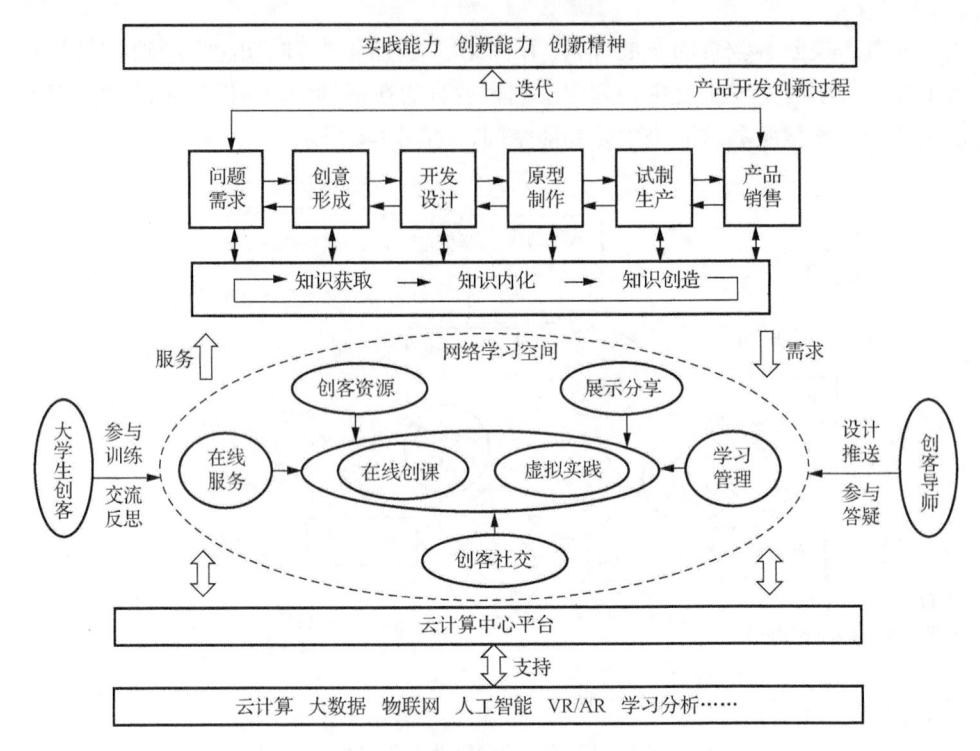

图 3-5 面向大学生创客的网络学习空间模型

(三) 网络空间支持的创客教育模式

在网络空间的功能作用中找到与创客教学的契合点，充分挖掘网络空间支持创客教学的功能和作用是尤为重要的。网络空间支持的中小学创客教学模式（cyberspace supported maker teaching model in primary and secondary school，CMT模式）以中小学创客作品创作过程的创意构想、迭代设计、作品创作和发布分享四个环节为基础，提出创客教学"七步"流程，将网络空间在创客教学中的功能作用具体化[1]，如图 3-6 所示。基于网络学习空间的高校创客教育模式结合了网络学习空间的功能特征和大学生创客教育的特点，设计了"萌发创意—确定主题—在线学习—在线设计—作品创作—展示交流—评价反思"的教学活动流程[2]，充分发挥网络学习空间在培养大学生创新思维、创新精神、跨学科解决问题的能力和团队合作分享能力中的价值，如图 3-7 所示。

---

[1] 杨晓彤, 谢幼如, 钟如光. 网络空间支持的中小学创客教学模式研究[J]. 电化教育研究, 2017, 38(1): 101-107.
[2] 马麟. 基于网络学习空间的高校创客教育模式构建研究[D]. 南充: 西华师范大学, 2018.

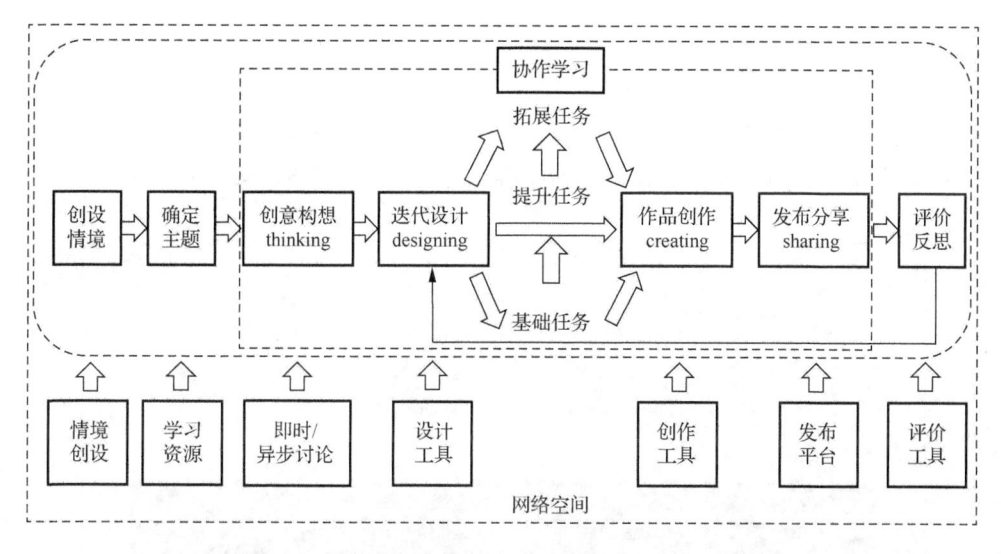

图 3-6　网络空间支持的中小学创客教学 CMT 模式

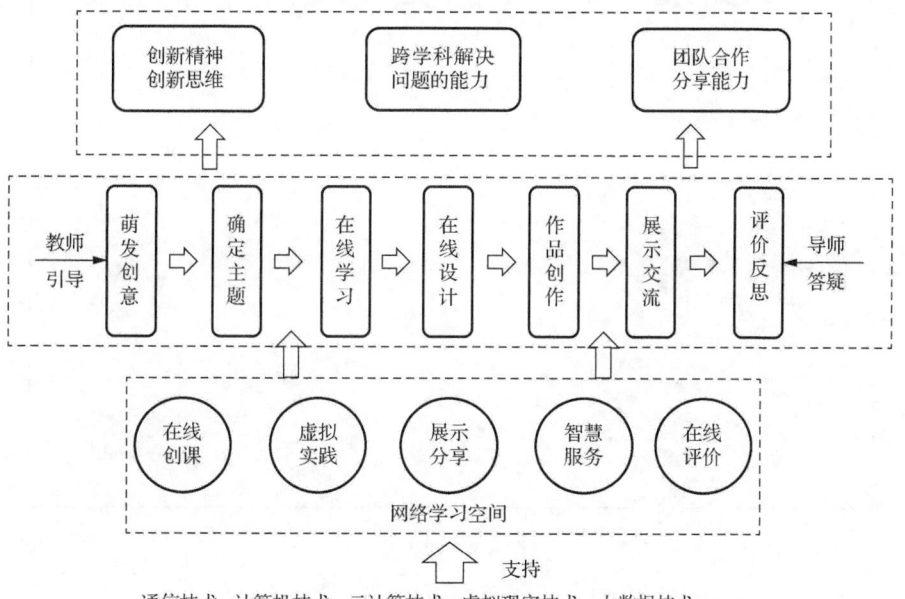

图 3-7　基于网络学习空间的高校创客教育模式图

（四）平台案例

3D One 青少年三维创意社区（http://www.i3done.com）是国内第一个以中小学生为对象，以 3D 打印、三维设计为核心的校园创客社区。平台功能包括以下几点。

1. 提供学习资源

社区平台提供 3D 模型库、自学视频案例库、课程库以及众多专家老师分享的创客课件库，为老师教学和学生自学提供参考，如图 3-8、图 3-9 所示。

图 3-8 模型库

2. 作品创作与分享

社区为每个开课学校建立了专属创客云网站，帮助学校展现教学成果，帮助授课老师在云端管理课堂。每个师生都拥有个人空间，可以保存并分享自己的作品，师生可以一起创作分享、相互评论和点赞、相互关注和私信沟通，师生作品自动归集到学校云空间，如图 3-10、图 3-11 所示。

图 3-9　课程资源

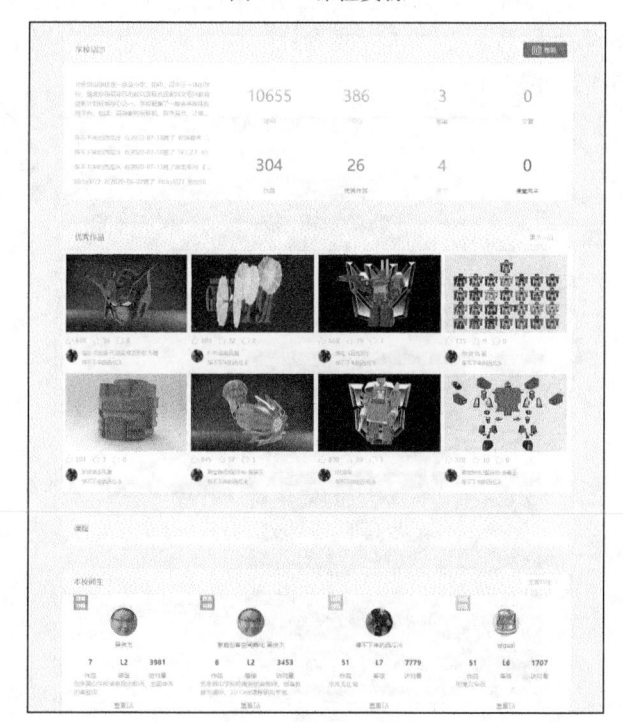

图 3-10　学校主页

图 3-11　学生主页

3. 活动组织与管理

在学校空间里，老师可以管理学生账号、群发通知和作业、发布创客活动照片、管理和点评学生作品、推荐学生成为社区的荣誉创客、组织学生 PK 和参加比赛等，如图 3-12、图 3-13 所示。

图 3-12　发布任务

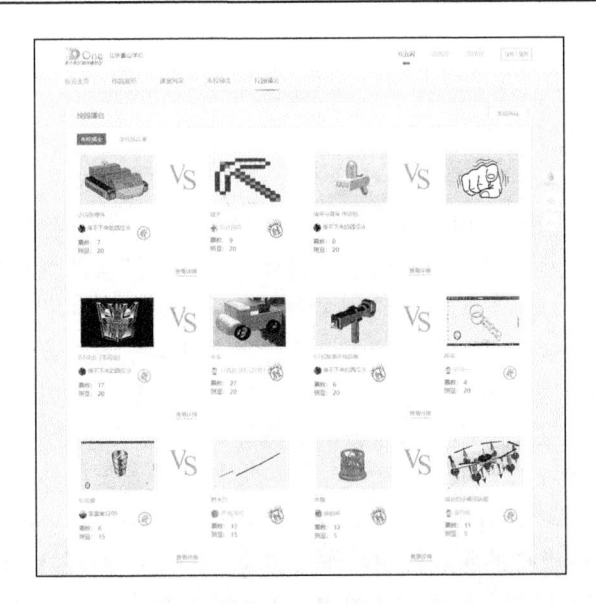

图 3-13　作品 PK

三、虚拟仿真平台与实践动手能力

（一）虚拟仿真实验教学的意义

虚拟仿真实验教学本质是以信息技术应用为核心，其教学形式不仅适用于信息时代高等教育开放办学的理念，更迎合了资源共享的变革要求。它通过提供先进的手段、开放的平台、优质的资源，使得学生可以便利地开展探究性学习、实验以及实践。虚拟仿真实验教学不但提高了人才培养的质量，也为实验教学改革增添了动力，还为实验室建设注入了活力[1]。近年来，教师教育的知识基础出现了从注重"理论"到关注"实践"的转变。结合虚拟仿真实验教学既可以节省昂贵的实验设备购置费，如生物、化学等学科用到的显微镜、生化培养箱，地理科学实验中用到的数百种岩石样本等，又能够避免某些实践存在的安全隐患，如飞行员训练、建筑施工、高危器械维修等。目前，虚拟仿真实验教学已广泛应用于航空、军事、医药等领域，学生可以通过相关设备进入一种模拟的环境进行技能训练，在这种模拟环境中，教师可以指导学生完成相关任务。这种设备可以通过采集和分析学生与机器互动时产生的相关数据，从而分析出学生实践认知情况，而教师也可以根据设备反馈采取调整[2]。虚拟现实、增强现实和混合现实是目前虚拟仿真领域的主要技术。

---

[1] 王卫国, 胡今鸿, 刘宏. 国外高校虚拟仿真实验教学现状与发展[J]. 实验室研究与探索, 2015, 34(5): 214-219.
[2] 刘勉, 张际平. 虚拟现实视域下的未来课堂教学模式研究[J]. 中国电化教育, 2018(5): 30-37.

（二）虚拟现实教学

虚拟现实技术是综合计算机图形学、人机接口技术、传感器技术以及人工智能技术等多领域技术，通过计算机生成模拟环境，创建一种真实世界的替代空间[1]。其目的是用户利用某种手段进入虚拟情境并与之交互，从而建构起对于现实世界的合理认知。虚拟现实技术能适应学习媒体的情景化及自然交互的需求，定制与现实社会类似的环境，带给学习者更多重要的、很难实现的学习体验，所以广泛应用于实践教学。美国国立医学图书馆进行了人体解剖图像数字化研究，西班牙大学开发了虚拟电子仪器工作平台，德国汉诺威大学建立了虚拟自动化实验室，爱尔兰都柏林大学尝试应用于核领域的训练等。

虚拟现实技术在教育中的应用类型可以分为三种：第一种是基于桌面的模拟现实[2]。Rosenthal 等[3]设计的外科手术学习系统中，学习者可以通过控制实体操作杆，实现对电脑中虚拟的腹腔镜的操作与实验，从而达到技能训练的目的。另外，在美国雷德兰兹大学的野外教学实验中，他们用易携带的平板电脑代替笨重的实验仪器、视频设备等昂贵的仪器，同时平板电脑的高分辨率和可以触摸等优点，使得实验可以更加顺利。第二种应用类型是以头戴式设备为基础的立体模拟现实。在 Chan 等[4]设计的头戴式舞蹈技能模拟训练中，学习者可以看到设备中的虚拟教师的动作并进行模仿训练，而设备系统同时也可以捕捉学习者的动作，对其进行技术修正。第三种是激光控制的虚拟现实。Bhagat 等[5]为军事射击设计的激光仿真模拟步枪发射装置利用了这一点，通过射出的红外线来模拟各种军事情况，达到训练学习者注意力与反应能力的目的。

（三）增强现实教学

增强现实技术是在虚拟现实技术基础上发展起来的一门新技术，通过摄像设备和角度位置判别，来呈现相应的文字、图像、3D 对象等多媒体信息。增强现实具有虚实融合、实时交互和三维注册的特点，可以实时地将计算机所产生的图像信息直接或间接地重叠在真实世界的环境场景上，使用户得以在物理世界中真切

---

[1] 刘德建, 刘晓琳, 张琰, 等. 虚拟现实技术教育应用的潜力、进展与挑战[J]. 开放教育研究, 2016, 22(4): 25-31.
[2] 王辞晓, 李贺, 尚俊杰. 基于虚拟现实和增强现实的教育游戏应用及发展前景[J]. 中国电化教育, 2017(8): 99-107.
[3] Rosenthal R, Geuss S, Dell-Kuster S, et al. Video gaming in children improves performance on a virtual reality trainer but does not yet make a laparoscopic surgeon[J]. Surgical Innovation, 2011, 18(2): 160-170.
[4] Chan J C P, Leung H, Tang J K T, et al. A virtual reality dance training system using motion capture technology[J]. IEEE Transactions on Learning Technologies, 2011, 4(2): 187-195.
[5] 韦巴赫, 亨特. 游戏化思维[M]. 周逵, 王晓丹, 译. 杭州: 浙江人民出版社, 2014.

感受虚拟空间中的事物，增强了事物的趣味性、创新性和互动性。与虚拟现实相比，增强现实可以实现人机交互，在真实生活中用户可以通过感官与虚拟对象进行交互。

增强现实技术在教育中的应用类型可以分为两种：第一种为基于桌面的增强现实；第二种为基于设备的增强现实。Cai 等[1]针对初中化学课堂设计的增强现实学习工具属于第一种，在物质构成这一课程中，学生通过使用标记控制结合微粒子的三维模型，进行探究实验。Soldmatic 平台属于第二种，此设备可以为焊接专业学习者提供精细化焊接练习环境，达到增加学习者技巧的目的[2]。美国哈佛大学的克里斯多夫·迪德团队也利用增强现实技术，使学生可以在 EcoMUVE 和 EcoMOBILE 两门课程中通过携带无线设备呈现出一个现实、虚拟与可视化信息叠加的环境，通过该环境使得教师更加便利地讲解生态系统科学的概念，探究其因果关系[3]。EcoMUVE 课程系统以小组协作和个体学习相结合的方式，学生以植物学家、显微学专家的身份进入沉浸式数字化生态系统探究池塘和森林，该系统有利于帮助学生掌握克服对复杂因果关系的常见错误认识的方法。EcoMOBILE 课程系统是 EcoMUVE 课程系统的补充，探究利用增强现实的独特可用性和数据收集探测装置，支持环境科学教育中的情景增强型学习。在自然场景的地图上放置热点，在野外真实环境中利用这些热点和移动设备体验覆盖于真实环境上的增强现实的可视化信息，并与包括文本、图像、音频、视频、3D 模型以及多项式选择题或开放式问题在内的媒体互动，帮助学生理解有生命和无生命因素之间的关系，理解生态系统中各种生物的功能角色。

（四）混合现实教学

混合现实技术是对虚拟现实和增强现实技术的再一次进步，打破了真实世界和数字世界的界限，借助于沉浸技术将两者融合成一个新的环境，从概念上来讲混合现实和增强现实没有明显的分界线。但与虚拟现实技术构建的完全虚拟环境相比，混合现实完美地将虚拟场景与真实世界融合，其生成的可视化环境借助了图像处理技术和显示设备，从而实现了相异时空场景的嵌入[4]。混合现实在教育领域具有虚实融合、深度互动、实现异时空场景共存的特点[5]，应用于学科教学、在

---

[1] Cai S, Wang X, Chiang F K. A case study of Augmented Reality simulation system application in a chemistry course[J]. Computers in Human Behavior, 2014, 37: 31-40.
[2] 乔兴媚, 杨娟. 基于增强现实的新型职业教育学习模式探究[J]. 中国电化教育, 2017(10): 118-122, 129.
[3] 迪德, 彭雪峰, 肖俊洪. 高等教育数字化学习的未来[J]. 开放教育研究, 2014, 20(4): 9-18.
[4] 陈宝权, 秦学英. 混合现实中的虚实融合与人机智能交融[J]. 中国科学：信息科学, 2016, 46(12): 1737-1747.
[5] 潘枫, 刘江岳. 混合现实技术在教育领域的应用研究[J]. 中国教育信息化, 2020(8): 7-10.

线虚拟课堂、非物质文化遗产以及特定领域技能培训。目前，混合现实技术需佩戴专业眼镜，HoloLens 是微软公司开发的一款头戴式增强现实装置，是虚拟现实技术应用中最具代表性的应用，该设备可以将全息影像投放在现实场景中，其优势在于无须使用复杂的线缆连接或是同步电脑、智能手机等外部设备，完全可以独立使用，完成对周围现实环境和空间的快速扫描和匹配。HoloLens 应用在"3D元素周期表"课程中，元素周期表可以悬浮在学习者面前，学习者可以通过自然交互方式，如手势、语音、体感等与各单元甚至多个单元进行互动，观看各化学反应的过程和结果[1]。

混合现实广泛应用于众多领域的模拟训练与技能培训中，为学习者提供真实的虚拟实验和操作机会，既能降低成本又能避免发生危险，因此在医疗、工业、航天、教师教育等专业技能训练中发挥着重要作用。在神经肿瘤教学中使用的多模态混合现实神经导航设备，能够在手术过程中将虚拟与现实有效融合，有助于学生快速掌握专业学科的训练要求，缩短学习曲线，极大地提高学习效率[2]。英国赫里奥特瓦特大学开发了混合现实模拟系统用于建筑工人的专业化培训，参加训练的受训者使用该系统会有一种身临建筑工地的真实感觉。在培训过程中，受训者可以利用双手和实际工具进行操作模拟，使受训者快速掌握专业技能上岗工作[3]。FlightSafety 公司的 VITAL 1100 仿真训练系统为飞行员和机组其他成员提供各种飞行场景，这些场景实现了多种任务的飞行情境供训练者进行试验，实践表明，该系统有效地缩短了突发事件发生时机组人员处理事件的时间。美国中佛罗里达大学利用混合现实技术开发了教师技能培训系统 TeachLivE，该系统用于训练教师的教学技能、管理技能和反思技能等教学教育的核心素养[4]。该系统可以使教师身临其境，沉浸于一种"真实"的课堂。通过验证后实习教师即可进入情境，与现实课堂在空间、环境、学生等没有差别，教师同样可以在教室中走动，观察学生的一举一动。唯一不同的是教室中的学生都是屏幕中的虚拟学生，但是教师的行为仍会影响学生产生不同的反应，虚拟环境中的大屏幕可为教师提供实时数据，从而快速调整讲课内容或课堂秩序。该系统不仅能够及时给教师提供学生的学情分析，还能够捕获实习教师在试教中的声音和手势，通过软件进行详细分析，有效检测教师的表现，向实习教师提供及时的反馈，有助于实习教师针对

---

[1] 孔玺, 孟祥增, 徐振国, 等. 混合现实技术及其教育应用现状与展望[J]. 现代远距离教育, 2019(3): 82-89.
[2] 刘嘉霖, 赵振宇, 鲁志浩, 等. 混合现实技术在神经肿瘤临床教学中的应用[J]. 重庆医学, 2020, 49(10): 1715-1717.
[3] Bosche F, Abdel-Wahab M, Carozza L. Towards a mixed reality system for construction trade training[J]. Journal of Computing in Civil Engineering, 2016, 30(2): 1-12.
[4] 曹彦杰. 虚拟现实技术在美国教师教育中的应用研究——以中佛罗里达大学为例[J]. 比较教育研究, 2017, 39(6): 93-102.

性地修改教学环节，从而提高课堂质量，为实体课堂教学的教师个体实践性知识训练奠定基石。

（五）平台案例

北京触角科技有限公司（http://www.chu-jiao.com）基于沉浸式 VR 与虚实融合 MR 技术开发了感知 MR/VR 实训教学平台，可以实现虚拟场景漫游、知识点多视角讲解和体感操作仿真等多种互动教学，如图 3-14、图 3-15 所示。其主要功能如下。

图 3-14　感知 MR/VR 实训教学平台

图 3-15　卫生护理 VR 实训课程实训

1. 数据资源管理

平台为院校客户、专业教师提供教学资源的在线管理能力，教师可以对学生账号与仿真设备进行整体管理与灵活分配,并支持学生学习过程数据的保存、浏览与分析。平台还建有课程资源云存储不同专业虚拟仿真课程资源与三维知识库,方便师生下载和使用。

2. 教学支持和实时指导

教师在虚拟场景中可以通过电子课件、操作视频、模型动画以及仿真模拟操作,进行虚实互动的教学直播,并对学生虚拟仿真学习进度与考核成绩进行记录与分析。在实时指导时既可以切入学生所在虚拟场景进行一对一语音指导,也可以选择采用广播形式对多个学生进行教学。讲解和操作过程可以完整录制,支持课下学生进行沉浸式的教学过程回放。

3. 多种教学模式切换

平台支持教师根据教学进度,对实训教学的课程内容进行权限控制、支持指导、考核、案例教学等多种教学模式,满足不同阶段的自学与实训考核需求。学生可以通过可穿戴设备进行专业课程的仿真实训与实验,还可以实现沉浸式远程多人在线教学与直播。

四、体质管理平台与体质健康发展

(一)开展体质健康测试的意义

学生体质健康测试是国家了解学生体质健康状况,指导、管理学校体育工作的重要依据[1]。我国从 1954 年颁布《准备劳动与卫国体育制度暂行条例》开始,学生体质测试工作经历 9 次变革和修订。在 2014 年新修订的《国家学生体质健康标准(2014 年修订)》中指出:制定标准是促进学生体质健康发展、激励学生积极进行身体锻炼的教育手段[2]。纵观我国学生体质测试的发展历程,虽然测试项目与测试目的随着社会的发展而不断变化,但学生体质测试的基本目的始终是促进学生身体素质发展。目前,随着现代社会生活方式的转变、学生体质变化状况以及健康观的发展,体质测试的目的已不仅仅局限在对学生身体素质的发展,而是拓展到身体形态、身体机能和身体素质的综合评价。体质测试的意义已不仅仅是"体质健康促进",而是转向"体质健康促进与终身体育养成",体现了对学生个体身心全面发展的人文关怀。通过学生体质评价与监测,激励学生积极参与体育活动,从而促进学生体质健康发展,已成为学生体质健康测试的共识。

---

[1] 郑小凤, 张朋, 刘新民. 我国中小学学生体质测试政策演进及政策完善研究[J]. 体育科学, 2017, 37(10): 13-20.
[2] 教育部. 教育部关于印发《国家学生体质健康标准(2014 年修订)》的通知[EB/OL]. (2014-07-07)[2020-08-08]. http://www.moe.gov.cn/s78/A17/twys_left/moe_938/moe_792/s3273/201407/t20140708_171692.html.

（二）利用智能管理平台开展体质监测

我国自开展学生体质测试以来就非常重视体质测试数据监测。2002年我国建立了"全国学生体质健康监测网络"，2004年建立了"中国国家学生体质健康标准数据库"，要求各级各类学校每年在规定时间内将本校学生体质测试数据上传至该数据库管理系统，国家对学生体质健康状况进行监测和公告。学生体质健康测评体系主要由学生体质测试、上报数据、审核、抽查复核、测试数据分析、监测结果公示几个环节组成，整个过程侧重于数据的测试、上报和宏观总体分析[①]。学生体质健康监测网络和数据库为了解和监测我国学生体质健康现状和变化趋势发挥了重要作用。

目前，许多学者也对基于大数据的学生体质测试云平台、数据检测、数据服务管理模式进行了探索性研究。我国2016年颁布的《"健康中国2030"规划纲要》指出，要"开发应用国民体质健康监测大数据，开展运动风险评估"[②]。学生体质健康测试是国民体质健康测试的重要组成部分，如何利用信息化技术对学生体质进行检测并及时反馈，成为学校、家长和学生关注的重点。由此，国内外研制的智能穿戴式生理检测设备便成了实时检测学生体质、收集数据的首选。这些检测设备通过传感、识别等技术综合嵌入人们的日常穿戴中，包括谷歌眼镜、Apple Watch、智能手环等。这些设备通过无线传输方式将采集到的学生生理数据传输到云管理平台，通过数据的深度挖掘与分析，使得体质测试的数据不仅仅停留在学生体质监测与评价上，也可以为运动风险评估、学生健康管理、体育教学改革、青少年体育活动参与等提供依据与策略。同时，教育管理部门和学校管理人员还可以从更加广阔的社会环境、家庭环境、个人行为等方面多角度、多领域去探寻影响学生体质发展的因素，为学生体质健康促进和终身体育养成提供有针对性的建议和策略。

（三）平台案例

广东原动力信息科技有限责任公司基于国家体育总局体育科学研究所研制的体质健康评价体系，开发了"校体通"青少年体质健康智能管理平台（http://www.xiaotitong.com）。该平台充分利用物联网、云计算、大数据技术等科技手段，建立了一套实效、智能的青少年体质管理、评价和提升的测、评、荐、练体系，如图3-16所示。平台主要功能包括以下几点。

---

① 周薇. 美、日青少年体质健康测评体系的启示[J]. 湖北体育科技, 2017, 36(8): 671-674.
② 中共中央 国务院印发《"健康中国2030"规划纲要》[EB/OL]. (2016-10-25)[2020-08-07]. https://www.gov.cn/xinwen/2016-10/25/content_5124174.htm.

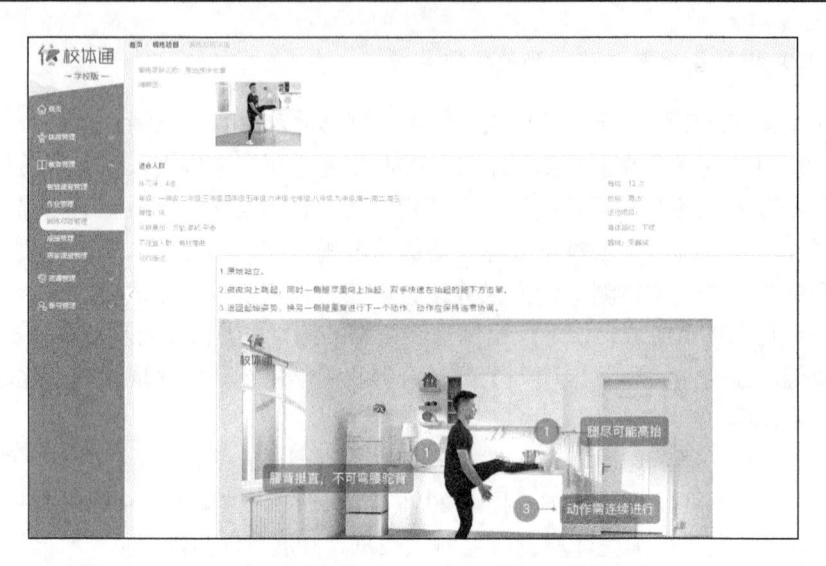

图 3-16 "校体通"青少年体质健康智能管理平台

1. 体质数据管理与分析

通过构建的体质健康管理平台，进行智能化数据处理和分析，生成个人、班级、校区多维度的体质评估结果，帮助学校全面管理学生体质健康水平和资源。

2. 个性化的运动指导

平台利用内嵌物联卡的智能手环实时采集学生全面的运动数据，无须依赖手机就可以随时随地传输运动和生理数据。根据学生的体质基本情况和运动反馈有针对性地推荐运动方案，包括健康及运动知识、运动技能，实现智能化的监控、评价和反馈过程。

3. 分类齐全的运动知识库

遴选优质教学课程，提供包括青少年健康饮食、身体功能训练方法、运动安全和技能等分类齐全的知识库，通过简单易懂的图文说明和视频演示，潜移默化地引导学生养成科学健康的生活方式。

4. 课程数据的闭环跟踪

学生佩戴智能穿戴设备进行课堂运动，教师可以实时监测心率、能耗等详细的运动数据，关注学生的运动安全，减少课堂运动风险。老师还可以利用系统分析课堂数据，全面了解学生运动水平，进行有效的教学评估。课后，教师利用学生体质数据实现体育作业智能推送，学生跟随示范视频开展课后锻炼。全面的作业记录和反馈记录，帮助教师分析学生课后锻炼的积极性，在课上和课下形成闭环跟踪。

五、思政教育平台与家国责任担当

（一）思政教育平台作用

习近平总书记在2018年全国教育大会上强调，教育就是要在坚定理想信念、厚植爱国主义情怀、加强品德修养、增长知识见识、培养奋斗精神、增强综合素质、树立健康生活理念、加强审美和人文素养、弘扬劳动精神等方面下功夫[①]。民族精神教育是思政教育的基石，爱国主义教育是思政教育的核心。2019年11月，中共中央、国务院印发的《新时代爱国主义教育实施纲要》中明确指出，新时代爱国主义教育要面向全体人民、聚焦青少年。坚持全员全过程全方位育人，在广大青少年中开展深入、持久、生动的爱国主义教育，让爱国主义精神牢牢扎根，是新时代对爱国主义教育提出的更高要求[②]。网络教育平台作为思想政治教育的新载体，不仅可以改革传统思想政治教育模式，还能够扩展和丰富思想政治教育的内容和形式。在资源丰富、更新及时、沟通高效、体系完整的思政教育平台上，老师可以组织学生开展主题研讨、在线讨论等教学活动，引领学生通过对高质量教育资源的学习和深入有组织的讨论，在历史发展与世界格局比较中，更好地感受中国力量，树立中国精神，感悟中国成就，形成中国话语，进而增强"四个自信"。教师在教学活动中起到组织和点评的作用，对于虚拟课堂中学生的不当言论信息和潜在心理问题能够及时发现并加以指正和疏导，引导学生在活动中构建正确的三观，展现强烈的爱国热情，正确表达爱党爱国爱人民的情感。所有的活动过程在空间中留有记录，学生在课后可以反复浏览观看，加深理解和思考。这样的思政教育润物无声，远胜于以教师讲授为主的说教。

（二）平台案例

2019年1月，"学习强国"（https://www.xuexi.cn/）学习平台正式上线，该学习平台是由中共中央宣传部主管，以习近平新时代中国特色社会主义思想和党的十九大精神为主要内容，立足全体党员、面向全社会的优质平台。"学习强国"有丰富多样的栏目内容，更新迅速的时事新闻，海量真实的学习资源，最重要的是该平台没有广告设置，用户在学习过程中完全不会受到干扰，符合思政教育载体的基本要求。学习用户直接登录平台就可以学习新思想，这与传统的思想政治教

---

① 习近平出席全国教育大会并发表重要讲话[EB/OL]. (2018-09-10)[2020-08-07]. http://www.gov.cn/xinwen/2018-09/10/content_5320835.htm.
② 新华社. 中共中央 国务院印发《新时代爱国主义教育实施纲要》[EB/OL]. (2019-11-12)[2020-08-08]. https://www.gov.cn/zhengce/2019-11/12/content_5451352.htm.

育模式不同，更具时代性、创新性和思想政治教育性，如图 3-17 所示。学生通过观看专家教授录制的诗词讲解、名著导读等视频，提高文化素养，体味中华文化之美；学习人物频道中的英雄事迹、人物楷模，培养正确的人生观、价值观；赏析名篇佳作等大量免费阅读资源，真正实现与名家"对话"，全面提升阅读能力。平台的应用设置起到潜移默化的思想导向，学生通过平台引导可以形成自主学习习惯。教师利用平台的优势资源重构教学方式、转换教学情境、优化教学过程、改善教学效果，以班级为单位创建学习群组，布置课外任务，推介扩展资源，强化学生参与感和获得感。在自主学习和参与群组活动中平台还设置了激励功能，通过"学习积分"获得和组内排名的方式调动学生的积极性，这样的方式有利于群组内部形成相互竞争、相互促进的学习氛围，对提高群体间的学习效率具有重要促进作用。学习用户还可以通过创建学习组织、钉钉好友密聊、发表观点与其他人进行自由的互动沟通，从而在交流学习的过程中不断促进学习进步。这种润物无声的育人模式对学习者产生了重要的政治思想导向作用，成为学校师生获取爱国主义知识的重要来源。

图 3-17 "学习强国"平台

第二节　基于网络学习空间的学习评价方式

利用网络学习空间可以改变传统的学习活动评价方式，将以纸笔考试为主要特征的结果性评价变为更加注重学习活动的过程性评价，使得评价主体更加多元化、评价维度更加多样化、评价方式更加过程化。基于网络学习空间功能形成的发展性评价和生成性评价等方式，通过数据分析、结果调节和激励学生的学习状态，更好地促进学生个性化发展。

一、基于知识地图的个性化评价

（一）知识地图的作用

在网络学习空间中师生时空分离的学习形式导致学生与教师之间面对面的互动严重缺乏，而且学习者数量庞大、学习需求千差万别，加上教师数量和精力有限，因此教师难以判断学生对课业难度、学习内容趣味性的感知，难以对学生学习过程的质量进行评估，更难为学生提供个性化指导。知识地图是一种知识管理工具，该工具将知识点以及知识点之间的组织关系用可视化的方式展示给学生。它利用知识节点、关系线的形式组织形成一个关系网络，将零散的知识组织起来，直观地表示序列化知识。知识地图中不同颜色表示各知识节点，关系线表示学生对具体知识的学习状态，形成了一种可视化的评价工具，能够动态呈现出课程知识点之间及课程知识点与描述课程的资源之间的关联，为学生提供一种个性化的学习导航工具，有效避免了网络学习迷航[1]。从教师角度来看，网络学习空间可为教师提供课程知识地图作为课程整体学习情况掌握的可视化分析与形成性评价工具，辅助教师对班级学生的学习情况进行整体分析与评估。利用课程知识地图，教师能够方便了解班级学生在课程每个知识点上的掌握情况，反思课程教学设计并随时调整教学进度；同时，能够辅助教师对知识掌握薄弱的学生进行针对性的辅导和干预，降低学生的焦虑感，从而提升学生的学习保持率。

（二）个体知识地图

学习者在学习过程中会融入个人的理解和喜好来构建和更新个体知识地图。个体知识地图相当于学习笔记的可视化表征，是学习者对所学或将学内容的记录，支持学习者复习巩固。因此，个体知识地图能反映自身学习情况，能够帮助学习者厘清知识之间的内在联系，为学习者提供课程内容结构导航，告知学习者知识掌握的情况，以帮助学习者更好地选择学习内容和制订学习计划。可汗学院开发

---

[1] 李艳红, 赵波, 甘健侯. 基于知识地图的 MOOC 课程开发[J]. 现代教育技术, 2015, 25(5): 85-90.

的在线学习平台是知识地图应用的典型案例，在该系统中知识地图是课程内容组织的基本架构，知识点之间的关系决定了平台中各知识点微视频的排列顺序与组合方式[①]。万海鹏等[②]基于学习元平台，构建了以知识群为中心节点的学习者知识地图，该地图设置不同节点颜色表示不同掌握水平，不仅包含知识与知识之间的关系，还包含人与知识之间的交互状态，既能够用作知识导航，又能够作为形成性评价的工具。除了对传统知识地图进行研究以外，一些学者还将知识地图结合信息技术以及其他学科领域的方法理论，以知识图谱、雷达图等可视化方式对学习者进行分析。

（三）群体知识地图

为了帮助网络学习空间中的学习者通过网络不受时空限制一起学习，避免学习孤独感的产生，一些学者基于知识地图构建网络学习空间共同体，创建共有知识地图。东北师范大学赵蔚团队[③]以联通主义等学习理论为支撑，以学习过程设计为着手点，结合知识地图的特点，从个性化设置、颜色划分、路径生成、协同共建、同伴交互五个方面提出基于知识地图的自我导向学习支持策略。在个性化设置中，每个学习者不仅可以创建个人知识地图，还可以创建共有知识地图。在该支持策略中，共有知识地图通过层级关系关联难易程度不同的知识点，学习者通过个人知识地图与共有知识地图的对比，易于发现学习盲点并确定下一步学习目标。颜色划分主要涉及知识点颜色与关系线颜色，用不同颜色标记已学、未学、尚未学完等知识内容，方便学习者清晰掌握自己的学习进度。系统自动跟踪学习信息，通过真实记录生成学习者的学习路径，学习者也可参照同伴的学习路径规划自己的学习路径。在协同共建中，学习者将相关但知识地图中尚未出现的知识点添加至共有地图中，建立合理的关系，便于其他学习者参考。同伴间通过个人知识地图与学习路径的分享，进行讨论、答疑等交互活动，通过这种形式不断进行自我计划、自我调节，在一定程度上激发学习者的学习欲望。基于知识地图的MOOC学习共同体的学习模式是将知识地图与MOOC学习共同体相结合，将学习空间分为个体空间、群体空间以及共同空间[④]。根据知识地图在不同学习空间共同体中的不同作用分为各种具体的知识地图，学习者利用知识地图分享学习成果，进行交流、评价等活动，促进学习者隐性知识显性化，推动学习者修订个人知识地图，确立下一个目标。在网络学习空间共同体中，个体通过知识地图快速获取所需知识及他人对知识的理解，打破时间与空间的界限，实现了共同体知识的无缝整合，明确了研究目标，具有强烈的导向作用，而且梳理了知识结构并创新了

[①] 方圆媛. 翻转课堂在线支持环境研究——以可汗学院在线平台为例[J]. 远程教育杂志, 2014, 32(6): 41-48.
[②] 万海鹏, 李威, 余胜泉. 大规模开放课程的知识地图分析——以学习元平台为例[J]. 中国电化教育, 2015(5): 30-39.
[③] 李士平, 赵蔚, 刘红霞, 等. 基于知识地图的自我导向学习设计与实证研究[J]. 电化教育研究, 2016, 37(5): 74-81.
[④] 刘红晶, 谭良. 基于知识地图的MOOC学习共同体的学习研究[J]. 中国远程教育, 2017(3): 22-29, 79-80.

知识沟通模式，有助于学习的条理性，提高个体知识建构的效率和群体知识构建的效果。

（四）应用案例

北京师范大学未来教育高精尖创新中心开发的智慧学伴在使用知识地图进行可视化教育评价中进行了大量应用和实践[①]。通过在学习平台上的全过程数据采集，对学生知识能力结构进行建模，然后分析学习问题并加以诊断和改进，以达到发现与增强学生优势学科的学科素养和能力的目的。在分析过程中，平台借助智能分析技术提供包括学生总体评价、个人知识地图、学科素养、非智力因素等内容的可视化图表，呈现个性化分析报告。系统通过知识地图显示学生在课内和课外学习各个知识点的情况，从中发现学生对知识点的掌握情况，而且可以通过点线之间的关联关系发现学生获取知识点的学习轨迹。系统还利用知识地图显示学生对知识点的学习情况，通过对知识点进行颜色标注，清晰直观地反映出哪些知识点已经被学生掌握，哪些知识点还没有展开学习，哪些知识点学习过却未达到课标要求，哪些已经超过课标要求，如图3-18所示。学生可以及时了解到自己的薄弱知识点，以便查缺补漏，巩固提升，系统也会根据知识地图精准地为其推荐有针对性的教学资源和双师服务，帮助学生及时解决学习问题。教师也可以及时了解班级整体及每个学生在单个核心概念上的掌握情况，为学生做好针对性的反馈和个别化的教学指导。

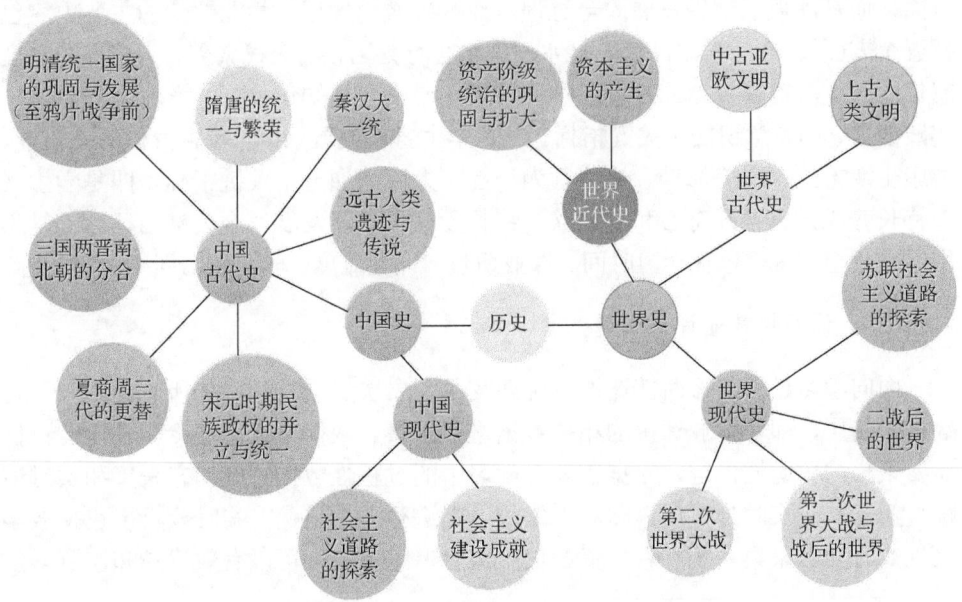

图3-18 展现知识点掌握情况的可视化知识地图

---

① 余胜泉. 互联网+教育：未来学校[M]. 北京：电子工业出版社, 2019.

二、学业能力诊断性评价

(一) 学业诊断性评价的意义

诊断性评价又称为教学性评价、准备性评价，指在学期教学或单元教学开始时对学生现有的发展水平进行评价，其目的在于了解学生的知识基础和能力水平，并以此为基础，制订出适合学生的教学计划，合理组织教材及进度，选择教学方法，有针对性地开展教学活动，做到因材施教[1]。

对学业进行诊断性评价的意义在于满足不同起点水平和不同学习风格学生的学习需求，最大限度上实现"因材施教"。首先诊断性评价发生在新的学期、课程或新的单元学习的开始，主要是了解学生的学习风格、认知风格以及对知识掌握的程度，为教师开展精准教学提供依据。其次教师采用测验或提问等方式来进行诊断性评价，分析造成学生学习困难的原因，再采取针对性的教学方法，为学生提供个性化辅导，以补齐学生的短板。最后处于同一梯队的学生在知识储备、学习风格、认知风格等方面仍存在差距，教师借助诊断性评价可以根据学生的差异，进行同质分组，并以此为基础组织相关的教学活动，最大限度地保证学生的个性化发展。

随着网络学习空间的不断发展，学业评价不仅仅局限于知识学习这个单一的方面，而是涵盖了学生发展的全过程。在基础教育领域，学业评价的主要内容包括五个方面[2]：一是学生品德发展水平，包含行为习惯、公民素养、人格品质、理想信念四个关键指标。二是学生学业发展水平，包含知识技能、学科思想方法、实践能力、创新意识四个关键指标。三是学生身心发展水平，包含身体形态机能、健康生活方式、审美修养、情绪行为调控、人际沟通五个关键指标。四是学生兴趣特长养成，包含好奇心和求知欲、特长爱好、潜能发展三个关键指标。五是学生学业负担状况，包含学习时间、课业质量、课业难度、学习压力四个关键指标。

(二) 诊断性学业评价模型

面向学习过程的诊断性评价系统涉及四个层次[3]，如图3-19所示。第一层是数据采集层，即对学业评价的相关数据进行采集。数据采集层是诊断性学业评价需要采集的关键性内容，根据需要对学习中的过程性数据进行动态采集和实时追踪。第二层是实时分析层，即对采集的数据进行分析追踪。实时分析层包括教学过程实时动态采集系统和教学资源使用实时追踪系统，可以有效记录和监测学生

---

[1] 王淑慧. 多元化教学评价的研究[D]. 武汉: 华中师范大学, 2011.
[2] 杨现民, 田雪松. 互联网+教育: 中国基础教育大数据[M]. 北京: 电子工业出版社, 2016.
[3] 余胜泉. 互联网+教育: 未来学校[M]. 北京: 电子工业出版社, 2019.

学习与教师教学过程中的信息，让教师随时发现学生的学习状态及教学过程中存在的问题。第三层是结果发布层，即形成评价报告，得到教师考评、学生自评、班级纵向和横向比较等数据。结果发布层实现了反馈及时、实时交互、个性化的现代网络化发布，通过教师考评、学生自评、班级的横向与纵向比较等全方位、多元化的评价方式，对学业成绩形成评价报告，精准反馈学生学业质量进步状况，让家长和学生随时了解学生的学业状态。第四层是质量提升层，即针对评价报告，给出教师、学生及家长的后续工作。质量提升层是在结果发布层基础上，使教师能够分析诊断问题，调整教学策略；使学生可以改变学习方式，提高学业成绩；使家长可以把握学生状态，预测学业走向。

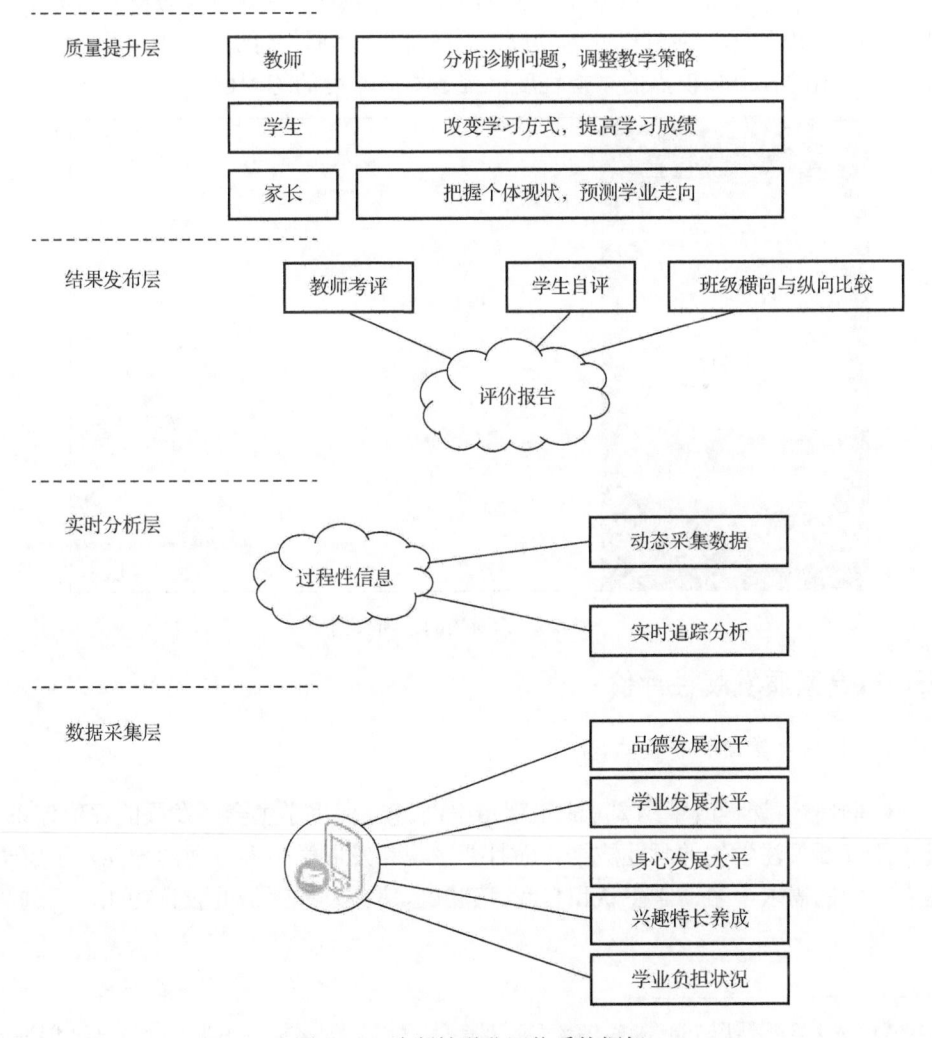

图 3-19　诊断性学业评价系统框架

（三）应用案例

苏州雪松湾教育科技有限公司开发的"试达诊断猫"是一款让学生精确掌握自身情况，有针对性地规划自己学习的测评系统[①]。该系统包含"自适应水平定位测试""学科诊断测试""英语口语测试"三大测试模块，支持口语、听力、填空、单选、阅读理解、连线、匹配题七种题型在线作答。系统通过自适应的方式给学生配题，在第一题给一个均值难度的题，根据学生的做题情况，系统通过智能挖掘技术判定下一题的难度应该提升还是降低，通过10～15题的水平定位后可以达到精准匹配试题。测试后，系统根据测试结果从知识、技能、能力倾向以及思维倾向四个维度将原因归类并形成诊断报告，帮助学生分析长短板、区分优劣势，如图3-20所示。而且以此为基础，系统能够规划学生的个性化学习路径，并根据测评出的各个知识点的掌握程度，推送不同难度的练习题。

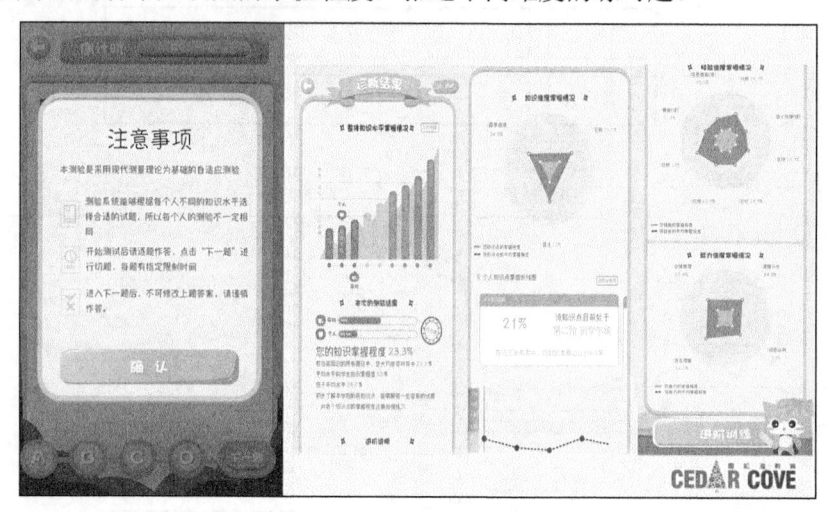

图3-20 诊断猫的诊断界面

三、综合素质发展性评价

（一）综合素质评价的内涵

《基础教育课程改革纲要（试行）》指出："建立促进学生全面发展的评价体系。评价不仅要关注学生的学业成绩，而且要发现和发展学生多方面的潜能，了解学生发展中的需求，帮助学生认识自我，建立自信。发挥评价的教育功能，促进学

[①] 鲸媒体. 从K12测评到幼小衔接测试，雪松湾如何用技术影响B、C端人才培养？[EB/OL]. (2018-09-08) [2020-08-07]. https://www.sohu.com/a/252669817_361784?_f=index_chan25news_26.

生在原有水平上的发展"[①]。发展性评价坚持质性评价和量化评价相结合,综合素质评价方案正是依据发展性评价这一理念提出的。

综合素质评价是观察、记录、分析学生各方面发展状况,发现和培育学生良好个性,促进学生健康成长的重要手段,是深入推进素质教育的一项重要制度[②]。综合素质评价记录学生在校学习状况、社会公益活动和日常表现等真实、典型的内容,反映学生素质发展状况,为高等学校录取学生提供参考信息,并逐步成为高等学校招生录取的一部分[③]。学生综合素质具有内隐和长期两大特征。所谓内隐是指学生综合素质不直接以易观察、可量化的行为模式表现出来,而是内在地、综合地体现在学生的整体素质中,以隐性的方式影响着学生的认识和实践活动。所谓长期是指学生综合素质的养成与提升是一个渐进累积式发展与跨越突变式发展辩证统一的过程,前者主要是获得量的增长,后者主要是实现质的飞跃。学生综合素质的养成与提升需要在认识与实践的循环往复过程中逐步积累、逐渐孕育。由此可见,在学生综合素质评价中关注学生成长与发展的过程远比强调评价结果要重要得多,过程性评价在提升学生综合素质评价方面有着得天独厚的优势。学生综合素质评价是一种更加关注学生发展过程的评价,只有立足于学生发展过程,才能充分发挥评价的教育功能,使评价过程可以全面且真实地展示学生成长和进步、发现和培育学生个体潜能、了解学生发展的多样需求、引导学生认识自我和建立自信,为学生的终身发展奠定坚实基础。

(二)综合素质评价的发展

综合素质评价既是党的教育方针的集中体现,也是深化教育教学改革的内在动力[④]。习近平总书记在全国教育大会上强调:"要在增强综合素质上下功夫,教育引导学生培养综合能力,培养创新思维。"[⑤] 2014 年开始,《国务院关于深化考试招生制度改革的实施意见》《教育部关于全面深化课程改革落实立德树人根本任务的意见》《教育部关于加强和改进普通高中学生综合素质评价的意见》《教育部关于进一步推进高中阶段学校考试招生制度改革的指导意见》等文件纷纷出台,正式将综合素质评价纳入我国考试招生制度改革的范畴,要求建立规范的学生综合素质档案,评价的内容包括思想品德、学业水平、身心健康、艺术素养和社会

[①] 教育部. 教育部关于印发《基础教育课程改革纲要(试行)》的通知[EB/OL]. (2001-06-08)[2020-08-07]. http://www.moe.gov.cn/srcsite/A26/jcj_kcjcgh/200106/t20010608_167343.html.
[②] 教育部. 教育部关于加强和改进普通高中学生综合素质评价的意见[EB/OL]. (2014-12-16)[2020-08-07]. http://www.moe.gov.cn/srcsite/A06/s3732/201808/t20180807_344612.html.
[③] 程龙. 高中综合素质评价十年回顾与反思[J]. 教育参考, 2015(6): 41-46.
[④] 辛涛, 张世夷, 贾瑜. 综合素质评价落地:困顿与突破[J]. 清华大学教育研究, 2019, 40(2): 11-16.
[⑤] 新华网. 坚持中国特色社会主义教育发展道路 培养德智体美劳全面发展的社会主义建设者和接班人[EB/OL]. (2018-09-10)[2020-08-07]. http://www.moe.gov.cn/jyb_xwfb/s6052/moe_838/201809/t20180910_348145.html.

实践五个方面。相关文件对综合素质评价工作的地位、指导思想、基本原则、评价内容、评价程序、组织管理方式等做出明确要求，规定各省（区、市）制定综合素质评价基本要求，学校组织实施。此后，新高考改革试点地区相继出台地方性综合素质评价实施方案，为综合素质评价工作的落地提供政策保障。对普通高中学生综合素质评价的目标、内容、方法、制度等方面的探索，有利于基础教育课程改革的深入推进和素质教育质量的提高。为了深化落实全国教育大会精神，进一步推进高中新课程改革和高考综合改革，国务院于2019年6月发布了《国务院办公厅关于新时代推进普通高中育人方式改革的指导意见》（以下简称《指导意见》）。《指导意见》在提出要加强综合素质评价的基础上，进一步明确要求"强化综合素质培养"，包括改进科学文化教育、强化体育锻炼、加强美育工作、重视劳动教育等方面；还提出要"以省为单位建立学生综合素质评价信息管理系统""建立健全信息确认、公示投诉、申诉复议、记录审核等监督保障与诚信责任追究制度"[1]。《指导意见》的发布标志着综合素质评价将成为学生全面发展的重要导向，学生综合素质评价过程也将向信息化、数据化、智能化转变。

（三）综合素质评价流程

综合素质评价一般分为五个阶段：第一阶段是学生自评，学生对照评价标准各维度各要素，写出自我评价描述性评语并提供"成长记录袋"的支撑材料，评出自己的综合等级。第二阶段是学生互评，在同伴互评小组内采取"背对背"的形式，让学生依据评价标准对同伴进行评价。第三阶段是教师评价，班主任根据学生的日常表现和"成长记录袋"材料，结合学生自评结果、互评结果、学业成绩，以及家长和科任教师提供的信息综合考虑后进行评价。第四阶段是年级评价，各年级工作小组具体负责，综合学生和教师已完成的评价意见，确定学生最终的综合素质评价等级。第五阶段是学校评价，委员会对年级评定小组送交的评价结果进行审核认定，并受理咨询、申诉和复议申请。

（四）应用案例

清华大学附属中学开发的基于大数据的学生综合素质评价系统，全面记录学生校内外的成长轨迹，对学生各方面进行观察、记录和分析，建立了包含9个模块46个维度的学生综合素质生成性评价模型[2]，如表3-2所示。利用云计算和大数据技术对学生数据进行整理、分析与挖掘，形成学生综合素质评价发展报告单。

---

[1] 国务院办公厅关于新时代推进普通高中育人方式改革的指导意见[EB/OL].(2019-06-19)[2020-08-07]. http://www.gov.cn/zhengce/content/2019-06/19/content_5401568.htm.

[2] 王殿军，鞠慧，孟卫东.基于大数据的学生综合素质评价系统的开发与应用——清华大学附属中学的创新实践[J].中国考试，2018(1): 46-52+66.

该模型关注学生成长的过程性与发展性，注重参与主体、评价体系、结果呈现和发展趋向的多元化，注重数据的动态量化和真实性。该系统通过学生全面客观的行为记录、过程积累和发展变化来进行评价，既能帮助学生关注自身和同伴发展，发掘自身潜能与特长，激励学生自主发展，又能帮助教师进行实时过程评价，与家长实时沟通，关注学生发展潜能，有效指导学生全面发展；还可以帮助学校实时统计分析不同年级、班级和学生的得分表现，总结学生发展规律，调整教育教学策略，实现科学而高效的学校教育教学管理，最大限度地发挥引导激励、指导发展和评价管理的作用。

表 3-2　学生综合素质生成性评价模型

诚信道德	学业水平	身心健康	艺术素养	组织协调能力	活动实践	个人成长	集体奖励	其他
道德奖励	学业成绩百分制	《国家学生体质健康标准（2014年修订）》	才艺奖励	班内任职	活动实践奖励	学术志趣及偏好发展	班集体奖励	好人好事
失信扣分	学业成绩五分制	身体机能	艺术成果显示	校团委学生会任职	党团活动	艺术素养及特长培养	社团集体奖励	……
纪律处分	学业成绩二级制	运动技能		学校社团任职	社团活动	体质健康与体育锻炼		
违法犯罪	作业表现	体育奖励		社会工作	生产劳动	感动感悟与交流沟通		
社会公益及志愿服务	课堂表现				勤工俭学	读书分享与人文思索		
班级值日	课堂考勤				军训	阶段小结与个人反思		
课程班值日	学业奖励				参观学习			
文明礼仪	会考成绩				社会调查			
集会表现	创新成果							

四、基于同伴的协作互评

（一）同伴互评的内涵

网络学习空间支持下的大规模开放在线课程具有便捷性、灵活性以及不受时间和空间限制等特征，随着网络学习空间的日渐成熟，在线课程逐渐受到众多学习者的喜爱。与此同时，参与网络课程的人数飞速上涨，如何快速高效地对众多学习者的课程作业进行评估成为亟须解决的问题。在线协作互评又被称为在线同伴互评，目前学术界对同伴互评仍没有统一定义。陈茂庆等[①]认为同伴互评是在线教学中常用的一种方式，是指学生对提交的作业进行相互评判并提出修改建议的

---

① 陈茂庆，李宏鸿，高惠蓉. 名著阅读与同伴互评[J]. 外语教学理论与实践，2013(1): 71-78.

教学活动，也被称作同伴修改、同伴批阅、同伴评价和同伴反馈等，作为混合式教学的一个重要环节在网络教学平台中经常出现。龙琴琴等[1]基于同伴互评与网络同伴互评学习活动的相关分析，从"理解"的角度探讨网络同伴互评学习活动的内涵，认为理解视域下网络同伴互评学习活动是一种围绕理解性目标、课程核心知识、理解性评价、网络环境等而设计的学习活动。同伴互评不仅仅是一种有效的形成性评价方式，还是一种高效的教学策略，现已成为在线课程、混合式课程非常重要的评价方式之一。同伴协作评价不仅能促进学习者知识迁移与知识建构，还能提升学习者批判性思维、问题解决等高阶思维能力。梁云真[2]在基于SPOC的混合课程中，开展基于量规的在线同伴互评活动发现，学习者对基于量规的在线同伴互评这一学习方式较为认可，并且在线同伴互评对学生认知投入度有显著正向影响，有助于提高学习成效。汪琼等[3]发现在进行MOOC作业互评活动中大多数学习者具有反思意识，并且评语长度和评语质量与学习成效呈现显著正相关，可以作为学习成效的预测指标。

同伴互评最早用于英语写作训练中，赵宏等[4]在调查中国MOOC学习评价时发现，法学、历史学等领域更注重同伴互评和教师评价，而理学和工学在同伴互评和教师评价上相对较弱。但是随着近年来在线教学的推广，同伴互评不再局限于某个领域，例如王靖等[5]将同伴互评用于教育技术"专业英语"课程写作评价中，通过分析评语类型、评语采纳、认可程度之间的关系后发现，同伴互评的评语类型与其认可程度具有显著的因果关系，并且当评语呈现修改导向时，评语更易被学生接受。张义兵等[6]基于知识建构理论设计网络互评的教学策略来提升小学生的作文水平，以知识建构所提出的"现实的问题与真实的观点"的表达为出发点，引导学生在构思和修改过程中进行深入的互评，完成作品建构与写作理论建构，发挥班级社区的协同学习作用，对小学生的"深度学习"有一定的促进作用。白清玉等[7]基于活动理论提出同伴互评课堂教学模式，在"寻宝总动员"小学科学课程中发现，在移动学习中实施同伴互评对学生成绩有显著的积极影响，不仅有助于提升学生的学习兴趣，还有助于拓展学生对科学课程的学习深度。汪晓凤等[8]利

---

[1] 龙琴琴, 陈明选, 马志强. 理解视域下的网络同伴互评学习活动探究[J]. 现代教育技术, 2017, 27(5): 67-73.
[2] 梁云真. 基于量规的同伴互评对在线学习认知、情感投入度及学习成效的影响研究[J]. 电化教育研究, 2018, 39(9): 66-74.
[3] 汪琼, 欧阳嘉煜, 范逸洲. MOOC同伴作业互评中反思意识与学习成效的关系研究[J]. 电化教育研究, 2019, 40(6): 58-67.
[4] 赵宏, 张亨国, 郑勤华, 等. 中国MOOCs学习评价调查研究[J]. 中国电化教育, 2017(9): 53-61.
[5] 王靖, 马志强, 许晓群, 等. 基于同伴互评的专业英语写作评价研究[J]. 现代教育技术, 2016, 26(5): 77-82.
[6] 张义兵, 孙俊梅, 木塔里甫. 基于知识建构的同伴互评教学实践研究[J]. 电化教育研究, 2018, 39(7): 108-113.
[7] 白清玉, 张屹, 沈爱华, 等. 基于同伴互评的移动学习对小学生学习成效的影响研究——以科学课程为例[J]. 中国电化教育, 2016(12): 121-128.
[8] 汪晓凤, 王琦, 李智妍. 基于在线同伴互评的数字故事教学应用[J]. 电化教育研究, 2018, 39(2): 80-85, 128.

用在线同伴互评实现数字故事教学全过程的数据记录、分享与评价，提出基于在线同伴互评的数字故事教学模式，并在小学语文学科中开展实践应用，是文科领域进行创客教育的一次大胆尝试。

（二）影响同伴互评的因素

同伴互评是网络学习空间常采用的学生作业评价方法，如何提高在线同伴互评的质量已成为近年来学者们关注的重点，众多学者为探究同伴互评的影响因素进行了多方面的研究。舒存叶[1]发现影响同伴评价质量和效果的因素包括评价者署名方式、被评者署名方式、互评关系。评价者署名方式和互评关系是定性评论中作用较大的影响因素，可以通过对评价者情感因素及利益关系的控制来提高同伴评价的质量。马志强等[2]对网络同伴互评中反馈评语的类型与效果进行分析发现，在情感、认知与元认知三类评语中，学生对评语的可用性判断会显著影响其采纳程度，学习者更愿意采纳否定评语、直接提供改进的评语和对知识技能核查的评语。柏宏权等[3]以大学生为研究对象，探究同伴互评中评语类型对情绪体验的影响发现，加强型评语中的细节赞扬评语最易激发大学生的积极情绪体验，纠正型评语中的直接纠正最易激发大学生的消极情绪体验，加强型评语中的细节赞扬与建议型评语中的委婉建议是大学生在同伴互评活动中最期望收到的评语类型，大学生最不希望收到同伴给予的直接纠正以及简单的加强型评语。范逸洲等[4]在教师培训类MOOC"翻转课堂教学法"的两期教学中，通过细化评分量规的等级描述，采用是非选择型的评价量规等方式提高评分者间信度和评分效度，以提高同伴互评的可靠性和准确性。通过上述研究，不难发现影响同伴互评的因素较为复杂，如何使同伴互评发挥出最大的功效，需要教师综合考量、整体规划，以网络学习空间为依托，合理设计同伴互评活动，提高在线学习质量。

（三）同伴互评体系

现有的同伴互评流程一般为：首先由学习者独自完成作品，其次学习者依据评价量规采用评分或评语方式对同伴的作品评价，再次被评者依据评价者的建议对作品进行修改，最后依次进行两轮到三轮的互评活动。然而根据教学情境的不同，灵活调整同伴互评的流程，才能充分发挥同伴互评的作用。柏宏权等[5]将基于

---

[1] 舒存叶. 网络同伴互评系统的设计和优化[J]. 电化教育研究, 2017, 38(1): 80-85.
[2] 马志强, 王靖, 许晓群, 等. 网络同伴互评中反馈评语的类型与效果分析[J]. 电化教育研究, 2016, 37(1): 66-71.
[3] 柏宏权, 李婷. 同伴互评中评语类型对情绪体验的影响研究[J]. 电化教育研究, 2019, 40(4): 92-98, 111.
[4] 范逸洲, 冯菲, 刘玉, 等. 评价量规设计对慕课同伴互评有效性的影响研究[J]. 电化教育研究, 2018, 39(11): 45-51.
[5] 柏宏权, 苏玉凤, 沈书生. 融入同伴互评的混合式学习模式实证研究[J]. 电化教育研究, 2017, 38(12): 79-85.

移动终端的在线同伴互评与面对面课堂教学融合，构建了融入同伴互评的混合式学习模式，并在旨在培养师范生信息技术应用能力的"现代教育技术"课程中对模式有效性开展了两轮实验，如图3-21所示。实验结果表明：融入同伴互评的课程教学增加了教师与学生、学生与学生、学生与内容的有效互动；有效提高了师范生的技术素养、技术支持学习和技术支持教学三个维度的能力；学生对融入同伴互评的混合式学习模式的满意度较高。吴遐等[①]基于班杜拉的三元交互决定论构建同伴互评体系，从互评个体、互评环境和互评行为的角度设计了同伴互评体系的有效组织程序，如图3-22所示。其中在环境角度包括评价资源与评价反馈两个因素，前者为学生提供了可得性评价资源，后者为学生提供了资源的可用性，即给予资源并培训使其掌握如何使用资源，这些评价环境因素既能有效提升学生的评价能力与动机，也能改进学生的评价行为。因此，为了使同伴互评取得较好的效果，需要为学生提供丰富、可用的互评资源，包括可参考学习的同伴互评范例、必要的互评培训等。

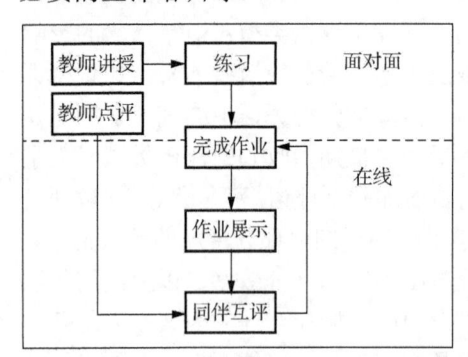

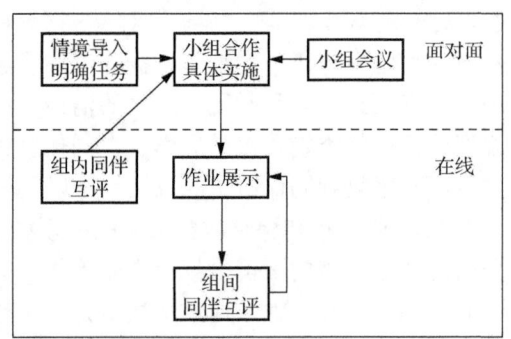

图3-21 基于个体与小组同伴互评的混合学习模式

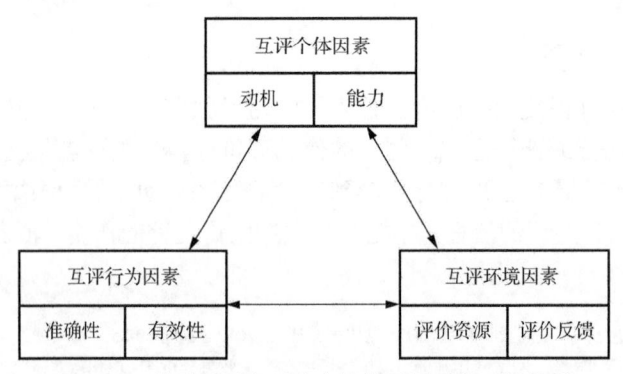

图3-22 基于三元交互决定论的以评促学互评体系

---

① 吴遐, 高记, 刘兵. 以评促学: 基于三元交互决定论的同伴互评研究[J]. 中国远程教育, 2020, 41(4): 58-64, 77.

（四）同伴互评系统构建

网络学习空间的大规模应用决定了教师不再适合作为学习评价主体，将学生这一主体元素引入学习评价，将评价过程融入学习任务，把课程学习与评价有机融合，对发展学习者的评价能力、促进其成为主动的学习者有着重要作用。同伴互评与教师评价、自我评价等多种评价数据结合，能够较为全面地反映被评价者的学习成效，实现精准的教育评价。随着技术的发展和网络学习空间的大规模推广，稳定高效的在线同伴互评系统是实施同伴互助活动的基础。许云红等[1]在Web2.0技术下构建基于推荐机制的提高同伴互评效果的推荐模型，旨在为学生匹配到较为合适的同伴评阅人，以优化同伴互评过程，提高学习者满意度。柏宏权[2]构建的移动端作业展示系统支持使用移动设备作业展示与同伴作业互评活动，不仅能够在教学中将作业公开展示，还支持作业互评活动，对媒体设计类课程的作业互评更为适用。胜楚倩等[3]提出基于群体感知的在线同伴互评系统，如图 3-23 所示，旨在通过融合同伴评价反馈机制，提供可视化群体感知模型，构建促进学生认知发展的在线形成性同伴互评协作学习环境，促使学习者更积极地参与同伴互评活动，并在与同伴交流、评价、反馈中，共享资源，建构知识。

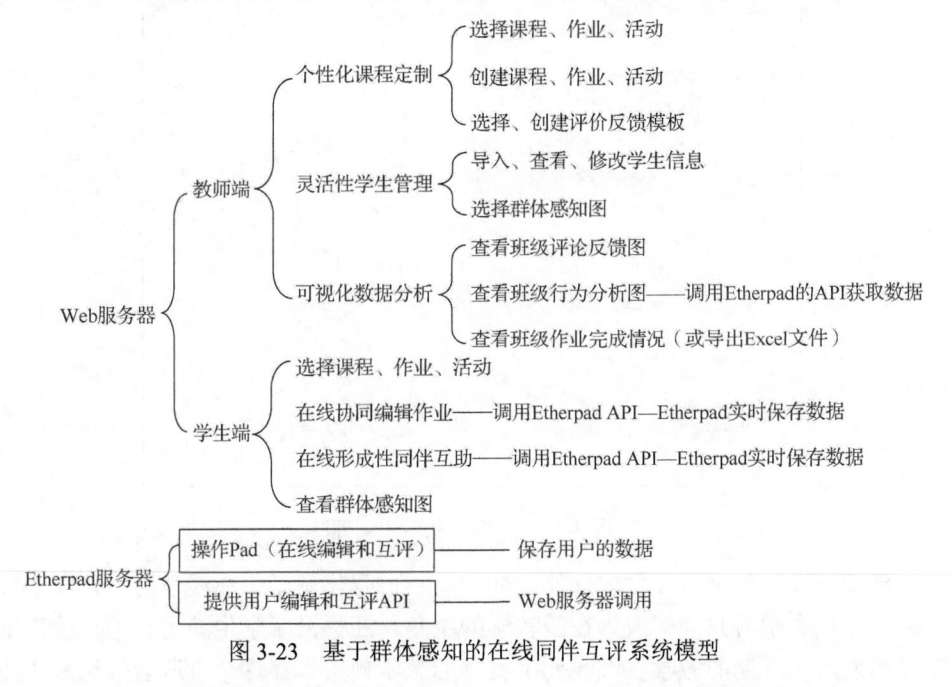

图 3-23 基于群体感知的在线同伴互评系统模型

---

[1] 许云红, 王如. MOOC 背景下基于推荐机制的提高同伴互评效果的研究[J]. 现代远距离教育, 2014(5): 17-21.
[2] 柏宏权. 基于同伴互评的移动作业展评系统的建构及实践分析[J]. 电化教育研究, 2017, 38(3): 75-79.
[3] 胜楚倩, 刘明, 刘革平. 基于群体感知的在线同伴互评系统实现与应用[J]. 现代远距离教育研究, 2019, 31(4): 104-112.

（五）应用案例

在 2020 年疫情在线教学期间，辽宁师范大学 C 语言程序设计课程团队借助超星平台进行章节测验和实验作业布置，根据不同作业类型和难度，采取老师批改和生生互评两种方式。对于程序设计类课程的授课而言，教师如何培养学生编写、调试程序的能力显得尤为重要。在无法实现上机编程现场指导的情况下，设计类作业的生生互评打开了教学评价的新思路。在生生互评阶段，教师在平台中给出具体的评分标准和批改要求，设置每人评价 2 个同伴的设计类代码，为了促进同伴课下交流选择实名评价，如图 3-24 所示。

图 3-24　上机作业生生互评

借助在线教学平台提供的同伴互助功能不但强化了学生在线学习评价时的参与感，让学生学习共同体成为在线教学的主角，还提升了学生编写、调试程序的学习能力，一学期的教学实践收到了良好的教学效果。在这个阶段教师选择生生互评的实验内容要更好地设计，这样学生可以更好地从"被评价"走向"给评价"，还潜移默化地锻炼了从师技能。

第三节　基于网络学习空间的学习分析

随着"互联网+教育"、大数据、云计算、人工智能等技术在网络学习空间中深入应用,学习分析正从"经验主义"走向"数据主义",从"人工分析"走向"智能分析",从"单一分析"走向"综合分析"。全面化、多元化、科学化、智能化分析成为学习分析的新特征。

一、学习行为分析

(一)简介

学习行为分析是学习分析的重要组成部分,旨在对学习过程中记录下来的大量的、多样化的行为数据进行有目的的分析。学习行为分析的目的是挖掘隐藏在行为数据背后的有价值的信息,比如行为模式、行为规律、行为习惯等,最终促进人们对于学习过程、学习结果以及学习环境的理解和优化[1]。学习者在线学习行为数据以不同类型存储于在线学习平台中,分析的目的是对在线学习平台积累的行为数据进行收集,采取恰当的模型或者方法对数据进行解释分析,探讨行为模式与学习者学习效果之间的联系,以此发现学习规律。

从研究对象来看,网络学习空间中的学习行为分析可分为个体行为分析和群体行为分析。一方面,通过学习者个体行为分析可对学习者的学习效果进行预测、对情感状态进行识别等。从预测的角度来看,网络学习空间中学习者个体行为可用于预测不同的学习效果,如辍学率、成绩、能否毕业以及对其影响因素进行分析。另一方面,将学习者置于网络群体中,通过网络分析或行为序列分析等,发现学习者的行为习惯、行为模式、行为特征等宏观性规律,据此进行整体性理解。

从研究内容方面来看,网络学习空间中的学习行为分析主要集中在三个方面:一是学习行为的采集方法和行为分类指标的制定;二是学习行为概念模型构建和关键技术的实现;三是学习行为对学习效果的实际影响效果分析。

从技术方法方面来看,网络学习空间中的学习行为分析方法主要有三种:第一种方法是利用统计学方法中的描述性统计分析、相关分析、回归分析等方法分析学习行为属性之间或行为属性与分析目标之间的关系;第二种是利用机器学习中的回归模型、支持向量机、贝叶斯分类模型以及神经网络等算法训练已有学习者行为特征集,挖掘行为数据的规律性,以达到对未知行为样本的预测和识别;

---

[1] 赵呈领,李敏,疏凤芳,等. 在线学习者学习行为模式及其对学习成效的影响——基于网络学习资源视角的实证研究[J]. 现代远距离教育,2019(4): 20-27.

第三种方法是利用建模技术探究学习者行为在时间序列上的动态特征，从而实现动态学习效果的预测，例如学习注意力、学习完成情况和成绩等[1]。

(二) 分析指标

学习效果预测是个体学习行为分析的核心组成部分，其目的在于监测和预测学生的学习成绩，及时发现可能引起考试不合格、学业迷茫甚至中途辍学等问题的潜在因素，依据分析结果调整教学策略和教学内容，并开展有效的教学干预，以达到在一定程度上改善学习参与度和学习结果的目的。

在学习行为指标的研究中，很多专家学者做了大量的实践工作。Gillani 等[2]将 MOOC 学习者实际参加课程讨论区的情况与学习者的学习成绩进行相关性分析，发现西方的在线学习者更愿意参与论坛的讨论，积极参与论坛讨论活动的学习者能够取得较好的学习成绩。Balakrishnan[3]从观看教学视频的累计百分比、论坛的发回帖数以及查看课程进度页次数四个行为指标开展探究，利用隐马尔可夫模型预测学习者在 MOOC 平台上的辍学率，且得到了很好的预测结果。Ramesh 等[4]通过获取有关学生互动和表现的行为特征，例如在论坛上发帖、及时提交作业等，使用概率软逻辑进行建模，预测学习者的表现，也用来预测学习者是否会参加期末测试。贾积有等[5]以 Coursera 平台上 6 门 MOOC 课程中学习者行为数据为研究对象，选取在线时长、观看视频次数、观看网页次数等为行为指标，探究这些指标与学习成绩之间的关系，研究发现学习成绩与学习者在论坛中的发帖、回帖参与度以及观看课程页面次数有一定的相关性。Bergner 等[6]发现学习者的论坛讨论与互动活动对学习者的学习结果有显著影响。蒋卓轩等[7]以北京大学在 Coursera 上开设的 6 门课程中海量的学习者行为数据为研究对象，探究了影响学习结果的行为指标，最终选取对学习成绩有影响的视频观看次数、测验提交次数、记录密度、论坛发帖次数、论坛看帖次数等为预测指标，利用逻辑回归等方法预测 MOOC

---

[1] 刘三妍，杨宗凯. 量化学习——数据驱动下的学习行为分析[M]. 北京：科学出版社，2016.

[2] Gillani N, Eynon R. Communication patterns in massively open online courses[J]. The Internet and Higher Education, 2014, 23(10): 18-26.

[3] Balakrishnan G. Predicting student retention in massive open online courses using hidden Markov models[R]. Berkeley: University of California at Berkeley, 2013.

[4] Ramesh A, Goldwasser D, Huang B, et al. Modeling learner engagement in MOOCs using probabilistic soft logic[C]// Proceedings of the NIPS Workshop on Data Driven Education, United States, 2013: 62-68.

[5] 贾积有，缪静敏，汪琼. MOOC 学习行为及效果的大数据分析——以北大 6 门 MOOC 为例[J]. 工业和信息化教育，2014(9): 23-29.

[6] Bergner Y, Kerr D, Pritchard D E. Methodological challenges in the analysis of MOOC data for exploring the relationship between discussion forum views and learning outcomes[C]//Proceedings of the 8th International Conference on Educational Data Mining, Madrid, 2015: 234-241.

[7] 蒋卓轩，张岩，李晓明. 基于 MOOC 数据的学习行为分析与预测[J]. 计算机研究与发展，2015, 52(3): 614-628.

学习者能否拿到结业证书。宗阳等[①]分析了学习行为变量并建构了学习结果预测模型，发现影响学习成绩的指标，这些指标包括登录课程次数、提交测验次数和观看教学视频完成度等。贺超凯等[②]选取学习时长、学习次数、学习章节数等行为指标，对学习者能否拿到证书进行预测。Pérez等[③]以Coursera平台上的一门课程中的学习者行为数据为研究对象，选取视频点击次数与测验提交次数等为行为指标，预测学习者的学习表现。曾嘉灵等[④]以MOOC课程"游戏化教学法"第三期学习者行为数据为研究对象，对成绩合格的学习者的学习行为进行分析，发现学习成绩与论坛发帖数、作业互评完成度、作业提交次数、参与测验情况、观看教学视频的主动性存在相关性，研究发现，取得优秀成绩的学习者比取得合格成绩的学习者具有积极参与论坛互动、课程学习内容完成度强等行为特征。牟智佳[⑤]以MOOC平台上学习者行为数据为研究样本，从学习内容、学习互动、学习评价三个方面对学习者学习结果进行预测。

以色列特拉维夫大学对参加本校"补充学习计划"项目的其中四门课程进行了网络活动数据的分析，这个项目给所有毕业生学习他们感兴趣的课程知识提供了一次机会。项目探究了网络课程中学生投入度的差异和能够预测课程完成度的变量，包括代表学生在课程的不同元素（网页、学习单元、视频讲座、论坛）中的活动以及课程成绩（作业成绩、期末成绩、课程成绩）共13个变量。数据主要来源于系统记录的学生活动和作业成绩的日志文件，以及教师手动提供的测试和考试成绩两方面。关于差异的分析，采用SPSS软件的方差分析探究完成者和未完成者在网络课程学习投入方面的差异。研究采用两个回归模型进行预测分析，逻辑回归分析预测课程的完成度，层次线性回归分析基于在线活动预测考试成绩。研究发现，网络课程中的完成者和未完成者在三个投入类别中的大部分变量是有差异的。在13个变量中，课程科目和持续提交作业是学习投入度的重要预测因子，对课程材料的学习（平均进入单元页的次数、进入课程主页的次数、总次数）和通过阅读帖子参与论坛以及课堂纪律和作业提交是课程完成度的重要预测因子。通过模型的回归系数发现，成绩的重要预测因子是除了课程科目以外的阅读论坛帖子、进入单元页次数等变量。因此，最终成绩的预测强调了在网络课程中投入各种活动的重要性。

---

① 宗阳, 孙洪涛, 张亨国, 等. MOOCs学习行为与学习效果的逻辑回归分析[J]. 中国远程教育, 2016(5): 14-22, 79.
② 贺超凯, 吴蒙. edX平台教育大数据的学习行为分析与预测[J]. 中国远程教育, 2016(6): 54-59.
③ Pérez-Lemonche A, Martínez-Muñoz G, Pulido-Cañabate E. Analysing event transitions to discover student roles and predict grades in MOOCs[C]//International Conference on Artificial Neural Networks, Italy, 2017: 224-232.
④ 曾嘉灵, 欧阳嘉煜, 纪九梅, 等. 影响MOOC合格学习者学习效果的行为特征分析[J]. 开放学习研究, 2018, 23(6): 1-9.
⑤ 牟智佳. MOOCs环境下学习行为群体特征分析与学习结果预测研究[J]. 中国医学教育技术, 2020, 34(1): 1-6.

（三）群体学习行为分析

群体动力学理论在教育领域中主要通过对群体现象（群体的组成结构、群体活动的过程、群体行为的动力）的动态分析以发现其普遍规律。在大规模学习社区中，学习者数量庞大且呈动态变化趋势，学习动机和知识背景变得更为复杂，行为差异性更大[1]。网络学习空间根据学习者自身的学习需求和兴趣爱好，通常会将学生自发地聚在一起协作而形成一个自组织学习网络。牟智佳[2]利用学习行为分析技术以MOOC学习者为研究对象，对学生在线学习活动行为数据从学习内容行为、学习互动行为和学习评价行为三个维度采用聚类算法进行分析。研究认为，MOOC课程中存在三类学习群体：积极学习者、参与者、围观者。

群体学习行为模式分析借由群体的行为数据来分析出学习者的群体行为模式，以此了解学习者的学习构成，其重点不在于追踪个人的学习行为，而是侦测具有相同或相似的学习者的群体行为，通过匹配并形成一种特定的行为模式。滞后序列分析（lag sequential analysis，LSA）法是挖掘显著行为模式的一种有效方法。应用LSA法可综合分析学生在线学习的外显行为和内隐行为，帮助研究者了解学生的知识创生、知识共享和知识构建过程。其中，外显行为包括一切记录下来的操作层面的行为，该类信息的行为类型可由系统自动识别，无须人工编码；内隐行为往往通过学生留下的交互、讨论、答疑、评价等内容反映出来[3]，由于内隐交互行为分析的对象是交互文本，因此需要进行精确的内容分析，并由专业的编码人员独立完成编码。研究者使用滞后序列分析法对不同的学科领域、不同学习活动中的学习者在线行为进行了分析，探讨了在线学习者的学习行为模式。刘智等[4]对SPOC论坛中编码后的行为数据采用N元语法模型（N-gram），通过计算机编程自动构建出学生学习行为的二阶转移概率矩阵，并以此刻画学生的行为序列模式，观察学生不同学习行为之间的相关性。胡丹妮等[5]利用在线学习平台中的"观看视频"和"完成作业"两类在线学习活动间的行为序列进行探究，并构建可视化的学习路径。

还有一些学者利用序列模式挖掘方法分析学习者的行为，这是一种基于数据挖掘的技术，其目的是从序列的数据组中找到所有的高频序列模式。与序列分析

---

[1] 刘三妞，杨宗凯. 量化学习——数据驱动下的学习行为分析[M]. 北京：科学出版社，2016.
[2] 牟智佳. MOOCs环境下学习行为群体特征分析与学习结果预测研究[J]. 中国医学教育技术，2020, 34(1): 1-6.
[3] 杨现民，王怀波，李冀红. 滞后序列分析法在学习行为分析中的应用[J]. 中国电化教育，2016(2): 17-23, 32.
[4] 刘智，王亚妮，郑年亨，等. 高校SPOC环境下学习者行为序列的差异性分析研究[J]. 中国电化教育，2017(7): 88-94, 106.
[5] 胡丹妮，章梦瑶，郑勤华. 基于滞后序列分析法的在线学习者活动路径可视化分析[J]. 电化教育研究，2019, 40(5): 55-63.

的不同之处在于，序列分析强调行为之间的直接响应，而序列模式挖掘着重于行为在时间上的先后次序。目前，序列数据挖掘方法主要用来解决两方面问题：一是基于学习者的表现区分学习者；二是利用学习者的行为模式设计推荐系统。Maldonado 等[1]在一个协作任务中找到组内成员之间的频繁行为序列，并对发现的序列模式进行聚类，其目的是通过频繁的行为序列区分高、低成就群体。Venant 等[2]利用序列模式挖掘方式发现学习者的行为包括周期性的序列行为模式，这些行为模式导致不同的学习策略。

伊朗德黑兰大学的 Somayeh Fatahi 等[3]提出通过寻找频繁的序列行为模式，来区分不同学习风格的学习者。该实验分为四步：首先，收集德黑兰大学电气和计算机工程学院一门课程中学习者填写迈尔斯-布里格斯类型指标（Myers-Briggs type indicator，MBTI）学习风格问卷数据以及在网络平台上学习时产生的一系列行为数据，为了增加组间差异，该研究只考虑 MBTI 各维度的两面性。其次，根据微观和宏观水平记录的学习者行为进行分组，使用广义序列模式挖掘（generalized sequential pattern mining，GSP）算法对各数据集进行计算，筛选出最为合理的一组，参照该组标准学习者在学习过程中的连续行为模式生成数据集。再次，进行序列抽象，即删除重复的序列，并用一个序列替代它们，从而生成一个新的数据集来减少冗余。最后，在学习风格的每个维度中，找到阈值最大的所有序列行为模式。

二、认知结果分析

（一）认知水平分析

常见的认知水平评价模型包括 Henri 的认知框架、Newman 等[4]的批判性思维能力内容分析框架、Yang[5]的异步讨论区认知水平的内容分析模型。其中 Henri 基于布鲁姆认知目标分类所提出的认知水平分析框架是目前最具有影响力的认知

---

[1] Maldonado R M, Yacef K, Kay J, et al. Analysing frequent sequential patterns of collaborative learning activity around an interactive tabletop[C]//Proceedings of the 4th International Conference on Educational Data Mining, Eindhoven, 2011: 111-120.
[2] Venant R, Sharma K, Vidal P, et al. Using sequential pattern mining to explore learners' behaviors and evaluate their correlation with performance in inquiry-based learning[C]//European Conference on Technology Enhanced Learning, Tallinn, 2017: 286-299.
[3] Fatahi S, Shabanali-Fami F, Moradi H. An empirical study of using sequential behavior pattern mining approach to predict learning styles[J]. Education and Information Technologies, 2018, 23(4): 1427-1445.
[4] Newman D, Webb B, Cochrane C. A content analysis method to measure critical thinking in face-to-face and computer supported group learning[J].Interpersonal Computing and Technology, 1995, 3(2): 56-77.
[5] Yang Y W. A cognitive interpretation of discourse deixis[J]. Theory and Practice in Language Studies, 2011, 1(2): 128-135.

水平分析框架[1]，如表 3-3 所示。该框架将认知水平划分为澄清、深入澄清、推理、判断和策略五个层次。第一层次：澄清，是指通过分析问题中所涉及的基本概念或者概念之间的关系以获得基本的理解。第二层次：深入澄清，是指分析和理解问题，以理解问题背后存在的价值、信仰和假设。第三层次：推理，是指通过归纳或者演绎，认可或提出某个观点，并建立观点与公认事实之间的联系。第四层次：判断，是指做出决定、声明，表达赞赏、批评或者支持。第五层次：策略，是指提出应用某个解决方案或实施某项决策的具体行动。Henri 的框架是大多数认知水平分析框架的基础，也被广泛用于对在线认知水平的分析和评价[2]。

表 3-3　Henri 认知水平分析框架

维度	指标	描述	分析指标
认知水平	澄清	通过分析问题中所涉及的基本概念或者概念之间的关系以获得基本的理解	澄清相关概念
			重构问题
			询问相关问题
			重申之前的假设
			要求澄清概念
	深入澄清	分析和理解问题，以理解问题背后存在的价值、信仰和假设	陈述假设
			建立可供引用的分类
			寻找更加专业的信息
			回顾或者修订之前的陈述
			提供与主题相关的信息或者引用文献
			使用例子或者类比
	推理	通过归纳或者演绎，认可或提出某个观点，并建立观点与公认事实之间的联系	得出结论
			做出归纳
			基于之前的论述，进一步阐述观点
			提出假设
	判断	做出决定、声明，表达赞赏、批评或者支持	判断解决措施的合理性
			做出价值判断
			判断推断的合理性
	策略	提出应用某个解决方案或实施某项决策的具体行动	决定采取行动
			提出解决方法

---

[1] Henri F. Computer conferencing and content analysis[C]//Kaye A R.Collaborative Learning Through Computer Conferencing. New York: Springer, 1991: 115-136.
[2] Nandi D, Hamilton M, Harland J. Evaluating the quality of interaction in asynchronous discussion forums in fully online courses[J]. Distance Education, 2012, 33(1): 5-30.

研究发现，学生交互行为的网络特性能够在一定程度上反映学生的认知水平[1]，包括交互中个体参与交互频率的高低、发生交互范围的大小等。冯晓英等[2]在此基础上新增个人行为与社会网络属性，构建个人行为、交互行为、社会网络属性三个维度表征与认知水平相关的在线学习行为。利用北京师范大学的"网络课程的设计和开发"网络课程在 Moodle 平台上的数据，以周为数据采集周期，以多次分段收集学生的行为日志与论坛行为数据为样本构建认知水平评价的假设模型。初步构建的认知水平评价的假设模型中包括个体行为、交互行为、社会网络属性三个维度表征与认知水平相关的 13 个在线学习行为指标。其中，个体行为包括登录平台、访问资源、使用思维导图、浏览作业等，交互行为包括发布帖子、阅读帖子、回复他人、教师回复与同伴回复，社会网络指标包括点度中心度、特征向量与互惠性。该研究主要采用了内容分析法、社会网络分析法等，对自变量和因变量数据进行编码和量化，分析对象包括 551 个样本的行为数据及 2459 条讨论帖，并采用相关分析和多重线性回归进行数据分析。通过探究学生在线学习过程中学习行为与在线认知水平的相关性，发现学生的个体行为、交互行为和社会网络属性三个维度表征都与学生学习过程中的在线认知水平显著相关，可以作为在线学习的形成性评价指标。用户画像类学习分析工具可以可视化呈现与学生在线认知显著相关的三个维度和 13 个行为指标。教师可依据可视化工具提供的信息以及模型估算出的学习者认知水平高低，从而采取相应的干预手段。研究发现，生生交互频次比师生交互频次更能反映出学习者在线认知水平的高低。

此外，学习者在网络学习空间中发表的与课程相关的分析、讨论、争辩等话语蕴含着丰富的语义信息，往往反映出其隐藏的认知水平。因此，文字在网络学习空间中作为学习者思维表达和知识加工的外显形式，是甄别学习者认知模式、知识建构水平的重要依据，而学习者在文字中所达到的认知水平，是评价在线学习效果特别是形成性评价的一个重要指标[3]。卡内基梅隆大学的 Wang 等[4]对 Coursera 平台提供的由佐治亚理工学院和卡内基梅隆大学合作的"心理学概论"课程论坛中的话语数据进行了二次分析，将反映认知行为的话语分为积极的行为、建设性行为和互动行为三类。因为在 MOOC 论坛中的认知行为具有规模大、形式随意的特点，不容易通过规则的算法挖掘，所以该研究基于 Chi[5] 的互动-构建-主

---

[1] 王陆. 虚拟学习社区的社会网络结构[M]. 北京：北京大学出版社，2011.
[2] 冯晓英，郑勤华，陈鹏宇. 学习分析视角下在线认知水平的评价模型研究[J]. 远程教育杂志，2016, 34(6): 39-45.
[3] 刘智，杨重阳，刘三妁，等. SPOC 学习者认知行为及序列模式的差异性分析[J]. 开放教育研究，2019, 25(2): 44-52.
[4] Wang X, Yang D Y, Wen M M, et al. Investigating how student's cognitive behavior in MOOC discussion forums affect learning gains[C]// International Conference on Educational Data Mining, Madrid, 2015: 226-233.
[5] Chi M T H. Active-constructive-interactive: a conceptual framework for differentiating learning activities[J]. Topics in Cognitive Science, 2010, 1(1): 73-105.

动-被动（interactive-constructive-active-passive，ICAP）框架编制了一种用手工编码的方法来捕捉高阶的思维行为，并在此基础上构建了一个二阶分类模型。在认知相关讨论行为分析中，建立线性回归模型来探讨学生积极的、建设性的、互动的讨论行为与学习收获之间的关系，随后根据发帖人的情况将发帖人分为积极的发帖人和不活跃的发帖人，并将互动行为嵌套到发帖资料中。研究结果表明：学生是否参加论坛讨论是学生学习成绩的重要预测因素；表现出积极和建设性行为的学生比没有表现出积极和建设性行为的学生有更大的学习收获；交互讨论对于发帖量较少的学生来说是学习收获的重要预测因素；积极的讨论行为和建设性的讨论行为对学生的学习成绩具有显著的促进作用，积极的讨论行为具有较高的预测能力。

（二）认知风格分析

心理学研究表明，人们在决策、解决问题和学习过程中存在理解、评价、处理信息的个体差异，这种个体差异被称为认知风格，也称为学习风格[①]。学习风格是学习者一种相对稳定的且带有独特个性特征的学习方式，并且在一定情况下，学习任务和学习环境等因素不会在短时间内改变学习者的学习风格，因而它是在线学习活动中识别学习者的显著特征。常见的学习风格类型如表 3-4 所示。通过分析学习者在网络学习空间中的学习行为，进而识别学习者的学习风格，以此来了解学习者认知特征，无论是对于教师调整学习活动和教学策略，还是对学习者选择适合自己的学习方式进行高效的在线学习均有重要意义。

表 3-4 常见的学习风格

学习风格模式	分类依据	风格类型
Felder-Silverman 学习风格模型	信息加工、感知、输入、理解	活跃型/沉思型、感悟型/直觉型、视觉型/言语型、序列型/综合型
Kolb 学习风格模型	具体经验、反思观察、抽象概括、积极实践	分散型、聚敛型、同化型、适应型
VAK/VAKT 学习风格模型	依据学习者主要吸收信息感官	视觉型、听觉型、触觉型
MBTI 认知风格模式	以荣格的人格理论为基础	外倾-内倾型、感觉-直觉型、思维-情感型、判断-知觉型

学习风格分析是利用收集学习者在网络学习平台中生成的学习数据，通过贝叶斯网络、决策树、神经网络方法等某种特定的数据处理方法而得到。

---

① Fatahi S, Shabanali-Fami F, Moradi H. An empirical study of using sequential behavior pattern mining approach to predict learning styles[J]. Education and Information Technologies, 2018, 23(4): 1427-1445.

Feldman 等[1]采用朴素贝叶斯分类方法分析学习者在线学习行为数据，识别学习者的学习风格。罗凌等[2]以 Felder-Silverman 学习风格模型（Felder-Silverman learning style model，FSLSM）为基础，提出了基于学习风格预测的树增强朴素贝叶斯（tree augmented naive Bayesian，TAN）学习风格模型，该模型通过挖掘学生的网络学习行为实现学习风格的自动检测。吴青等[3]采用关联规则方法探究不同学习风格类型的学习者在线学习行为特征和学习成绩的关系。冯小妹[4]通过采集在线学习行为和学习风格相关数据，利用相关性分析探索学习者的学习风格和在线学习行为之间的关系，并且利用决策树算法构建学习风格预测模型，将所有在线学习行为特征加入模型训练中，最终得到每一个维度的学习风格的预测模型，如表 3-5 所示。借助这四个学习风格预测模型，结合利用学习者的在线学习行为数据就可以自动识别学习者个体的学习风格。

表 3-5 在线学习行为特征——学习风格模型

学习风格维度	在线学习特征	学习风格
信息加工	发送表情的频率	活跃型、平衡型、沉思型
	在线学习时长	
	在线讨论的发言次数	
	细节题的准确率	
信息感知	具体型材料学习时长	感觉型、平衡型、直觉型
	在线学习时长	
	测试时长	
	抽象型材料学习时长	
信息输入	视频、图像/图表材料学习时长	视觉型、平衡型、言语型
	练习题学习时长	
	抽象型材料学习时长	
	论坛发帖次数	
信息理解	章节概述学习时长	序列型、平衡型、综合型
	细节题的准确率	
	具体型材料学习时长	

---

[1] Feldman J, Monteserin A, Amandi A. Detecting students' perception style by using games[J]. Computers & Education, 2014, 71: 14-22.
[2] 罗凌, 杨有, 马燕. 基于 TAN 贝叶斯网络的学习风格检测研究[J]. 计算机工程与应用, 2015, 51(6): 48-54, 68.
[3] 吴青, 罗儒国, 王权于. 基于关联规则的网络学习行为实证研究[J]. 现代教育技术, 2015, 25(7): 88-94.
[4] 冯小妹. 在线课程中学习风格自动识别方法研究[D]. 武汉: 华中师范大学, 2019.

（三）人格特质分析

人格特质是指在不同的时间与不同的情况中保持相对一致的行为方式的倾向，具有支配个人行为的能力，反映人与人之间的基本区别[①]。人格特质作为决定人行为的根本因素，是影响学习者在线学习行为的重要因素，对学习者的学习意愿和行为产生重要影响。例如，外向型人格特质学习者自信乐观，喜欢并善于交际，更愿意与教师和同伴进行教学交互。神经质人格特质学习者比较敏感，容易产生焦虑情绪，所以他们更愿意与学习资源交互。学习者人格特质是其产生学习行为的内在动力。运用数据挖掘技术分析学习者行为习惯和学习偏好，获取其个性特征，根据学习者个性特征提供更加高效的学习支持服务，实现以学习者为中心的个性化、智能化教学具有重要意义。

由于学习者个体存在差异性，具有相同学习行为的不同学习者在学习同一门课程时可能产生截然相反的学习结果，因此在探究学习行为和效果之间联系时应考虑学习者自身个性特征。乌静等[②]采用范式分析的方法，通过对学习者的网络学习行为与性格分析，探究网络学习行为与性格的关系。李阳等[③]以问卷调查、平台收集为基础，结合相关的科学计量手段对学习行为、人格特质和学习效果之间的关系进行探讨。陈晋音等[④]分析在线学习行为特征，挖掘学习者性格特征与学习效率的关系。赵宏等[⑤]以参加奥鹏公共研修平台的在线学习者为研究对象，基于人格特质生成学习行为偏好假设，探索利用机器学习分类算法实现在线学习行为的人格特质识别，并且在文献调研基础上构建了对应不同人格特质维度的在线学习行为测量指标，如表 3-6 所示，采用 Rapid Miner 数据挖掘工具测试决策树、朴素贝叶斯和支持向量机三种算法对五种人格特质的识别效果。研究结果再次证明不同人格特质学习者有不同的学习行为偏好。例如，神经质学习者的人格特质与浏览平台和教学资源、观看视频以及参加作业考核呈显著正相关，但与同伴交流和互评呈显著负相关。决策树算法对五大人格特质的综合识别效果最好，识别准确率高于其他两种算法。不同人格特质识别灵敏度不同，尽责型人格特质类型的识别灵敏度最高，神经质人格特质最低。

[①] 张琪, 武法提. 学习仪表盘个性化设计研究[J]. 电化教育研究, 2018, 39(2): 39-44, 52.
[②] 乌静, 闫金山. 大学生性格与网络行为研究——基于实证调查资料的范式分析[J]. 北京化工大学学报(社会科学版), 2012(1): 72-76.
[③] 李阳, 马力, 官巍. 大学生在线学习行为与人格特征的相关性研究[J]. 中国教育信息化, 2016(17): 18-21.
[④] 陈晋音, 方航, 林翔, 等. 基于在线学习行为分析的个性化学习推荐[J]. 计算机科学, 2018, 45(S2): 422-426, 452.
[⑤] 赵宏, 刘颖, 李爽, 等. 基于在线学习行为数据的人格特质识别研究[J]. 开放教育研究, 2019, 25(5): 110-120.

表 3-6 不同人格特质的在线学习者典型学习行为

人格特质类型	典型在线学习行为表现	测量指标
外向型	与同伴在线交流	发帖和回帖频次
	资源分享	上传资源频次
	互动评价	评价作业或作品频次
	与教师在线交流	浏览和回复教师帖的频次
	参与答疑	参与答疑频次
神经质	浏览平台	浏览在线学习平台频次、时长
	观看视频	观看视频的频次、时长
	浏览教学资源	浏览导学信息、课件和扩展资源的频次
	与同伴在线交流	发帖和回帖频次
	互动评价	评价作业或作品频次
	作业考核	完成作业频次、参加考试频次及成绩
开放型	浏览教学资源	浏览导学信息、课件和扩展资源的频次
	与同伴在线交流	发帖和回帖频次
	互动评价	评价作业或作品频次
	与教师在线交流	浏览和回复教师帖的频次
	参与答疑	参与答疑频次
宜人型	与同伴在线交流	发帖和回帖频次
	资源分享	上传资源频次
	互动评价	评价作业或作品频次
	作业考核	完成作业频次、参加考试频次及成绩
	与教师在线交流	浏览和回复教师帖的频次
	参与答疑	参与答疑频次
尽责型	浏览平台	浏览在线学习平台频次、时长
	观看视频	观看视频的频次、时长
	浏览教学资源	浏览导学信息、课件和扩展资源的频次
	作业考核	完成作业频次、参加考试频次及成绩
	与教师在线交流	浏览和回复教师帖的频次
	参与答疑	参与答疑频次

三、学习情感分析

网络学习空间中师生时空分离的特征，使得情绪发挥了更为重要的作用。情绪在学习过程中影响着学习的质量和效率。从教育心理学角度来看，学习者情绪通常涉及积极和消极两种类型，其中积极情绪能够促进学习者的学习兴趣、激发学习动力，从而提高学习效果，而消极情绪则恰恰相反，消极的学习情绪会导致学习者产生厌学、恐惧等心理。美国麻省理工学院媒体实验室的 Picard 教授提出了情感计算的概念[1]，情感识别是情感计算的基础，因此对于网络学习空间而言，如何获取学习者情绪是研究的首要问题。目前，通常采用在线填写量表分析在线教学平台的教学行为数据或借助可穿戴设备等方式获取网络学习空间中的学习者情感信息。

（一）情感表征方法

情绪心理学研究领域采用的情绪表征方法主要分为两类：分类表征方法和维度表征方法。

（1）分类表征方法将情绪分为几种彼此独立、有限的基本情感，复合情感由基本情感变化混合而成[2]。分类表征方法符合人们的日常体验，简单易懂，利于对特定情感的检测和识别，适合于自动识别。美国心理学家 Ekman 和 Plutchik 提出的基本情感在学界被广泛认同并研究，其中 Ekman 等[3]提出了高兴、愤怒、厌烦、恐惧、悲伤及惊讶六种基本情感，Plutchik[4]提出了信任、生气、期待、厌烦、高兴、恐惧、悲伤及惊讶八种基本情感。

（2）维度表征方法则将情绪视为高度相关的连续体，并用某个维度空间中的点来表征情绪。Russell 等[5]提出了基于维度情感理论的愉悦度-唤醒度-支配度（pleasure-arousal-dominance，PAD）模型，认为情感具有愉悦度、唤醒度和支配度三个维度，其中愉悦度指积极或消极的情感状态，表示个体情感状态的正负特性；唤醒度指神经激活水平和心理警觉水平的差异，表示个体的神经生理激活水平；支配度指个体对他人或情境的控制状态，利用这三个维度的数值来代表具体

---

[1] Picard R W. Affective Computing[M]. Cambridge: MIT Press, 1997.
[2] 陈子健，朱晓亮. 基于面部表情的学习者情绪自动识别研究——适切性、现状、现存问题和提升路径[J]. 远程教育杂志, 2019, 37(4): 64-72.
[3] Ekman P, Friesen W V, Ellsworth P. Emotion in the Human Face[M]. New York: Cambridge University Press, 1982.
[4] Plutchik R, Kellerman H. Emotion: Theory, Research, and Experience[M]. New York: Academic Press, 1980.
[5] Russell J A, Mehrabian A. Evidence for a three-factor theory of emotions[J]. Journal of Research in Personality, 1977, 11(3): 273-294.

的情感。Plutchik[①]提出锥体情感空间，相似的情感位置相邻，极性相反的情感处于对角位置，情感强度从上至下依次减弱，锥体模型能够清楚地表达情感的强度、情感间的相似性和对立性，如图3-25所示。

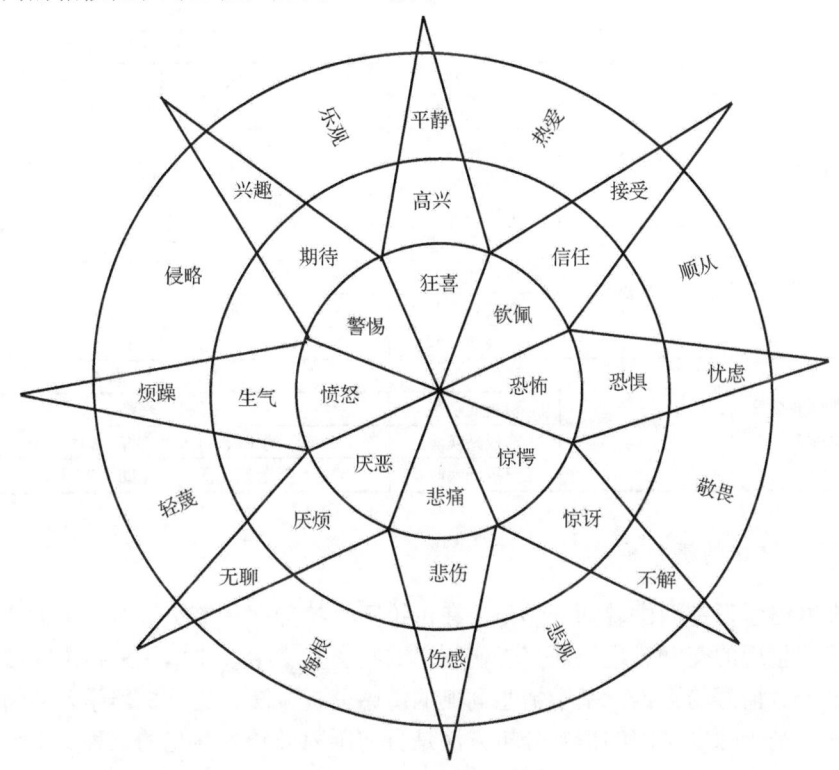

图3-25 Plutchik锥体情感空间

（二）在线情感量表测评

学业情绪量表通常是学习者经过一段学习之后的自我报告形式，该方法的结果属于总结性评价。基于量表的情感测评是一种最直接和简单的情感测量方法，这种情感测量方法通常发生在学习前或学习后，教师通过在线学习平台将数字化量表下发给学生，学生通过自我报告的方式完成问卷，教师在平台中及时查看分析统计数据，并利用获取的学习情感信息对学生采取适当的干预措施，引导学生正向学习情绪。学者们对学业情绪量表开展了很多探究工作，并且一直以效价和唤醒度为标准进行划分，目前典型的学业情绪问卷及其情感分类如表3-7所示。这种通过问卷的自我报告方式无法对情绪过程进行实时测量，因此不能监测情绪

---

① Plutchik R, Kellerman H. Emotion: Theory, Research, and Experience[M]. New York: Academic Press, 1980.

发生过程的微妙变化。

表 3-7 典型学业情绪问卷

量表名称	提出者	维度	情感分类
AEQ[①]	Pekrun 等	正性情绪	高兴、希望、自豪、放松
		负性情绪	失望、厌倦、气愤、焦虑、羞愧
青少年学业情绪量表[②]	董妍等	积极高唤醒	高兴、自豪、希望
		积极低唤醒	满足、平静、放松
		消极高唤醒	焦虑、羞愧、生气
		消极低唤醒	无助、厌倦、沮丧、疲乏、心烦
大学生一般学业情绪量表[③]	马惠霞	积极高唤醒	兴趣、愉快、希望
		积极低唤醒	自豪、放松
		消极高唤醒	羞愧、焦虑、气愤
		消极低唤醒	失望、厌烦
小学生学业情绪问卷[④]	王妍	积极高唤醒	自豪、希望、高兴
		积极低唤醒	放松、平静
		消极高唤醒	烦躁、讨厌、羞愧、担忧
		消极低唤醒	苦恼、厌倦、无助、失望

（三）文本情感分析

在网络学习空间中教师、学习者在讨论区、答疑区、笔记区留下了大量的以文字形式呈现的交互过程，研究者们利用这些交互文字以文本挖掘技术获取能够反映学习者情感的数据。基于情感词典的情感分析方法、基于机器学习的情感分析方法、基于深度学习的情感分析方法是目前国内外较为常见的三种文本情感分析方法。

（1）基于情感词典的情感分析方法最关键的一步就是构建情感词典和制定语言规则，然后将拆解的段落中的词语与情感词典进行匹配，计算情感值。

（2）基于机器学习的情感分析方法就是情感分类，将人工标注的部分分为正面和负面情绪两类，提取情感特征，然后用数据集进行训练，构造情感分类器，最后利用分类器对分类的文本进行情感倾向分析。

（3）基于深度学习的情感分析方法通常使用神经网络，以避免由于人工构建和抽取而形成大量文本特征，目前研究者通常使用的神经网络模型有三种：长短期记忆网络、卷积神经网络、循环神经网络。

[①] Pekrun R, Goetz T, Titz W, et al. Academic emotions in students' self-regulated learning and achievement: a program of qualitative and quantitative research[J]. Educational Psychologist, 2002, 37(2): 91-105.
[②] 董妍, 俞国良. 青少年学业情绪问卷的编制及应用[J]. 心理学报, 2007(5): 852-860.
[③] 马惠霞. 大学生一般学业情绪问卷的编制[J]. 中国临床心理学杂志, 2008, 16(6): 594-596, 593.
[④] 王妍. 小学生学业情绪的问卷编制与现状研究[D]. 上海: 上海师范大学, 2009.

Munezero 等[①]提出一个用来分析和可视化学生在学习日记中表达情绪的功能系统，流程图如图 3-26 所示。该系统基于加拿大国家研究委员会（National Research Council，NRC）创建的情感词典自动提取学生上传日记中的情感词汇，根据在线学习日记中情感随时间的变化，归纳出 Plutchik 提出的八种情绪类别，形成一系列可视化数据。情绪分布情况利用拥有八个独立坐标的雷达图表示，如图 3-27 所示。情感极性图显示了给定范围日记条目的积极或消极情绪的平均值，用词干提取算法识别学生日记中频繁的话题并以单词云的形式显示，对于学生日记中可视化时间流动以流程图形式显示。根据这些数据，系统形成初步评价，教师根据系统反馈信息改善和学生之间的交流并提高学习体验。

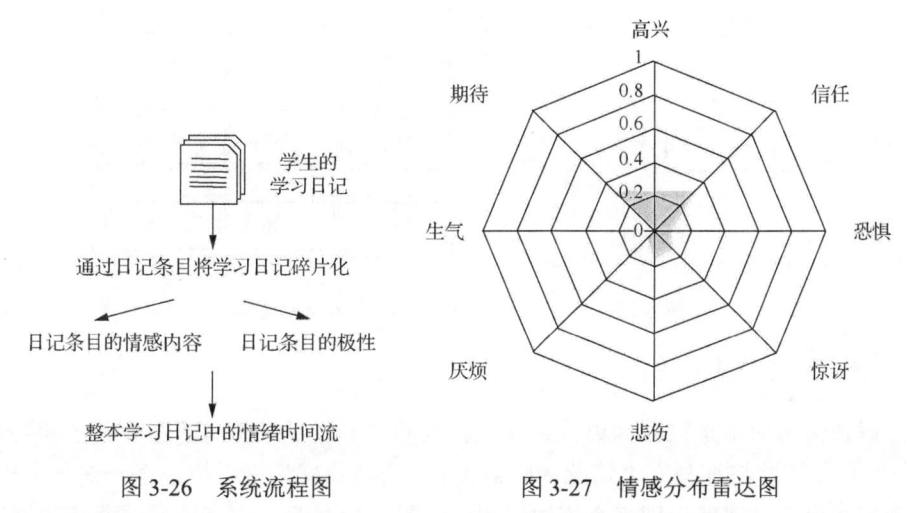

图 3-26　系统流程图　　图 3-27　情感分布雷达图

黄昌勤等[②]提出了一个基于学习云空间交互文本大数据的情感分析方法及其学习推荐机制。他们构建的基于长短期记忆（long short term memory，LSTM）神经网络的学习者情感分析模型包括数据获取模块、数据预处理模块以及情感分析模块，如图 3-28 所示。数据获取模块负责获取学习云空间中学习者的交互或评论文本、表情符号、学习者个人信息、Web 日志等数据；数据预处理模块通过对数据清洗、分词处理、词性标注、停用词处理等步骤完成对数据的预处理；情感分析模块主要对预处理之后的文本数据进行基于 LSTM 的情感分析并获得影响学习者情感的情境要素。然后利用贝叶斯网络进行情感归因分析，建立情感驱动下的学习推荐机制与策略，并在已有的学习云空间平台中实现了基于上述理论成果的学习推荐功能系统。最后进行效果验证，该系统可以分析学习者的情感并为其推

---

① Munezero M, Montero C S, Mozgovoy M, et al. Exploiting sentiment analysis to track emotions in students' learning diaries[C]// Koli Calling International Conference on Computing Education Research, New York, 2013: 145-152.
② 黄昌勤, 俞建慧, 王希哲. 学习云空间中基于情感分析的学习推荐研究[J]. 中国电化教育, 2018(10): 7-14, 39.

荐学习支持服务，满足其基于网络学习空间的个性化知识建构需求。

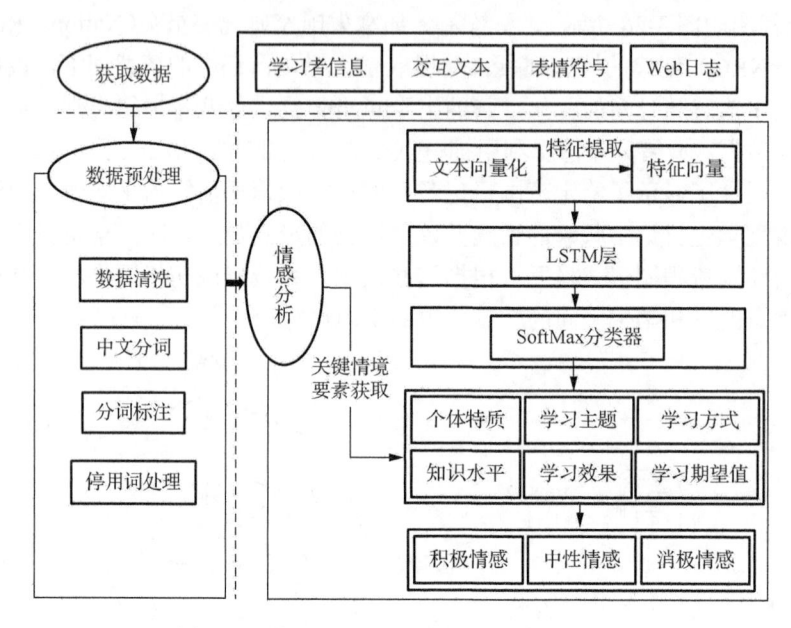

图 3-28 基于 LSTM 的学习者情感分析模型

（四）语音情感分析

语音情感识别是以帧为单位，从说话人的语音中提取出与情感有关的相关特征，并找出这些特征与人类情感的映射关系。语音情感识别系统由语音信号采集、情感特征提取与情感识别三个模块组成，如图 3-29 所示。语音信号采集模块通过语音传感器（例如，麦克风等语音录制设备）获得语音信号，并传递到下一个情感特征提取模块对语音信号中与说话者情感关联紧密的声学参数进行提取，最后送入情感识别模块完成情感的判断[①]。

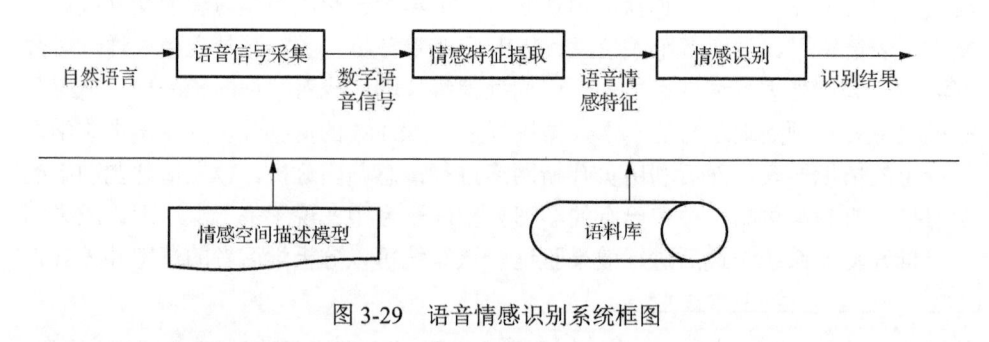

图 3-29 语音情感识别系统框图

---

① 韩文静，李海峰，阮华斌，等. 语音情感识别研究进展综述[J]. 软件学报，2014, 25(1): 37-50.

目前，语音情感识别算法分为基于统计的分类算法和基于判别的分类方法。孙晓虎等[1]分别从基于传统机器学习算法和基于深度学习算法两个方面对语音情感识别算法进行阐述，并且对不同类型的情感识别方法的综合性能进行了总结分析，如表 3-8 所示。

表 3-8 不同类型的情感识别方法综合性能分析

算法	机制类型	优点	缺点	使用范围	成本
隐马尔可夫模型（hidden Markov model，HMM）	马尔可夫过程的统计模型	时间序列的建模能力较强、系统的扩展性好	模型复杂度高、拟合功能一般、鲁棒性差	连续、大词汇量的语言情感识别	时间成本较高
高斯混合模型（Gaussian mixed model，GMM）	用于密度估计的概率模型	拟合功能很强、鲁棒性较强	对数据的依赖性过强、初始值和阶数较难确定	基频和能量相关特征的情感分类	模型阶数过高
K 近邻法（K-nearest neighbors，KNN）	有监督的简单机器学习算法	算法简单、理论成熟	计算量较大、可解释性较弱、需大量内存	非线性分类、容量较大的训练数据	时间成本较大、空间复杂度高
支持向量机（support vector machine，SVM）	以统计学习理论为基础的机器学习算法	鲁棒性好、可实现全局优化	对大规模样本的识别效率低且解决多分类问题存在困难	小样本分类、非线性分类和高维空间分类	模型复杂度低
卷积神经网络（convolutional neural network，CNN）	空间上的深度神经网络	共享卷积核、泛化能力更强、特征分类效果好	容易出现梯度消散问题	语谱图的检测和分类、低线声学特征的情感识别	空间复杂度与卷积核尺寸、通道数相关
循环神经网络（recurrent neural network，RNN）	时间上的深度神经网络	对序列内容建模能力强	容易出现梯度消散或梯度爆炸问题	结合频谱特征和韵律学特征的时间序列和情感分类	时间复杂度高

针对网络学习系统中存在的情感缺失问题，Li 等[2]分析了诸多负面影响。以语音特征作为输入数据，构建了基于情感计算的网络学习系统模型，根据学习者的情绪状态调整教学策略和学习行为，解决网络学习系统中的情感缺失问题。美国铂德（Boulder）语言科技公司研发智能导学系统 Interactive Books 帮助中国低年级学生练习英语口语以及阅读和理解英语[3]。该智能导学系统设计了具有丰富面部表情，并能说中英双语的虚拟导师 Marni。系统包含口语训练模块，学生在朗读过程中的音频数据会自动记录在系统中，朗读结束后会根据单词准确率和朗读率进行打分。系统还针对学生在朗读时的语音感情进行打分，保证通过有感情地

---

[1] 孙晓虎，李洪均. 语音情感识别综述[J]. 计算机工程与应用，2020, 56(11): 1-9.
[2] Li W, Zhang Y H, Fu Y Z. Speech emotion recognition in e-learning system based on affective computing[C]// Third International Conference on Natural Computation (ICNC 2007), China, 2007: 809-813.
[3] 朱莎，余丽芹，石映辉. 智能导学系统：应用现状与发展趋势——访美国智能导学专家罗纳德·科尔教授、亚瑟·格雷泽教授和胡祥恩教授[J]. 开放教育研究，2017, 23(5): 4-10.

朗读课文达到深刻理解文章的目的。荷兰开放大学的 Bahreini 等[①]提出了网络学习环境下利用网络摄像头和麦克风改进学习的框架（framework for improving learning through webcams and microphones，FILTWAM），如图 3-30 所示。该框架旨在有效使用电脑麦克风数据，实时、充分地解释声音语调所反映的情绪状态，以高兴、悲伤、惊讶、恐惧、厌恶、愤怒、中性七种情绪作为目标情绪。该框架涉及的语音情感计算工具包含语音检测、语音特征提取和语音情感分类三个部分，即通过麦克风收集语音信息，并将语音分割为几个片段用于分类函数中，然后提取出足够的学习者特征点集，分析特征向量之间的关系，最后使用 WEKA 软件的序列最小优化（sequential minimal optimization，SMO）算法对语音进行分类。该框架的目的在于根据学习者的音调提供及时且合适的在线反馈，提高学习者的沟通能力。

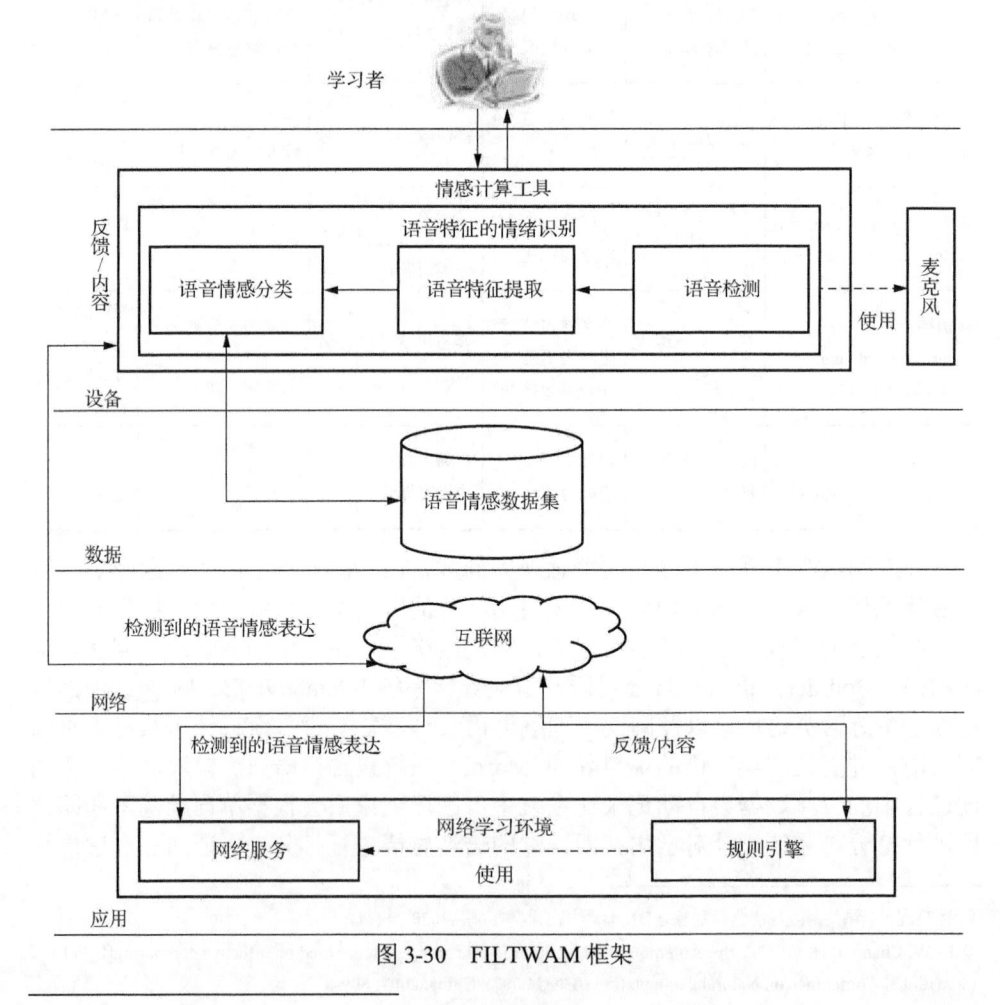

图 3-30 FILTWAM 框架

[①] Bahreini K, Nadolski R, Westera W. Towards real-time speech emotion recognition for affective e-learning[J]. Education and Information Technologies, 2016, 21(5): 1367-1386.

（五）面部表情分析

生理学家 Mehrabian 提出，情感表达=7%的言词+38%的声音+55%的面部表情[1]，由于面部表情在情感表达中所占比例最高，因此在网络学习情感分析中，对于面部表情的研究是当今的研究热点。利用摄像头拍摄学习过程中的视频或图片数据等多种途径监测与识别学习者在不同场景下的学习状态，以计算机视觉、人工智能、情感计算等新兴技术为支撑，计算机可以通过识别学习者外显的面部表情来判断学习者内隐的情绪状态。

Whitehill 等[2]提出了一种利用学生面部表情进行在线学习投入度识别的方法。他们将认知技能训练系统安装在 iPad 上，通过内置的联网摄像头记录了学生与软件交互操作时的视频，而同步的点击等操作过程也被实时记录在系统中。通过人工标注的方式将视频片段或者图片分为四个投入度，即完全无投入、较少投入、比较投入、非常投入，利用面部表情中的眼睛、眉毛和嘴巴的变化识别出学生的学习投入度。美国北卡罗来纳州立大学的研究人员开发了一套监控学习者情绪的智能系统。该系统能够分析学习者在学习过程中的面部表情以及心跳波形图和相位变化[3]，以此识别学习者的情绪，进而对学习者在辅导课中的学习效果进行预测和调整。系统由 Kinect 相机、网络摄像头和皮肤电传导手镯等设备构成，记录并分析了脸部的细微动作，如扬眉、眼睑收紧和嘴部的酒窝，以确定学生是否认真听课、被难倒和是否在学习等一系列状态。

江波等[4]从学习困惑角度出发，设计了一组基于在线测评的困惑诱导实验，提出了一种基于面部表情的学习困惑自动识别算法，如图 3-31 所示。该实验从组卷网中按一定的难易比例选取并组成英语测试题，选取男女相等人数作为实验对象，测试结束后，每位被测者再次回顾试题，进行困惑和不困惑两种情感类别的自我标签。实验过程中以拍照的形式记录应试者的面部表情，经过数据清洗、特征提取以及数据标准化处理后，使用逻辑回归、支持向量机、K 近邻、决策树、随机森林和深度前馈神经网络几种方法分别建立学习困惑自动检测分类模型，结果表

---

[1] Mehrabian A. Silent Messages: Implicit Communication of Emotions and Attitudes[M]. California: Wadsworth Publishing Company, 1981.

[2] Whitehill J, Serpell Z, Lin Y C, et al. The faces of engagement: automatic recognition of student engagementfrom facial expressions[J]. IEEE Transactions on Affective Computing, 2014, 5(1): 86-98.

[3] Vail A K, Grafsgaard J F, Boyer K E, et al. Predicting learning from student affective response to tutor questions[C]// The Thirteenth International Conference on Intelligent Tutoring Systems, Zagreb, 2016: 154-164.

[4] 江波, 李万健, 李芷璇, 等. 基于面部表情的学习困惑自动识别法[J]. 开放教育研究, 2018, 24(4): 101-108.

明随机森林对学习困惑的检测综合性能较好。该实验所提出的方法可以为智能教辅系统的学习者情绪建模提供技术支撑。

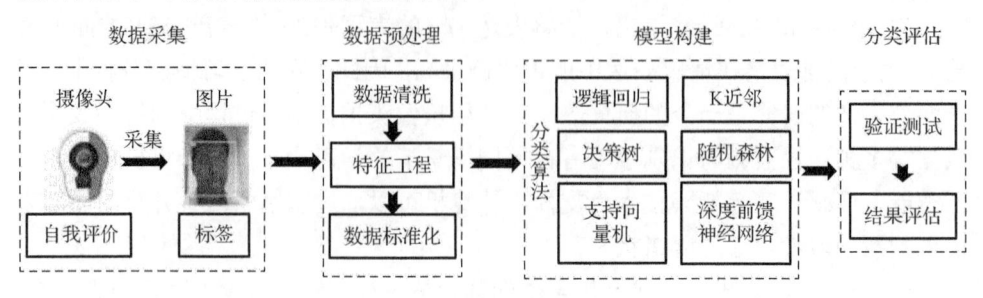

图 3-31　学习困惑检测研究路线

（六）多模态情感分析

学习者学习过程中产生的文字、声音、表情获取的单模态数据从不同的角度揭示了研究事物的不同特征，为了更加准确、全面地了解学习者学习过程中产生的情感，学者们利用多模态数据深入探究。多模态情感分析将传统的基于文本的情感分析扩展到文本、图像以及声音结合的多模态分析，结合语言以及非语言的信息探测用户表达的情感[①]。合理地利用模态内部信息和模态之间的交互作用信息是目前多模态情感分析的核心挑战。

薛耀锋等[②]提出了面向在线学习的多模态情感计算模型，如图 3-32 所示，该模型包括学习者情感数据收集、情感数据处理与分析、情感数据可视化和在线学习反馈与干预四个模块。基于此模型还研发了情感计算原型系统。情感数据收集模块借助深度摄像头、语音输入输出设备获取学习者的面部表情和语音信息，通过可穿戴设备收集心率等生理信号，并基于爬虫技术采集学习者在平台发布的文本信息。在情感数据处理与分析模块中，面部情感通过面部运动单元提出情感特征进行识别，语音情感通过在线学习者发表的语音内容进行识别，文本情感通过在线文本和词汇库匹配技术实现，利用多种识别特征计算学习者的最终情感类型。情感数据可视化模块是基于时间轴变化直观显示学习者困惑、生气、惊奇、疲劳、高兴和中性等情感变化。在线学习反馈与干预模块采用学习过程中和阶段学习后两种方式进行。

---

① 吴良庆, 刘启元, 张栋, 等. 基于情感信息辅助的多模态情绪识别[J]. 北京大学学报(自然科学版), 2020, 56(1): 75-81.
② 薛耀锋, 杨金朋, 郭威, 等. 面向在线学习的多模态情感计算研究[J]. 中国电化教育, 2018(2): 46-50, 83.

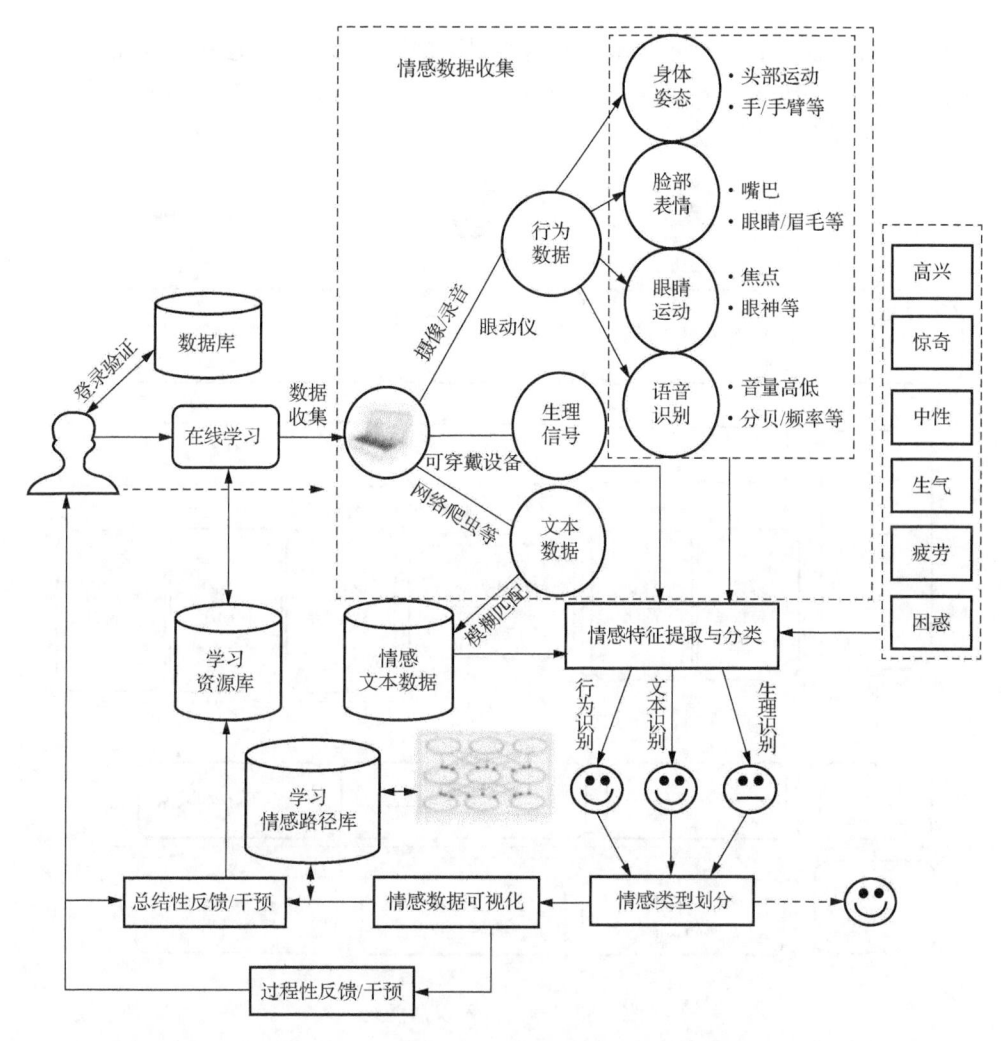

图 3-32　面向在线学习的多模态情感计算模型

Yue 等[①]为了解决电子学习环境中"缺乏监督"的问题，提出了一个基于多通道数据的多维度学习者参与预测框架，如图 3-33 所示。实验对 46 名受试者参与 Python 课程的学习数据进行收集，通过摄像捕获的视频、眼动仪提供的眼动信息、鼠标点击流三通道数据，从情感、行为和认知状态三个方面来识别学习者的学习投入。在该研究中，使用 ImageNet 数据库和 USTC-NVIE 两个可用的图像数据集来训练面部表情，对观看、阅读和打字这三种眼动学习行为进行研究，关于认知状态的预测，该研究结合学习者的学科知识水平、自我评价和测试成绩，提高学

---

① Yue J, Tian F, Chao K M, et al. Recognizing multidimensional engagement of e-learners based on multi-channel data in e-learning environment[J]. IEEE Access, 2019, 7: 149554-149567.

习者自我报告数据的可信度。通过实验结果数据证明所提出方法的有效性，更重要的是，该方法可实时检测学习者的面部表情和眼动行为，并在课程视频学习结束时显示其课程成绩预测结果。

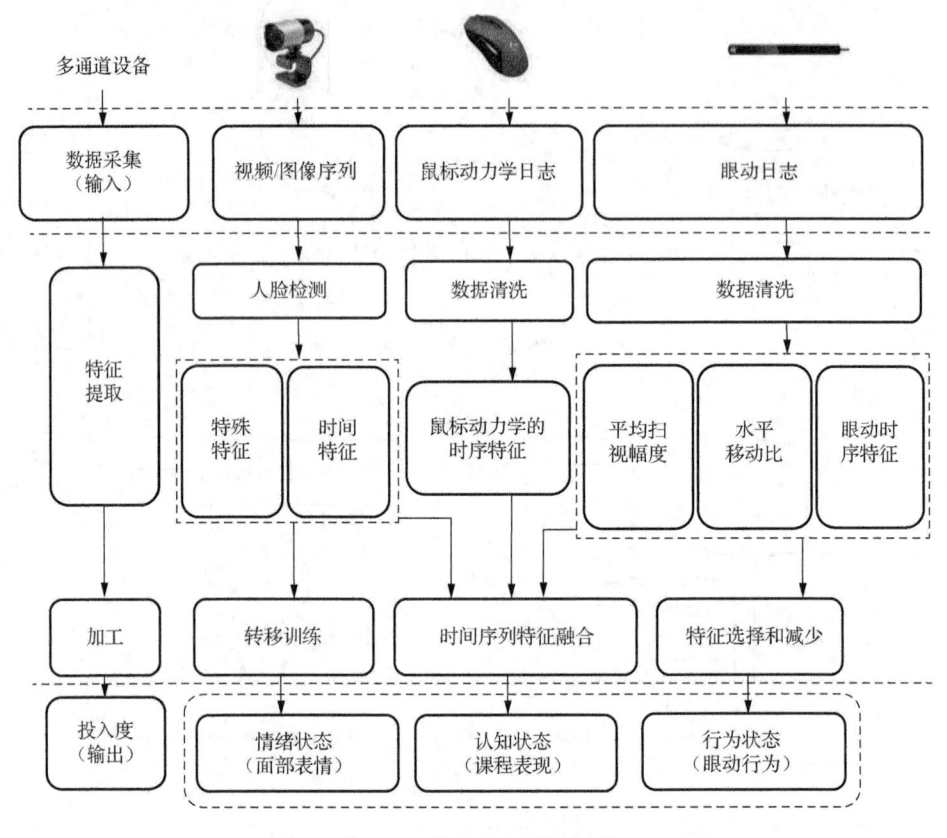

图 3-33　学习投入识别框架

第四节　基于网络学习空间的非正式学习

网络学习空间可以将正式学习与非正式学习更好地衔接起来，通过智能设备整合不同的情景，融入多种学习模式，支持学习任务无缝转换，促进课程变革。相较于传统学习，在网络学习空间中，学习者可以根据自身情况选择学习内容，可以通过线上专家指导、同伴社区互助等途径获取更加丰富的学习资源，可以根据个人情况自动调整学习进度。网络学习空间使学习者的学习方式从"被动型、依赖型、统一型"向"主动型、独立型、问题型"转变，真正实现个性化教育。

一、非正式学习的内涵

正式学习的重要性从未受过质疑,但对非正式学习的重视在20世纪六七十年代才开始。1973年,Sylvia Scribner 和 Michael Cole 认为,正式学习的内容重在累积的、已记录的和建设性的知识,这类知识是普适性的,学习的目的在于使科学或艺术得到发展。但是人们每天无意识地学习了许多细节的、情境化的知识,这类知识更适用于特定情境中,而这种非正式学习常常被忽略[1]。国内外专家学者对非正式学习的重要作用已经越来越认可,只是不同国家和地区在教育政策或教育实践上认可的程度不同而已。

(一) 非正式学习的概念

欧盟委员会(European Commission)、经济合作与发展组织(Organization for Economic Cooperation and Development,OECD)认为非正式学习是终身学习的一种有效学习方式,是人们日常生活中的学习,可以发生在很多场合,比如在家里、在工作场所、通过日常的交互活动和分享活动获得。南非兰德阿非利加大学前学者 Jan Marschalk[2]认为"非正式教育"是在生活中偶然发生的情境性教育,例如家人、邻居随时给予的教育等。中国台湾成人与职业教育学者黄富顺参考联合国教科文组织(United Nations Education Scientific and Cultural Organization,UNESCO)1979年出版的《成人教育的名词》及英国成人教育学者 Colin J. Titmus、美国学者 Philip H. Coombs、巴基斯坦学者 Manzoor Ahmed 等人的定义,认为"非正式教育"是指来自日常生活或环境中所获得的知识、技能和态度的改变,它是没有结构与组织的,常伴随另一种主要活动而发生[3]。冯巍[4]从学习场合的角度定义,认为非正式学习是指正规和非正规教育之外的所有有意识的教育活动。余胜泉等[5]从学习方式的角度定义,认为非正式学习是相对正规学校教育或继续教育而言的,指在工作、生活、社交等非正式学习时间和地点接受新知的学习形式,主要指做中学、玩中学、游中学,如沙龙、读书、聚会、打球等。吴丽娟等[6]从学习动机的角度定义,认为非正式学习是受内在心理或外在情境触动而引发的学习形式,它

---

[1] 张艳红,钟大鹏,梁新艳.非正式学习与非正规学习辨析[J].电化教育研究,2012,33(3):24-28.
[2] Marschalk J. Scientific literacy and informal science teaching[J]. Journal of Research in Science Teaching, 1988, 25(2): 135-146.
[3] 黄富顺.台湾地区非正规学习成就的实施与展望[J].成人教育,2009,29(1):9-14.
[4] 冯巍.OECD 国家终身学习政策与实践分析[J].比较教育研究,2003(9):72-76.
[5] 余胜泉,毛芳.非正式学习——e-Learning 研究与实践的新领域[J].电化教育研究,2005(10):19-24.
[6] 吴丽娟,黄景文.基于非正式学习原理的高校教育技术培训模型设计[J].现代教育技术,2009,19(1):72-75.

有明确的学习意图,是为了解决当前遇到的问题,其学习的内容结构是松散的,每一次学习的知识模块容量很小,学习发生在形成学习需要、产生学习动机和具备学习机会的任何地方。祝智庭等[1]从教学形式的角度定义,认为非正式学习通常是非官方的。它可能是有目的的行为也可能是在不经意间发生的,所以没有通常意义上的正式教师,大多不用成绩评价也无须划分等级,采用生活或工作中的成功与否作为衡量学习有效性的标准。以上诸多专家学者对于非正式学习的界定虽然不尽相同,但均反映出非正式学习具有的特征,包括学习动机的自发性、学习时空的随意性、学习方式的多样性、学习内容的情境性和学习效果的自评性[2]。

(二) 网络学习空间中非正式学习的特点

网络学习空间环境使得非正式学习的自主性、灵活性、情境性、协作性进一步凸显,为非正式学习创设了良好的条件,其表现为[3]:

(1) 学习环境更加随机化,一般发生在虚拟环境中,而不是一般的、固定的场所。

(2) 学习方式更加个性化,由学习者自我发起、自我调控、自我负责。

(3) 知识来源更加多元化,大多数情况下通过非教学性质的社会交往来获取。

(4) 学习形式更加多样化,学习者可以拥有更广泛的、可自行创建和管理的空间,任何人可以在任何地方、任何时刻获取所需的任何信息。

(5) 学习过程更加协作化,社会性软件使学习者摆脱了独学而无友的境况。协作活动可以提高学习者对学习伙伴的接纳程度和协作交流的深度。

基于此,我们认为基于网络学习空间的非正式学习是学习者根据个人兴趣、习惯和需求,利用网络学习空间中的数字化信息资源和评价管理功能,通过自我指导、自我调控和非教学性质的社会交往等多样化的学习方式来获取新知识和技能的学习活动。

二、网络学习空间中的非正式学习模型

近年来,许多学者研究并构建了网络学习空间中的非正式学习模型,包括网络协作非正式学习模型、基于社会性软件的非正式学习环境模型、基于知识转化理论的网络非正式学习模型和虚实融合视野下基于集体智慧的非正式学习环境模型。

---

[1] 祝智庭, 张浩, 顾小清. 微型学习——非正式学习的实用模式[J]. 中国电化教育, 2008(2): 10-13.

[2] 王妍莉, 杨改学, 王娟, 等. 基于内容分析法的非正式学习国内研究综述[J]. 远程教育杂志, 2011, 29(4): 71-76.

[3] 黄建军, 郭绍青. WebX.0时代的媒体变化与非正式学习环境创建[J]. 中国电化教育, 2010(4): 11-15.

(一) 网络协作非正式学习模型

Pettenati 和 Ranieri 构建的网络协作非正式学习模型[①]，如图 3-34 所示。该模型中非正式学习环境有四个同心的层，分别是社会网络层、组织层、协作管理层、反思元认知层。最外层的社会网络层提供了合适的背景条件来创建社会氛围和分享社会背景，其所包含的元素可以促进个体参与，但不起决定性作用。组织层和协作管理层必须包含合适的指导方法，才能更加有效地支持协作小组的活动。中心层是反思元认知层，通过协作学习过程使个体可以支持主题和团队活动。该模型中分层的思想以及构成层次的元素值得借鉴，但元素关系和作用不明显，层次划分也较模糊。

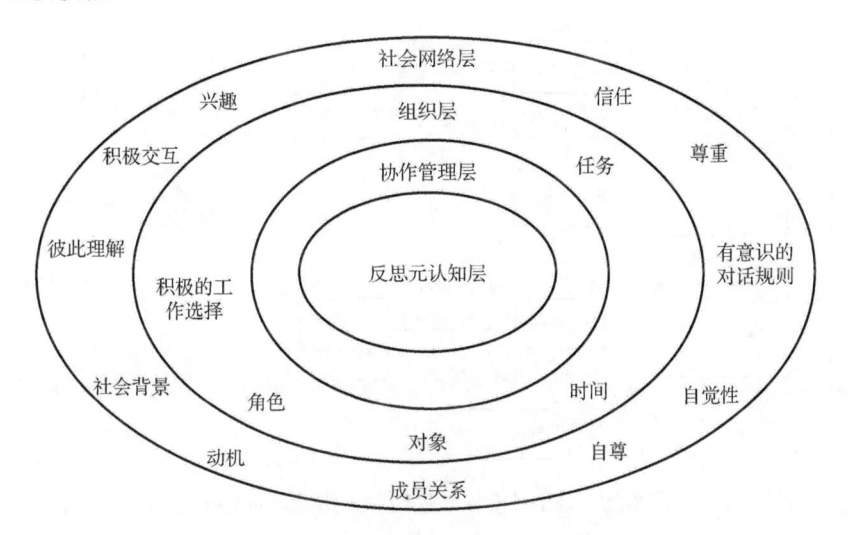

图 3-34 网络协作非正式学习模型

(二) 基于社会性软件的非正式学习环境模型

基于社会性软件的非正式学习环境模型将非正式学习层次划分为社会网络层和组织协调管理层[②]，如图 3-35 所示。其中，社会网络层的基础是参与者的兴趣和动机，是整个学习开展的基础。兴趣和动机是参与者自发具有的，不依赖外部

---

① Pettenati M C, Ranieri M. Informal learning theories and tools to support knowledge management in distributed CoPs [C]//Proceedings of Innovative Approaches for Learning and Knowledge Sharing, Crete, 2006: 345-355.
② 冯俐. 基于社会性软件的非正式学习环境模型构建研究[D]. 重庆：西南大学, 2009.

的技术条件而存在，是不受策划者控制的因素。组织协作管理层的基础是客体，是构建环境时主要考虑的因素。该层的主要内容是对客体的管理、工具的选择等，是策划者能够控制的因素。

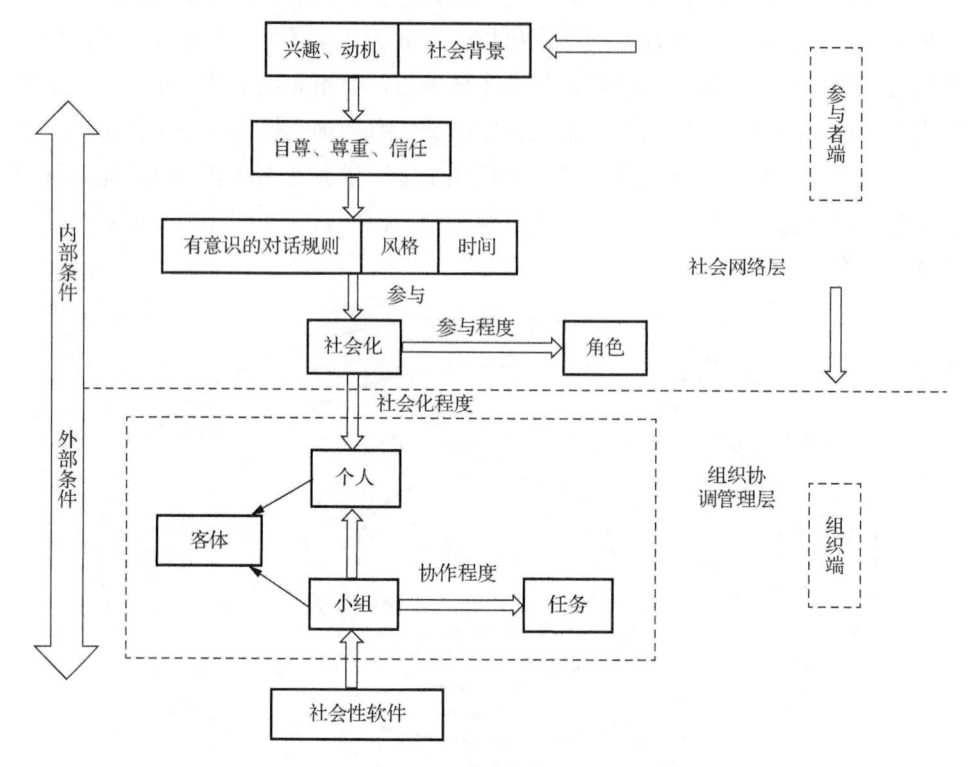

图 3-35　基于社会性软件的非正式学习环境模型

根据社会建构理论和社会性软件基本理论构建的非正式学习模型包括知识获取、知识发布与共享、交流协作以及个人知识管理四个方面[①]。在该模型中，非正式学习的过程首先是知识的获取，然后就要考虑如何整理、扩散、发布、与其他人共享信息。社会性软件的整合可以有效解决模型实现需要的学习工具支持问题，而知识的交流、与他人协作以及对知识的管理贯穿于整个学习过程，如图 3-36 所示。

---

① 朱哲, 甄静波. 基于社会性软件的大学生非正式学习模式构建[J]. 电化教育研究, 2010(2): 84-87.

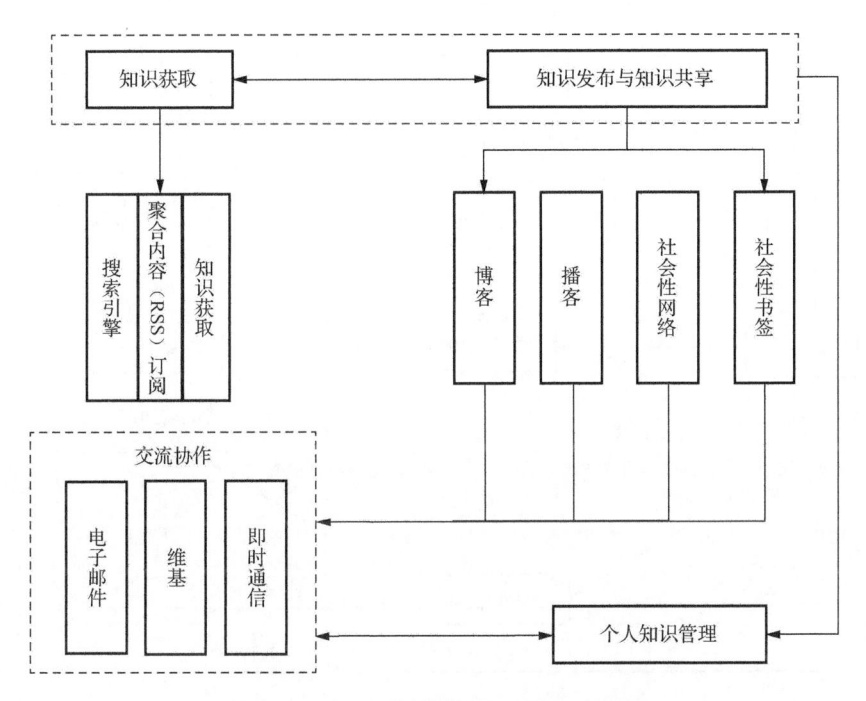

图 3-36　社会性软件构建非正式学习模型

（三）基于知识转化理论的网络非正式学习模型

任成斗将经济学领域的知识转化理论引入非正式学习中，构建了基于共同化-外化-联结化-内化（socialization-externalization-combination-internalization，SECI）模型的网络非正式学习模型[①]，如图 3-37 所示。在该模型中，学习目标是学习者在与所处情境交互而发现问题的基础上确立的，学习程序表现为基于知识的转化过程，学习条件包括学习支持服务和学习资源，非正式学习场是学习的场所和基础，学习的评价是学习者在具体情境中应用所学而得到的反馈。

---

① 任成斗. 基于 SECI 模型的网络非正式学习模式研究[D]. 昆明：云南大学, 2015.

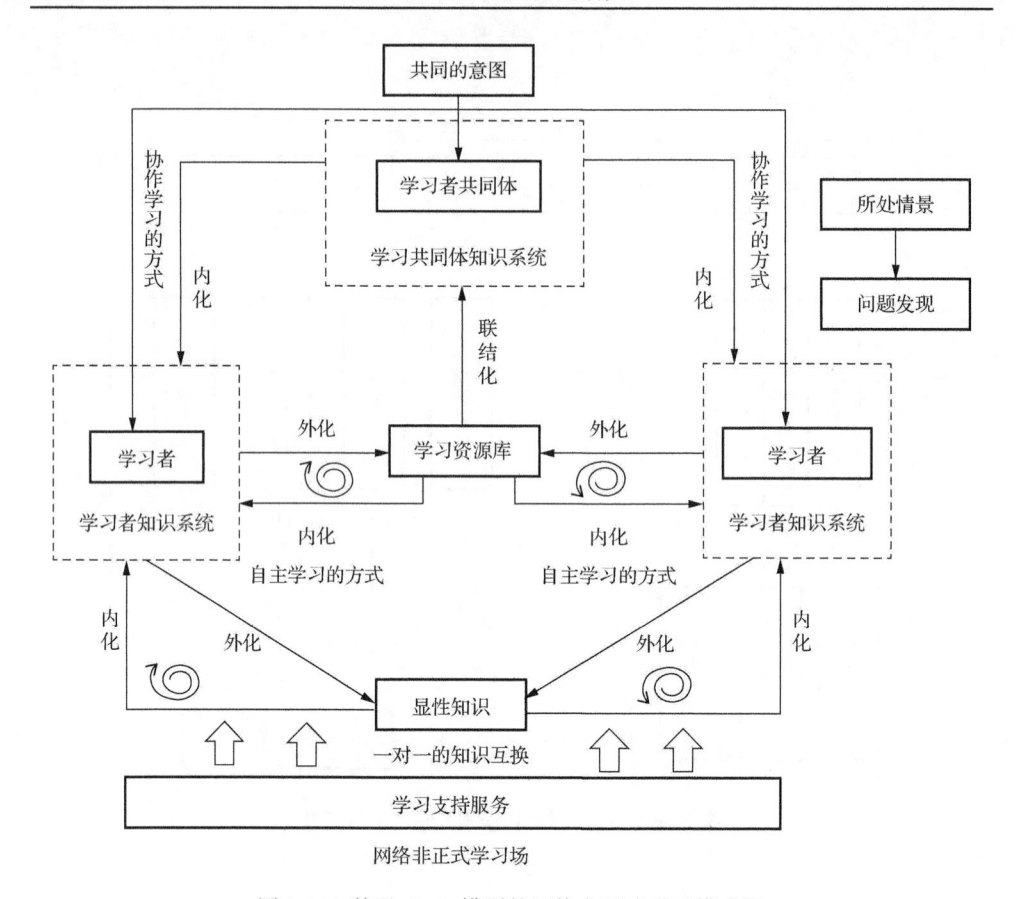

图 3-37 基于 SECI 模型的网络非正式学习模式图

（四）虚实融合视野下基于集体智慧的非正式学习环境模型

虚实融合视野下基于集体智慧的非正式学习环境模型中，非正式学习环境由虚拟环境、虚实融合环境、现实环境三个层次有机结合而成[①]，如图 3-38 所示。在该模型中，虚拟环境层由集体知识库、开放式学习平台、开放式网络社区、用户行为数据库这四种集体智慧的核心表现形式和为非正式学习提供支持服务的各类社交软件、学习平台、知识应用工具等组成。现实环境层由学习者以及开展的面对面非正式学习活动过程构成。虚实融合环境是虚拟环境与现实环境交互的场所，具有知识获取、社交协作、知识管理等职能，环境中蕴含着大量开放共享的数字化学习资源，可以实现网络学习空间人人通。

---

① 张剑平, 胡玥, 夏文菁. 集体智慧视野下的非正式学习及其环境模型构建[J]. 远程教育杂志, 2016, 34(6): 3-10.

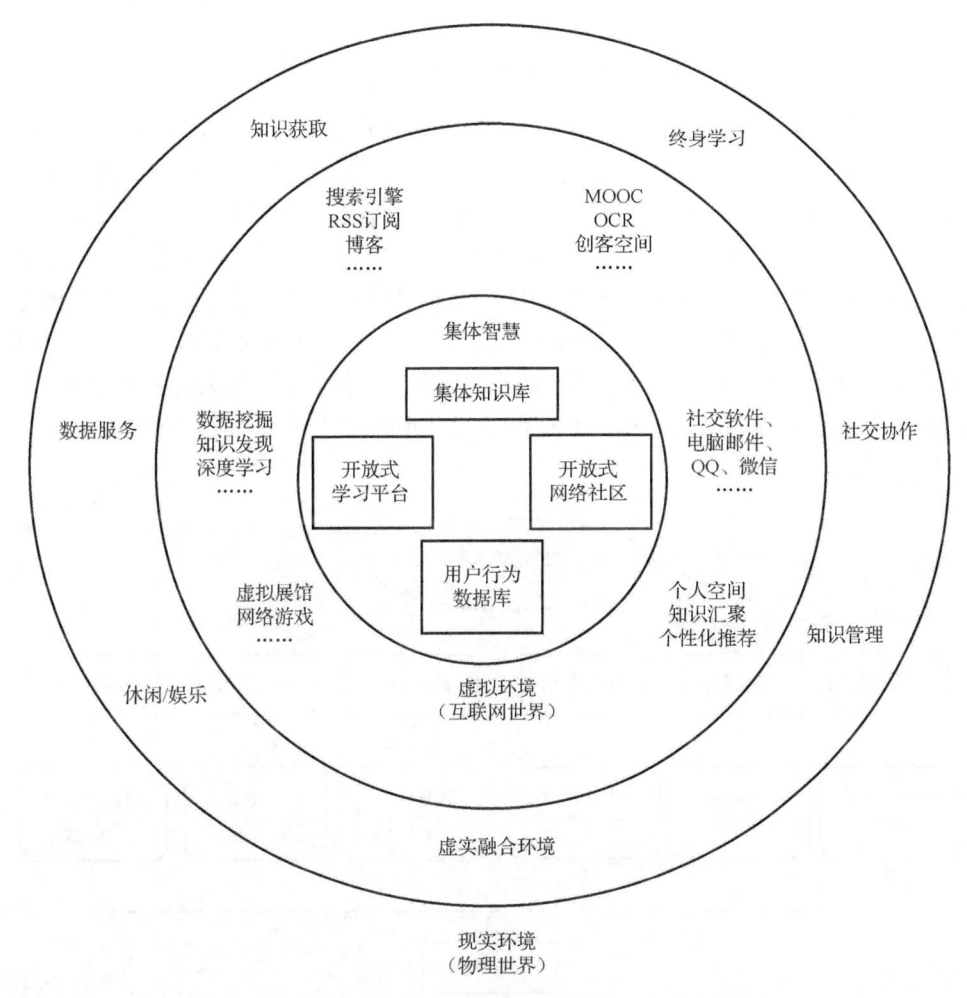

图 3-38　虚实融合视野下基于集体智慧的非正式学习环境模型

三、虚拟场馆学习与学生核心素养发展

　　近年来，随着移动互联网和虚拟现实技术的发展，非正式学习环境以其独特的优势、丰富的学习资源、灵活的学习方式，成为教育领域关注的一个热点。非正式学习可以贯穿人的一生，而场馆学习环境作为典型的非正式学习环境，具有情境感知、具身学习、分布式认知、移动互联与分享以及个性化体验等特点，逐渐成为非正式学习的主要场所之一。

(一) 场馆学习对核心素养培养的支撑

场馆与学校的主要目的均是通过教育,帮助学生形成正确的世界观、人生观、价值观,增强学生肩负起民族复兴的时代责任感,逐步培养学生综合能力,实现核心素养培养的目标。赵慧勤等[1]从馆校合作的契合点出发阐述了场馆学习对六大核心素养培养的支撑关系,如图3-39所示。丰富的馆藏资源有利于学生"人文底蕴"核心素养的培养,多元化的学习目标有利于学生"科学精神"核心素养的培养,灵活多变的学习方式有利于学生"学会学习"核心素养的培养,生活化的真实体验有利于学生"健康生活"核心素养的培养,社会化学习行为有利于学生"责任担当"核心素养的培养,自由开放的学习环境有利于学生"实践创新"核心素养的培养。

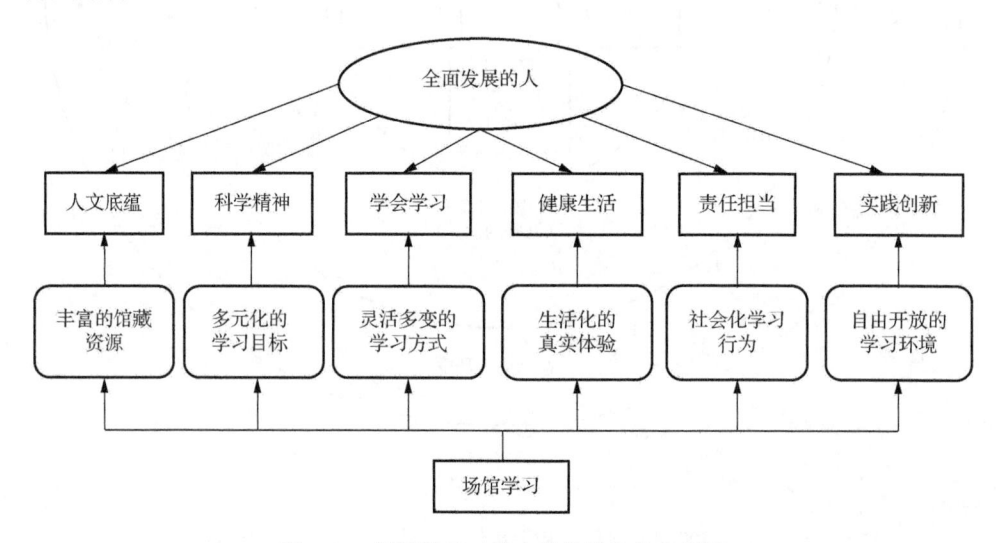

图3-39 场馆学习对核心素养培养的支撑图

(二) 数字化场馆学习

基于建构主义学习理论,Falk等[2]提出场馆学习情境模型中个人因素、社会因素和环境因素是影响场馆学习的三个要素。李志河等[3]在此基础上对数字化场馆环境中影响非正式学习的学习主体、物理环境、数字技术和互动交流四个主要因素

---

[1] 赵慧勤, 张天云. 基于学生核心素养发展的馆校合作策略研究[J]. 中国电化教育, 2019(3): 64-71, 96.
[2] Falk J, Storksdieck M. Using the contextual model of learning to understand visitor learning from a science center exhibition[J]. Science Education, 2005, 89(5): 744-778.
[3] 李志河, 师芳, 胡睿智, 等. 数字化场馆中的非正式学习影响因素及其模型研究[J]. 电化教育研究, 2018, 39(12): 70-77.

进行了研究。研究表明参观者的学习兴趣、先前知识和经验、参观动机和期望对学习效果产生直接影响；展品设置、学习活动的设计和场馆环境氛围等物理环境影响非正式学习效果；虚拟增强现实技术、移动互联等数字技术，不仅可以改善数字化场馆展品呈现和参观者体验感知模式，还可以通过大量在线网络资源扩展非正式学习的深度和广度；互动交流可以促进参观主体对知识的深层加工和整理，更新和重组原有知识体系，加强相关知识的关联与固化，引发反思，提高后续学习的效率。

物联网技术、虚拟现实技术、增强现实技术、移动技术、智能感知、大数据分析等信息技术在场馆中的广泛应用，为核心素养的教育实践带来更大的发展空间。馆校利用信息技术共同搭建虚实融合的协同学习平台，可以为主题式课程提供所有学习资源、任务要求以及交流互动，通过学习平台将基于学校和场馆的真实学习环境与基于网络的虚拟学习环境融为一体，实现馆校之间的教学过程对接。主要技术应用包括：利用物联网技术中的传感器将物体信息实时采集和网上传输，与智能处理相结合，满足学生个性化需求；利用虚拟现实技术生成三维逼真的虚拟环境，使信息能够直观有效地传递，加强学生与展品、环境之间的互动性、参与性和体验性，有利于学习者获得感性和理性的认识，提高认知和学习能力；利用增强现实技术可以对现实世界的信息进行增强，使展品突破空间限制，给学生提供更加丰富的互动体验方式。移动技术的应用进一步拓展了学生的学习方式，学生只需要一部智能手机就可以实现泛在学习，同时学生在场馆中的学习时间、学习内容、学习方式等信息均被记录，通过大数据分析技术能够掌握每位学生的学习情况，为学生提供个性化的精准教学，并为后续教学改进提供支撑。

四、应用案例

自2014年3月起，上海市中小学生可利用电子学生证在社会场馆开展综合实践学习活动，包括研究型课程、社会实践活动、校园实践活动和专题教育实践活动等。中小学生用电子学生证在相应的读卡设备上"刷"一下，就能通过网络实时将相关信息传送到后台的基础教育信息库管理系统，记录各种学习经历。推动中小学开展形式多样的综合实践学习活动是落实上海市中小学"二期课改"提出的"完善学习方式""丰富学习经历"任务的具体措施。利用网络学习空间记录学生综合实践学习活动经历，开展多元综合评价手段，也是上海市深入实施中小学学业质量"绿色指标"体系和中小学生综合素质评价的抓手。其中，黄浦区借助数字化场馆教学空间，基于区域资源开展的社会实践教育是较为成熟的案例。具体的应用实践包括以下几点。

（一）电子实践护照

黄浦区不断整合各类社会实践资源，以黄浦区学生社会实践护照为载体，为广大未成年人提供丰富的活动选择。其中，既有大开眼界的博物馆，又有寓教于乐的学习点；既有充满知识的学习任务，又有富有趣味的体验项目；既有适合小队活动的线路推荐，又有易于学校二度开发的课程资源。护照内容还与区域德育特色课程的四大内容体系进行了深度对接，跨部门协作打造了"多彩学习圈"海派文化实践体验版图，即"红色学习圈"——爱国主义、红色文化，"橙色学习圈"——金融财商、职业体验，"蓝色学习圈"——艺术赏析、非遗传习，"绿色学习圈"——科技环保、体育健身。这些社会实践资源为青少年学生提供了丰盛的"文化大餐"。例如，中小学生可以手持"护照"参观各类场馆，了解中国共产党的发展史、中国人民争取民族独立的斗争史等知识；参与互动答题，反馈学习成果；开展微调查、微研究，认清自己的"根"和"魂"，争做担当民族复兴大任的时代新人。

（二）红色网络课程

为拓宽红色教育的空间，使未成年人红色教育真正地入脑、入心、入行，黄浦区推出一部具有鲜明海派风格、黄浦特色和未成年人认知特点的红色网络课程——"顾老师讲红色故事"。课程以黄浦区丰富的红色文化资源为素材，以青少年乐于接受的方式讲述红色故事，增强政治认同，培育爱党情怀。视频的主创人员充分考虑青少年的认知特点，在查阅大量文献和参考相关纪录片的基础上，确立了放眼历史时空、聚焦红色建筑、展现人物风貌、突出关键时刻和讲好深刻影响等课程重点，从近代上海得天独厚的历史背景入手，将中共一大的传奇故事和一大代表们的不凡经历用通俗的叙述展现在广大未成年人的面前。课程主要以网站、微信公众号等新媒体进行推送，便于传播和推广，该视频已被列为"学习强国"平台的学习资料。

（三）线上线下社会考察

借助黄浦区党建服务中心开发的"走红黄浦"小程序，设计开发适合未成年人的"校史寻源"路线，如图3-40所示。首批以报童小学、梅溪小学和储能中学为点位学校，组织学生开展线上线下互动互补的社会考察活动。通过3所学校红领巾讲解团在校史馆的介绍，结合"走红黄浦"的线上打卡签到、网上互动答题、拼图小游戏以及"走红圈"分享感悟，增强活动吸引力，使3所学校的红色校史教育资源向全区进行辐射和输出。

图 3-40　走红黄浦小程序

第四章 网络学习空间与教师专业发展

网络学习空间对于教师专业发展具有双重意义：一方面，网络学习空间为教师的教学活动提供了新的实施环境，对教师专业发展提出了新要求；另一方面，网络学习空间为教师专业发展提供了新途径，为教师展现智慧、发挥创造力搭建了大范围共享、深度合作的平台。所以，本章安排了面向网络学习空间的教师专业发展和基于网络学习空间的教师专业发展两个专题。另外，由于知识共享对教师群体共同成长、促进教育均衡发展具有重大意义，因而基于网络学习空间的教师知识共享备受期待，可实际成效还不甚理想。在这种背景下，作者所在的课题团队基于社会交换理论，以调查实证的方式分析了网络学习空间中社区奖励对教师知识共享行为的影响，该项研究的过程和成果详见本章的第三节。

第一节 面向网络学习空间的教师专业发展

科技虽然不能取代教师，但使用科技的教师却能取代不使用科技的教师[①]。"教育+互联网"引发的教育范式的革命性变革，导致传统学习空间已经难以承载和支撑新的教育理念、新的教学模式和新的教学方法，学习空间的信息化、网络化和智能化的重构和变革势在必行。《教师教育振兴行动计划（2018—2022 年）》提出，要充分利用云计算、大数据、虚拟现实、人工智能等新技术，推进教师教育信息化教学服务平台建设和应用，推动以自主、合作、探究为主要特征的教学方式变革。

一、网络学习空间对教师专业发展的新要求

作为学习活动的重要承载，网络学习空间的全面建设及其在教育教学中的应用，对教师的专业知识、专业能力和角色转变等方面都提出新的要求。

（一）专业知识方面

为适应信息技术与教育教学深度融合的趋势，美国学者科勒（Koehler）和米什拉（Mishra）于 2005 年在舒尔曼（Shulman）提出的学科教学知识（pedagogical

---

① 陈春梅. 信息技术视角下大学英语教师的专业发展[J]. 哈尔滨职业技术学院学报, 2011(4): 54-55.

content knowledge，PCK）的基础上，建构了一个新的理论框架——TPACK 框架[1]，用来反映新时代教师应具备的专业知识。TPACK 是 technological pedagogical content knowledge 的缩写，即整合技术的学科教学知识。TPACK 框架包含三个核心要素，即学科内容知识（content knowledge，CK）、教学法知识（pedagogical knowledge，PK）和技术知识（technology knowledge，TK）；以及三者相互交织，形成的四个复合要素，即学科教学知识、整合技术的学科内容知识（technological content knowledge，TCK）、整合技术的教学法知识（technological pedagogical knowledge，TPK）、整合技术的学科教学知识（TPACK）。网络学习空间的建设，既是对教师专业知识结构中技术知识（TK）的增强，也是对技术与内容交互知识（TCK）、技术与教学法交互知识（TPK）以及技术与内容、教学法整合知识（TPACK）的丰富，对教师应具备的专业知识提出了更多要求。面向网络学习空间的应用，教师需要具备网络学习空间操作、使用和管理方面的知识，如基于网络学习空间的课程开发、用户管理、功能设置、人际沟通等；利用网络学习空间进行教学，如信息化教学策略运用、个性化教学活动设计、精准教学评价组织等；整合网络学习空间的学科内容知识，如使用网络学习空间进行学科内容的表征、呈现、组织、推送等，以及网络学习空间、学科内容和教学方法三者有效结合的知识。

（二）专业能力方面

利用网络学习空间上课，对教师专业能力也提出了新要求。姚巧红等将教师网络学习空间的应用能力归纳为个人展示、课堂教学、交互协作、支持服务和专业发展等五个方面[2]。

1. 个人展示

教师的个人展示或魅力实际上是学生非常关注的，也会影响学生的学习。好的个人展示，能够拉近与学生的距离，起到言传身教的作用。个人展示包括教师个人的基本情况、兴趣爱好、成就特长等，把自己喜欢的书法作品、绘画作品、文学作品、歌曲以及个人的心路历程等放在空间与大家分享。

2. 课堂教学

课堂教学的关键是通过网络学习空间的建立促进信息技术与教学的深度融

---

[1] Mishra P, Koehler M. Technological pedagogical content knowledge: a framework for teacher knowledge[J]. Teachers College Record, 2006, 108(6): 1017-1054.
[2] 姚巧红, 武亚男, 李爽, 等. 教师网络学习空间评价体系构建研究[J]. 中国教育信息化, 2016(2): 24-28.

合。信息技术与教学深度融合的实质与落脚点是变革传统课堂教学结构，引发教学方法、教学工具、教学内容等各环节的深刻变革，构建以"主导-主体相结合"的新型教学结构和以自主、合作、探究为特征的新型教学活动。另外，作业、测验、考试等是学生学习过程中的重要环节和驱动力，能够促进学生自主学习并检验学生的学习效果，因此也是教师网络学习空间在课堂教学中的重要应用。

3. 交互协作

网络学习空间是网络化的社交平台，支撑教师网络教学、教研，支撑教师与家长、学生之间的互动；汇聚优质资源的平台，提供资源交换等服务。互动的主体是教师、学生和家长；互动的形式有师生互动、生生互动以及教师和家长之间的互动；互动的结果是教与教、学与学以及教与学的全面互动。

4. 支持服务

不管是自主学习还是基于空间的翻转课堂，学习者对于网络学习可能存在一定困难，所以需要教师提供一定的支持服务。一般来说，支持服务主要包括信息支持、技术支持和情感支持等。

5. 专业发展

利用网络学习空间，教师间可以开展协同备课、网络研修、教学观摩等活动，形成同步备课、教学研究、资源共享等一体化协作交流机制。"自我反思"和"协同互助"可以提升教师的专业理念，丰富专业知识，也可以提升教师教学的设计、组织与实施以及激励与评价学生学习的能力。

（三）角色转变方面

网络学习空间作为一种新的学习环境和学习技术，以"云、网、端"的技术支撑打破了时空界限，为教师和学习者提供了一种新型的教学模式和学习渠道，要求教师必须树立以学生发展为中心、以学习发生为中心、以学习效果为中心的价值理念，需要从传统的传授范式向有意义的学习范式的转变，要求教师从资源提供者到资源选择者和资源组织者、从知识传授者到学生问题的解决者、从集体化教育者到个性化教育者转变[①]。随着网络学习空间智能化水平的提升，教师要学会和习惯将花费大量时间、精力的简单性工作交给网络学习空间去做，教师需要

---

① 宋灵青. MOOC 时代教师面临的挑战与专业发展研究[J]. 中国电化教育, 2014(9): 139-143.

适应运用空间中的智能机制协助获取各种教育资源，利用各种教学相关数据处理的方法与技术，及时分析和调整教育教学中的情况与问题，进行高效教学。在教师的协同作用下，让网络学习空间成为可以自动出题和自动批阅作业的助教，成为学生学习障碍自动诊断与反馈的分析师，成为测评问题解决能力并进行素质提升的教练，成为学生身心素质测评与改进的辅导员，成为反馈学生综合素质评价报告的班主任，成为个性化智能教学的指导顾问，成为学生个性化问题解决的智能导师，成为学生成长发展的生涯规划师，成为精准教研中的互助同伴[1]。

二、教师网络学习空间教学应用现状

网络学习空间作为新的教育基础设施，在我国正在快速加以建设。截至2018年12月，国家教育资源服务平台上开通教师空间1252万个、学生空间605万个、家长空间556万个、学校空间40万个，网络学习空间正逐步覆盖全体师生[2]。不过，若要实现与教学的深度融合，为教学方式变革和学习方式转变提供环境支撑，离不开教师应用网络学习空间意愿和能力的提升。为此，一些研究者从这方面对教师网络学习空间应用现状展开了调研。

通过对全国范围的问卷调查和访谈发现，教师网络学习空间应用存在教师对空间的应用意识淡薄、体验感差、激励机制不健全、对空间应用的动力不足、缺乏相应的技术支持、重建设轻实用、教学模式尚未发生实质性改变等问题[3]，导致已有教师网络学习空间的应用效果不理想。通过对某教育资源公共服务平台中教师网络学习空间各项功能应用情况分析，教师网络学习空间应用存在应用积极性不够、知识共享意愿不强烈、缺乏深度研讨学习、教学应用频次偏低、专业技能培养不足、资源管理能力不强、对空间教学模式认识不够等问题[2]。从目前已有的调查结果来看，教师的网络学习空间应用意愿、能力和素养等都有待进一步提高。

对于影响网络学习空间使用的因素，郭丽娟调查研究后指出，主要包括三个方面：一是教师个人方面，主要是使用空间的态度、习惯、能力、教学负担等；二是网络学习空间建设方面，包括空间供需匹配、空间功能服务、空间界面易用性、使用效果等；三是保障机制方面，包括制度、时间、环境、经费、培训、技术等[3]。刘紫微等调查发现，影响教师使用网络学习空间的因素包括建设管理机制、应用推进机制、师生应用习惯和能力、空间功能服务、应用氛围、基础设施条件、

---

[1] 余胜泉. 人工智能教师的未来角色[J]. 开放教育研究, 2018, 24(1): 16-28.
[2] 邓雅杰. 教师个人网络空间应用中存在的问题及对策[D]. 金华: 浙江师范大学, 2019.
[3] 郭丽娟. 中小学网络学习空间建设与应用现状及对策研究[D]. 兰州: 西北师范大学, 2019.

家长立场等[①]。张思等基于技术采纳与利用理论（unified theory of acceptance and use of technology，UTAUT）模型的调查研究发现，绩效期望和社会影响对教师使用网络学习空间的行为倾向具有积极的作用，便利条件对教师使用网络学习空间的行为具有积极的作用[②]。

总体来看，在政策推动下，网络学习空间的数量不断攀升，正逐步覆盖各级各类学校和全体师生，但师生的使用能力和习惯还需进一步增强，面向网络学习空间应用的教师专业发展尚有很大的提升空间。

三、教师网络学习空间评价指标研制

随着教师网络学习空间的数量大规模增长，随之而来的是如何评价及有效应用等问题。因此，研制教师网络学习空间评价体系是现实的需要。本教师网络学习空间评价指标体系[③]由作者所在团队研制完成。

（一）评价体系的结构设计

在《国家中长期教育改革和发展规划纲要（2010—2020年）》中提出了"信息技术对教育发展具有革命性影响"的重大命题，以此为依据，我国制定了《教育信息化十年发展规划（2011—2020年）》。在该规划中，特别引人注目的变化是抛弃了经典的"信息技术与课程整合"国际化概念，创造性地启用了"信息技术与教育教学深度融合"的新术语，说明我国教育信息化事业从借鉴步入了自主创新的新阶段。对这一变化，何克抗教授研究后认为，这是希望找到一种新的、能实现教育信息化目标的有效途径与方法，以解决长期以来信息技术在教育领域的应用成效不显著的问题[④]。从教学应用的视角看，推进网络学习空间建设作为落实教育信息化十年发展规划的重要举措和战略行动之一，教师的网络学习空间与教学的深度融合必须是其评价指标体系中的首要指标。另外，在《构建利用信息化手段扩大优质教育资源覆盖面有效机制的实施方案》中还明确要求：建立实名制、组织化、可控可管的网络学习空间，开展教师研修模式、教与学方式的变革探索，促进校内外教育的有机结合，实现师生、生生、家校的多元互动；鼓励教师利用网络学习空间开展协同备课和网络研修，形成共同备课、教学研究、资源共享等

[①] 刘紫微, 郭炯, 郑晓俊. 教师网络学习空间应用现状研究——以华中地区为例[J]. 现代教育技术, 2020, 30(2): 57-63.
[②] 张思, 刘清堂, 黄景修, 等. 中小学教师使用网络学习空间影响因素研究——基于UTAUT模型的调查[J]. 中国电化教育, 2016(3): 99-106.
[③] 李玉斌, 王月瑶, 马金钟, 等. 教师网络学习空间评价指标体系研究[J]. 电化教育研究, 2015, 36(6): 100-106.
[④] 何克抗. 如何实现信息技术与教育的"深度融合"[J]. 课程·教材·教法, 2014(2): 58-62, 67.

一体化协作交流机制。这表明，教师的网络学习空间不但是教学的支撑平台（实现与教学的深度融合）、多方交流的互动平台（实现师生、生生、家校的多元互动），也是促进教师专业发展的教研平台（实现共同备课、教学研究、资源共享等）、承担社会责任的平台（通过实名制，保证空间的有效管控，形成绿色空间，避免不良信息、商业游戏等对学生的伤害）。基于以上这些要求，本章将教师网络学习空间评价体系结构确定为与教学深度融合、实现多元互动、促进专业发展和承担社会责任四个维度，如图4-1所示。

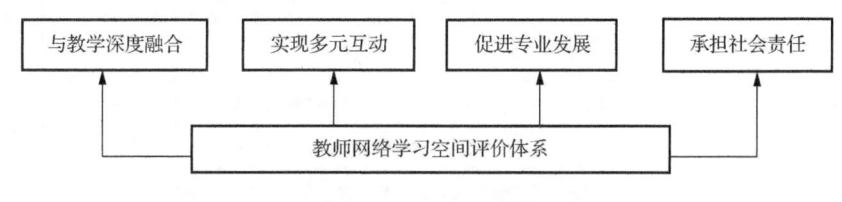

图 4-1 评价体系结构

（二）评价体系的具体指标

1. 深度融合维度的评价指标

网络学习空间与教学深度融合是在信息技术与教学深度融合的背景下提出的。在探讨网络学习空间与教学深度融合问题之前，有必要对信息技术与教学深度融合的内涵予以澄清。何克抗教授在《如何实现信息技术与教育的"深度融合"》一文中指出信息技术与教学深度融合的实质与落脚点是变革传统课堂教学结构[1]。杨宗凯等认为"信息技术与当代教育融合是一场全面、深刻的创新变革，信息技术改变了教学活动的各项要素，引发教学方法、教学工具、教学内容等各环节的深刻变革"[2]。从这些专家的表述可以看出，信息技术与教学深度融合的核心是变革，即变革以教师为中心的传统教学结构和教学活动，构建以主导-主体相结合的新型教学结构和以自主、合作、探究为特征的新型教学活动。关于网络学习空间的结构，祝智庭等在《"网络学习空间人人通"建设框架》一文中将其列为角色空间、资源空间、工具空间、过程信息空间[3]等。角色空间是人的要素，包括一切在技术支撑下促进知识生成、增进情感交流、发挥协作能力的参与者；资源空间是内容的要素，是交互活动展开所必需的学习资源，包括各类公开的外部资源；工具空间即工具要素，是各种可用来帮助学生学习的工具集合；过程信息空间包括用户在网络学习空间中一切活动和活动结果的记录。基于以上分析，这里

---

[1] 何克抗. 如何实现信息技术与教育的"深度融合"[J]. 课程·教材·教法, 2014(2): 58-62, 67.
[2] 杨宗凯, 杨浩, 吴砥. 论信息技术与当代教育的深度融合[J]. 教育研究, 2014, 35(3): 88-95.
[3] 祝智庭, 管珏琪. "网络学习空间人人通"建设框架[J]. 中国电化教育, 2013(10): 1-7.

把网络学习空间与教学深度融合定义为网络学习空间各要素在教学过程中发挥支撑作用,实现教学系统的结构性变革,其评价指标见表4-1。

表4-1 网络学习空间与教学深度融合维度的评价指标

结构	要素	具体指标	编码
深度融合（A）	角色（A1）	利用网络学习空间实施以自主、合作、探究为特征的新型教学活动	A11
		教师利用网络学习空间有效地主导了课程进程和学习活动的展开	A12
		在教师的安排下,学生积极、主动地利用空间进行学习	A13
	资源（A2）	网络学习空间有支撑教和学所需要的资料,且组织有序	A21
		网络学习空间提供了在线练习题、自测题以及各类考核试题	A22
		网络学习空间清晰展示了课程进展、活动路径以及学习要求	A23
		网络学习空间里的资源能够支持学生进行一些拓展性学习	A24
	工具（A3）	教师、学生、家长及其他人员利用空间工具能够顺畅地交流互动	A31
		利用空间工具,教师能方便地备课、批改作业,学生能方便地做作业、交作业、查看教师的批改信息和推荐的代表性作业	A32
		利用空间工具,教师能对学生的学习过程进行有效的监控和评价	A33
		利用空间工具,教师能够方便地管理和布置空间	A34
	过程信息（A4）	自动记录教师、学生以及其他人员使用空间的信息	A41
		自动分析教师、学生以及其他人员使用空间的情况	A42

2. 多元互动维度的评价指标

利用网络空间实现多元互动的目的和作用主要体现在导学、促学和助学三个方面。导学,是为学生的学习提供指导,倾向于对学习目标、学习方法、学习活动等的指导,含有提供咨询的意思。助学,是为学生的学习提供帮助,倾向于解决学生在学习中遇到的困难和疑问,强调及时性和有效性,做到有求必应。促学,即促进学生主动、积极、投入地利用空间进行学习:一是通过沟通,使学生知道怎样完成学习,在头脑中有完整的学习路径,能够合理安排和管理学习时间、空间等资源,也就是学习者要对整个学习过程和学习活动有全面、清楚的认知;二是通过沟通,增加学生学习的动机和对网络学习空间价值的认同,对学习抱有期望和兴趣,有学习动力,愿意参与学习活动。多元互动维度的评价指标设计见表4-2。

表 4-2 多元互动维度的评价指标

结构	要素	具体指标	编码
多元互动（B）	导学（B1）	通过空间信息和交流，使学生明确学习目标、学习任务及学习要求	B11
		通过空间信息和交流，引导学生有效利用空间，养成自主学习的习惯	B12
		通过空间信息和交流，对学生学习方法和学习行为进行指导、矫正	B13
		通过空间信息和交流，培养家长指导和辅导孩子学习的能力和习惯	B14
	助学（B2）	通过空间信息和交流，及时解答学生的疑难和困惑	B21
		通过空间信息和交流，及时调整教学活动	B22
		通过空间信息和交流，协助学生进行积极的自我评价	B23
		通过空间信息和交流，对学生的表现提供及时恰当的反馈	B24
		通过空间信息和交流，促进学生间的互助和协作	B25
	促学（B3）	通过空间信息和交流，与家长进行沟通合作，共同促进学生进步	B31
		通过空间信息和交流，调动学生学习的主动性和积极性	B32
		通过空间信息和交流，建立良好的师生关系	B33

3. 专业发展维度的评价指标

从教师的专业发展途径和方式来看，包括两大方面：一是外在的影响，指对教师进行有计划有组织的培训和提高，它源于社会进步和教育发展对教师角色与行为改善的规范、要求和期望；二是教师内在因素的影响，指教师的自我完善，它源于教师自我角色愿望、需要以及实践和追求[①]。利用网络学习空间，教师间可以开展协同备课和网络研修，形成共同备课、教学研究、资源共享等一体化协作交流机制，通过自我反思和协同互助，促进专业发展。自我反思，尤其是系统性、经常性的反思，会使教师突破狭隘的经验和自我意识的限制，持续提升自己的素质和能力。因此，教师的自我反思被广泛地看作是专业发展的决定性因素。协同互助以教师群体的共同发展为目的和获得共同进步为目标，实现教师个体和群体共同发展。专业发展维度的评价指标设计见表 4-3。

表 4-3 专业发展维度的评价指标

结构	要素	具体指标	编码
专业发展（C）	自我反思（C1）	利用空间主动收集分析相关信息，不断地进行反思，改进教育教学工作	C11
		针对教育教学工作中的现实需要与问题，不断进行探索、研究和反思	C12
	协同互助（C2）	利用网络学习空间协同备课，经常进行教学研讨	C21
		利用网络学习空间积极分享经验，促进共同发展	C22
		利用网络学习空间共享优质资源，互通有无，协作开发资源	C23

---

① 张立昌. 试论教师的反思及其策略[J]. 教育研究, 2001(12): 17-21.

4. 社会责任维度的评价指标

教师建设和应用网络学习空间需要承担一定的社会责任。第一，注意数字鸿沟问题，公平利用。传统意义上，数字鸿沟是指"信息富人"和"信息穷人"之间在信息技术使用机会上存在的差异。随着信息设备和应用的普及，出现了能力方面的鸿沟，即新数字鸿沟。新数字鸿沟主要包括媒体、内容和使用三个层面的差异[1]。媒体鸿沟主要是对数字设备或工具的操作和处理能力上的差异；内容层面的鸿沟主要包含信息处理技能、交流技能、内容创造技能以及策略技能方面的差异；使用层面的鸿沟是指在使用数字技术时产生的差异，具体包括使用网络应用的数量和类型、使用的时间和频率、网络带宽是否充分以及创造性使用等。第二，保持空间的绿色性，健康应用。教师的网络学习空间是支持教师自我发展和促进学生学习的空间，一定要保持空间的绿色性，绝不能有黄色、有害信息以及广告、游戏等商业内容。空间的绿色性还要求教师要针对学生的年龄阶段，使学生能够适度和正确使用网络学习空间，保证学生身心的健康。第三，教师在利用网络学习空间过程中，必须遵守相关的法律法规和伦理道德，规范使用。社会责任维度的评价指标见表4-4。

表4-4 社会责任维度的评价指标

结构	要素	具体指标	编码
社会责任（D）	公平利用（D1）	不同性别、经济状况的学生在利用网络学习空间方面享有均等机会	D11
		应用空间学习能力较弱的学生能够得到及时而有效的指导和帮助	D12
	健康应用（D2）	空间里没有黄色、有害、有毒信息以及广告、游戏等商业性内容	D21
		教师能够引导学生适度和健康地使用网络学习空间	D22
	规范使用（D3）	遵守相关的法律法规和伦理道德	D31
		做一个利用空间终身学习与持续发展的典范	D32

（三）指标筛选及权重确定

1. 指标筛选

作者课题组在初选指标基础上设计了调查问卷，利用调查结果建立指标重要程度评估表。调查问卷包括与教学深度融合、实现多元互动、促进专业发展和承担社会责任四个子问卷。利用本书作者给某省中学骨干教师培训机会，随机发放问卷100份，调查对象涵盖数学、语文、英语、物理、化学、生物、信息技术等多个学科教师。问卷回收100份，有效问卷97份。依据调查问卷获得数据，用公

---

[1] 王美，随晓筱. 新数字鸿沟：信息技术促进教育公平的新挑战[J]. 现代远程教育研究, 2014(4): 97-103.

式 $S=M/N$ 计算各指标重要程度值，S 是重要程度得分率，M 表示某指标重要程度得分，N 表示某指标重要程度的最高分值，重要程度得分率 $S\geqslant 0.6$ 的指标入选，最终入选的指标分别见表 4-1～表 4-4。

2. 指标权重确定

评价指标权重的确定通常采用层次分析法（analytic hierarchy process，AHP）或德尔菲（Delphi）法。层次分析法是美国运筹学家 T. L. Saaty（萨蒂）提出的一种系统分析与决策的综合评价方法。通过建立细化式层次结构，把难以直接判断的问题转化为若干因素两两之间重要程度的比较，是一种灵活、实用的多准则决策方法。相比于德尔菲法，层次分析法具有操作简便、灵活实用等特点，为研究者广泛采纳。

（1）层次结构的建立。本书按照结构层、要素层、指标层建立了三级细化式层次结构。结构层是教师网络学习空间评价体系的四个关键结构维度（图 4-1）；每个结构维度又划分了 2～4 个要素，构成了要素层；指标层为更为细化的 36 个具体指标（表 4-1～表 4-4）。

（2）判断矩阵的标度。结合调查问卷获得重要性分数，利用标度法建立两两比较的判断矩阵。该判断矩阵标度含义及其赋值见表 4-5。

表 4-5　判断矩阵标度含义及其赋值

序号	重要性等级	赋值
1	指标 i 和指标 j 同等重要	1
2	指标 i 比指标 j 稍微重要	3
3	指标 i 比指标 j 明显重要	5
4	指标 i 比指标 j 强烈重要	7
5	指标 i 比指标 j 极端重要	9
6	重要性在 1、3、5、7、9 之间	2、4、6、8

（3）具体的判断矩阵。①结构层的判断矩阵。结构层有四个指标因素，依次是深度融合、多元互动、专业发展和社会责任，依据这四个因素的重要程度建立的判断矩阵为

$$\begin{bmatrix} 1 & 2 & 1 & 3 \\ 1/2 & 1 & 1 & 2 \\ 1 & 1 & 1 & 2 \\ 1/3 & 1/2 & 1/2 & 1 \end{bmatrix} \tag{4-1}$$

②要素层的判断矩阵。师生角色、空间资源、工具要素以及过程信息构成了教师网络学习空间与教学深度融合维度的四个要素，其判断矩阵为

$$\begin{bmatrix} 1 & 2 & 2 & 2 \\ 1/2 & 1 & 1 & 2 \\ 1/2 & 1 & 1 & 1 \\ 1/2 & 1/2 & 1 & 1 \end{bmatrix} \tag{4-2}$$

③指标层的判断矩阵。角色要素指标 A1 的下一层指标构建的判断矩阵为

$$\begin{bmatrix} 1 & 3 & 2 \\ 1/3 & 1 & 1/2 \\ 1/2 & 2 & 1 \end{bmatrix} \tag{4-3}$$

资源要素指标 A2 的下一层指标构建的判断矩阵为

$$\begin{bmatrix} 1 & 2 & 1 & 3 \\ 1/2 & 1 & 1/2 & 2 \\ 1 & 2 & 1 & 2 \\ 1/3 & 1/2 & 1/2 & 1 \end{bmatrix} \tag{4-4}$$

工具要素指标 A3 的下一层指标构建的判断矩阵为

$$\begin{bmatrix} 1 & 1/2 & 1/2 & 1 \\ 2 & 1 & 1/2 & 2 \\ 2 & 2 & 1 & 2 \\ 1 & 1/2 & 1/2 & 1 \end{bmatrix} \tag{4-5}$$

过程信息指标 A4 的下一层指标构建的判断矩阵为

$$\begin{bmatrix} 1 & 1/3 \\ 3 & 1 \end{bmatrix} \tag{4-6}$$

（4）判断矩阵一致性检验。一致性检验是为了防止各判断间出现相互矛盾的结果。在 AHP 中，使用一致性比值 CR 和矩阵偏离一致性 CI 来检验被调查者判断的一致性。$CI = (\lambda_{max} - n)/(n-1)$，其中 λ_{max} 为判断矩阵最大特征根，当判断矩阵具有完全一致性时，$CI = 0$，即 $\lambda_{max} = n$；当判断矩阵具有满意一致性时，λ_{max} 会稍稍大于 n，其他特征根接近零。$CR = CI/RI$，RI 为随机一致性指标，数值查表获取。当判断矩阵的阶数≤2 时，矩阵总是具有完全一致性；当判断矩阵的阶

数>2，且 CR<0.1 时，则认为判断矩阵具有满意的一致性，否则需要调整矩阵。判断矩阵（4-1）～矩阵（4-6）的 CI、RI 和 CR 的计算结果如表 4-6 所示。通过表 4-6 可以看出，各判断矩阵的 CR 都小于 0.1，说明都具有满意的一致性。

表 4-6 判断矩阵一致性检验表

	矩阵（4-1）	矩阵（4-2）	矩阵（4-3）	矩阵（4-4）	矩阵（4-5）	矩阵（4-6）
λ_{max}	4.046	4.061	3.009	4.046	4.061	2
CI	0.015	0.020	0.005	0.015	0.020	0
RI	0.900	0.900	0.580	0.900	0.900	0
CR	0.017	0.023	0.008	0.017	0.022	—
是否通过检验	通过	通过	通过	通过	通过	通过

（5）层次单排序结果。层次单排序结果是指某因素相对于上层因素的相对重要性，也就是根据判断矩阵计算本层相对上一层与之关联因素的重要次序的权重。具体计算过程是：计算判断矩阵中每一列值的和，将判断矩阵中的每一项都除以它所在列的总和，得出按列归一化形成的矩阵 $\overline{A}$，计算 $\overline{A}$ 中的每一行的算术平均数得到矩阵的特征向量 W，W 中的元素即是所对应的权重值。

判断矩阵（4-1），其归一化特征向量 W 的计算结果为 $W=(0.3645, 0.2336, 0.2777, 0.1242)^T$。

判断矩阵（4-2），其归一化特征向量 W 的计算结果为 $W=(0.3944, 0.2389, 0.1972, 0.1694)^T$。

判断矩阵（4-3），其归一化特征向量 W 的计算结果为 $W=(0.5390, 0.1638, 0.2973)^T$。

判断矩阵（4-4），其归一化特征向量 W 的计算结果为 $W=(0.3562, 0.1937, 0.3250, 0.1251)^T$。

判断矩阵（4-5），其归一化特征向量 W 的计算结果为 $W=(0.1646, 0.2792, 0.3917, 0.1646)^T$。

判断矩阵（4-6），其归一化特征向量 W 的计算机结果为 $W=(0.2500, 0.7500)^T$。

（6）层次总排序的结果及其他指标权重。为了得到层次结构中某层元素对于总体目标组合权重以及它们对上层元素权重的影响，需要利用该层所有层次单排序的结果，计算出该层元素的组合权重，这个过程称为层次总排序。计算方法是：层次总排序权重等于本层指标权重乘以与之相对应的上层指标权重。前文的（1）到（4）完成了结构层和深度融合维度评价指标权重的计算，其他指标也按照（1）到（4）算法完成结算并通过检验，具体结果见表 4-7。

表 4-7 各指标权重及层次总排序结果

结构层	结构层权重	要素层	要素层权重	要素层总排序权重	指标层	具体指标权重	指标层总排序权重
深度融合（A）	0.3645	角色（A1）	0.3944	0.1438	A11	0.5390	0.0775
					A12	0.1638	0.0236
					A13	0.2973	0.0428
		资源（A2）	0.2389	0.0871	A21	0.3562	0.0310
					A22	0.1937	0.0169
					A23	0.3250	0.0283
					A24	0.1251	0.0109
		工具（A3）	0.1972	0.0719	A31	0.1646	0.0118
					A32	0.2792	0.0201
					A33	0.3917	0.0282
					A34	0.1646	0.0118
		过程（A4）	0.1694	0.0617	A41	0.2500	0.0154
					A42	0.7500	0.0463
多元互动（B）	0.2336	导学（B1）	0.4000	0.0934	B11	0.4231	0.0395
					B12	0.2272	0.0212
					B13	0.1225	0.0114
					B14	0.2272	0.0212
		助学（B2）	0.2000	0.0467	B21	0.2859	0.0134
					B22	0.1901	0.0089
					B23	0.1651	0.0077
					B24	0.2495	0.0117
					B25	0.1094	0.0051
		促学（B3）	0.4000	0.0934	B31	0.1638	0.0153
					B32	0.5390	0.0503
					B33	0.2973	0.0278
专业发展（C）	0.2777	自我反思（C1）	0.5000	0.1389	C11	0.5000	0.0695
					C12	0.5000	0.0695
		协同互助（C2）	0.5000	0.1389	C21	0.4000	0.0556
					C22	0.2000	0.0278
					C23	0.4000	0.0556

续表

结构层	结构层权重	要素层	要素层权重	要素层总排序权重	指标层	具体指标权重	指标层总排序权重
社会责任（D）	0.1242	公平利用（D1）	0.4000	0.0497	D11	0.5000	0.0249
					D12	0.5000	0.0249
		健康应用（D2）	0.4000	0.0497	D21	0.5000	0.0249
					D22	0.5000	0.0249
		规范使用（D3）	0.2000	0.0248	D31	0.5000	0.0124
					D32	0.5000	0.0124

如表 4-7 所示，指标层 36 个指标的不同重要程度权重向量为 W_i=(0.0775, 0.0236, 0.0428, 0.0310, 0.0169, 0.0283, 0.0109, 0.0118, 0.0201, 0.0282, 0.0118, 0.0154, 0.0463, 0.0395, 0.0212, 0.0114, 0.0212, 0.0134, 0.0089, 0.0077, 0.0117, 0.0051, 0.0153, 0.0503, 0.0278, 0.0695, 0.0695, 0.0556, 0.0278, 0.0556, 0.0249, 0.0249, 0.0249, 0.0249, 0.0124, 0.0124)^T。

（7）计算要素层次总排序的一致性检验指标，分析判断矩阵的一致性。要素层次总排序的一致性检验指标 CI=0.4658×0.020+0.2771×0.000+0.1611×0.000+0.0960×0.000=0.0093，RI=0.4658×0.900+0.2771×0.580+0.1611×0.000+0.0960×0.580=0.6356，要素层一致性检验指标 CR = CI / RI = 0.0146 < 0.1，通过一致性检验；指标层次总排序的一致性检验指标 CI=0.1438×0.005+0.0871×0.015+0.0719×0.020+0.0617×0.000+0.0934×0.003+0.0467×0.024+0.0934×0.005+0.1389×0.000+0.1389×0.000+0.0497×0.000+0.0497×0.000+0.0248×0.000=0.005332，RI=0.1438×0.580+0.0871×0.900+0.0719×0.900+0.0617×0.000+0.0934×0.900+0.0467×1.120+0.0934×0.580+0.1389×0.000+0.1389×0.580+0.0497×0.000+0.0497×0.000+0.0248×0.000=0.497613，指标层一致性检验指标 CR = CI / RI = 0.0107 < 0.1，通过一致性检验。

（四）本指标体系的特点

评价指标设计具有导向作用，通过指标的权重可以看出本指标体系的特点。

（1）在结构性指标中，"深度融合"和"专业发展"的权重排在前两位，分别为 0.3645 和 0.2777。这表明，本指标体系强调网络学习空间在支持课程教学和促进教师专业发展方面的作用。

（2）在深度融合维度中，"角色"和"资源"的指标权重较高。一方面突出了教师网络学习空间促进教学结构和教学活动变革的价值取向；另一方面强调了网络空间支撑技术的变革。也就是说,网络学习空间建设需要开发专门的软件系统和技术平台,以清晰地展示课程进展、活动路径、学习要求以及组织有序的学习资料等,不应是QQ、微信等社会性软件的衍生品。

(3)在多元互动维度中,"导学"和"促学"的指标权重较高,权重系数均是0.4,这强化了教师网络学习空间在引导学生建立有效学习路径、调动学生学习主动性和积极性、养成学生自我管理和自主学习的好习惯以及培养家长指导和辅导孩子学习的能力和习惯方面的作用。

(4)将社会责任纳入评价指标体系,主要是引导教师在利用网络学习空间开展教学过程中,要注意不同学生在信息技术条件和能力方面的差异,要公平使用;同时也要注意信息技术的过度使用和不规范使用对青少年成长造成的负面影响。

(5)自我反思是教师专业发展的重要途径,一直为研究者、管理者和教师个人所重视。随着网络学习空间的应用,协同互助因素在教师专业成长中的重要作用也将日益显现。例如,教师利用网络学习空间可以协同备课、共享优质资源或协作开发资源等。因此,这两个方面在本指标体系中受到了同等重视。

第二节 基于网络学习空间的教师专业发展

互联网的使用,为教师专业发展提供了新的方式,可以破解传统集中培训中存在的工学矛盾、契合性不强、沟通不充分等难题。特别是随着网络学习空间的建设,教师群体有了自己专属的网络交流渠道,通过网络学习空间助力教师专业发展得到广泛的关注。为促进教师培训改革,实施网络研修与校本研修整合培训,建立校本研修常态化运行机制,夯实以校为本的教师全员培训基础,促进教师专业发展,教育部教师工作司于2014年印发了《网络研修与校本研修整合培训实施指南》的通知[1],要求建立"个人空间-教师工作坊-研修社区"一体化网络研修体系,从而为各地开展校本研修提供线上与线下相融合的专业支持与服务。在政策推动和引导下,基于网络学习空间的网络研修社区、工作坊、名师工作室以及城乡教师协同发展等新型教师专业发展方式逐步发展起来。

一、网络研修社区

(一)什么是网络研修社区

网络研修社区是一种以网络技术为支撑、面向教师专业发展的跨时空的虚拟

---

[1] 教育部教师工作司. 关于印发《网络研修与校本研修整合培训实施指南》的通知[EB/OL]. (2014-03-26) [2021-01-10]. http://www.eduyun.cn/u/cms/training/201404/16142542d98p.pdf.

学习型组织，为教师网络教研和教师专业化发展提供了一种新的支撑环境。具有相同专业发展愿景的教师通过网络支持平台聚集起来，在学习和参与系列合作研修活动的过程中解决教学实践问题，实现专业共同发展[①]。因此，基于网络平台的社区研修不是对传统教研与面对面培训方式的取代，而是对传统的教师继续学习和培训方式的丰富、延伸与创新。教育部印发的《中小学教师信息技术应用能力培训课程标准（试行）》，将教师网络研修社区定义为支持教师进行学习、交流、研讨等活动的网络平台，一般具备个人空间、教师工作坊等功能，支持建立不同类型的学习共同体，汇聚与生成研修资源，保障教师开展常态化研修。与一般虚拟学习社区相比，网络研修社区的学习者群体相对特殊，主要面向在职教师。除了具有虚拟学习社区的一般特征之外，网络研修社区一般还有以下特点。

（1）用实名注册。社区中的所有成员，需要以个人真实身份注册并参与社区活动。

（2）跨校、跨区域组织。网络研修社区突破了学校范围，向校外延伸，形成跨校、跨区域的教师网上学习共同体。通过"结对子""工作坊""项目组""专题研习"等合作方式，实现跨校教师之间的"传、帮、带"，从而实现协同发展、整体提升。

（3）强调资源生成性。在网络研修社区中，在加强研修资源的课程化预设和专题化组织的同时，也更加注重资源的生成性建设。研修教师在学习研修过程中，需要结合自己的教育教学实践和思考进行总结和反思，进而形成固化成果，并通过一定的审核机制转换为网络研修社区的公共资源。

（4）注重实效性。网络研修社区强调实效性，从教师的工作实际需求出发，以教师为本设计多样化活动，如集体备课、观课议课、专题研讨、同课异构、课题研究等。在学习方式上，强调基于案例的情境学习、基于问题的行动学习、基于群体的合作学习、基于经验的反思学习等。

（5）实施分层管理。网络研修社区一般都采用自主、校本和区域等多元化方式，管理研修教师的各种学习活动，并通过个人、学校、区域等多级别统计，对研修情况进行量化和可视化。通常还会采用积分或学分制评估，对教师研修进行绩效考核管理。

---

① 杨卉，司治国. 教师网络研修支持服务体系的构建研究——以教师网络研修社区为例[J]. 中国远程教育，2016(11): 61-70.

（二）网络研修社区的功能与作用

1. 网络研修社区的功能

研修教师登录平台后，可以学习社区中的研修课程，与社区中的其他教师、专家交流互动，分享经验、共享资源。同时，采用专业阅读、主题研修、课例研磨、小组研讨、视频现场（听课、评课）、任务实操和行动学习等，经历体验式、交互式、合作式研修过程可以使学习者获得深刻的学习体验。不同的网络研修社区提供的功能虽然并不会完全相同，但基本都会有研修活动、研修评价、个人空间、资源聚合、平台管理以及其他辅助功能等[1]。

（1）研修活动功能。支持基于资源的研修活动，如专题讲座、案例学习、网络课程、阅读反思和资源库等；支持有组织的研修活动，如专题研讨、教研工作坊和研修工作室、支教送教等；支持自组织的研修活动，如集体备课、问题解答等。

（2）研修评价功能。支持对研修教师进行过程性评价和总结性评价。过程性评价是对研修教师在开展研修活动和参与社区课程学习的参与质量、投入度、贡献度等进行评价，帮助教师随时了解自己的研修情况；总结性评价一般是在某一专题、课题、课程研修结束后，对研修教师的收获进行评价。在评价主体上，有管理者评价、工作坊主持教师评价、辅导教师评价、组长评价以及自我评价等。

（3）个人空间功能。为教师提供个人定制、个性化服务、研修管理、信息保存、研修工具等功能，如我的进度、我的研修、我的工作坊、我的研磨、教研写作、研修学分、个人日志、留言板、通知提醒等功能。

（4）资源聚合功能。为研修教师提供研修资源（如名师资源、案例资源、文章资源、话题资源、微课资源和专题资源等），同时汇聚教师上传、生成的优秀资源，实现优质资源共享。

（5）平台管理功能。为社区不同角色的人员提供注册、权限设置、功能配置、研修活动设置，方便管理人员根据不同的研修任务和活动对社区平台功能模块进行组合。

（6）其他辅助功能。如为教师提供有关学科发展的最新资讯，为研修活动提供一些常用工具等。

总之，借助网络环境不受时间、空间和人员限制的优势，网络研修社区为广大教育工作者提供了理念先进、内容丰富、实用便捷的优秀课程资源，创设教师

---

[1] 王瑞龙. 教师网络研修社区建设研究[J]. 软件导刊(教育技术), 2016, 15(4): 91-93.

与教师、教师与专业人员及时交流、平等探讨的活动平台和环境，支撑课程改革实践的决策者、设计者、研究者与实施者的多元对话。

2. 网络研修社区的作用

网络研修并不仅仅是单纯地引入了网络技术，而是对传统的教师继续教育和专业发展方式的变革与创新。网络研修社区的建设，丰富了教师研修模式，创设了灵活、个性化的学习环境，弥补了传统教研培训活动的不足（如研修教师参训动力不足、工学矛盾、方式单调以及灵活性差等），推动信息技术与教师培训工作深度融合，推进教师研修常态化，促进教师专业自主发展。通过网络研修社区，将面对面的培训与项目的跟踪培训相结合，给教师提供了更加多元、自由的发展空间和选择方式，构建问题式、跟进式的研修体系，支持教师的个性化学习。汪文华等[1]认为，依托网络研修社区组建的网络名师工作室，可以造就一位名师、培养一支团队、带动一门学科、产生一批成果；依托网络研修社区构建的网络教改实验室，可以聚焦一项教改、锻炼一支队伍、凝练一种思想、辐射一个区域；依托网络研修指导团队或专家团队，将网上远程研修与网上远程教研、网上远程科研有机结合，实现了网络研修方式的整合性创新；依托网络研修平台环境优势，吸收非试点项目的网络研修骨干，充分发挥一线自组织的教师研修"名家"的示范引领作用，促进自律性、创造性的教师研修体系和机制的建立，从而形成为成长而研修的教师研修文化。

（三）案例介绍

中小学教师网络研修平台，是在同中国教育科学研究院、华中师范大学、中国教育学会、中国教育装备行业协会等多家机构合作中开发研制的，以服务中小学教师继续教育、服务基础教育为宗旨，以满足教师个性化需求、促进教师专业发展为目标，以教师研修"互联网+云服务"为支撑的培训、教研、教学一体化的区域教师网络研修社区。图 4-2 所示为该社区的网络支撑平台（http://www.zgjsfz.com/trainsite/ home/0）的主页截图。

中小学教师网络研修社区目前设有研修坊、社区资源、资源中心、管理平台、研修工具等板块，为研修教师提供的研修资源类型如表 4-8 所示。

---

[1] 汪文华, 韩宣文. 教师网络研修社区建设与常态研修实施策略研究[J]. 中小学教师培训, 2015(6): 32-35.

图 4-2　中小学教师网络研修社区支撑平台主页

表 4-8　中小学教师网络研修社区资源类型

资源大类		具体课程或资源
课程资源	公共课程	专业理念与师德、信息技术应用、高效课堂、心理健康教育、校园安全教育、有效教学、新中高考、劳动教育、核心素养、国学经典、教师健康、专业素养、教育大视野、教学常规
	学科课程	小学阶段：语文、数学、英语、音乐、美术、科学、道德与法治、体育、综合实践 初中阶段：语文、数学、英语、物理、化学、生物、历史、地理、音乐、美术、道德与法治、体育 高中阶段：语文、数学、英语、物理、化学、生物、历史、地理、音乐、美术、信息技术、综合实践、政治、体育通用技术
	专项课程	校长培训、班主任培训、幼儿园园长培训、骨干教师培训、未来教育家高级研修、新教师培训、财会培训
	幼教课程	专业理念、专业知识、政策解读、师德建设、实践技能、园本研修
教学资源	教参类	教学设计、教学课件、课堂实录、同步阅读、素材
	教研类	科研论文、教学反思、教育叙事、教材研读、微课例、微案例、微故事
	教辅类	作业习题、单元测试、综合试题、微课
	各学科	小学阶段：语文、数学、英语、科学、品德与生活、品德与社会、信息技术、体育、音乐、美术、综合实践活动 初中阶段：语文、数学、英语、物理、化学、思想品德、生物、历史、地理、信息技术、体育、音乐、美术、综合实践活动 高中阶段：语文、数学、英语、物理、化学、思想政治、生物、历史、地理、音乐、美术、综合实践活动、体育与健康、信息技术 幼教：科学、健康、社会、语言、艺术等

利用该社区，可以创建研修工作坊。研修工作坊可以以区县为单位按学段学

科组建，也可以以学校为单位组建，坊内可设立若干研修小组，并指定小组组长；可以设置年度学时完成标准（如必修课程要达到多少学时，选修课程要达到多少学时，合计达到多少学时等）；各区县教育可以创建独立的分网络研修社区，可以使用平台已有的课程资源，也可以根据需要自主开发地方课程。针对研修教师，社区平台为研修课程提供了如下功能。

（1）看课学习。在观看视频过程中，每隔一段时间会弹出一个"看课问答"框，回答正确，时长记录有效，视频继续播放；回答错误，视频将退回到起点重新播放。

（2）研讨发帖。研修教师围绕课程内容与其他研修教师发帖进行交互研讨，系统为研修教师提供了可文字、语音、视频交流的论坛工具。

（3）在线提问。研修教师围绕课程内容提出自己的疑问，由坊主（或辅导员）解答；若坊内设立了研修小组则首先由组长解答，组长不能解答的提交坊主（或辅导员）解答。

（4）完成作业。总站推送的每一门培训课程都为研修教师设计了2~3道作业，也可由坊主（或辅导员）另外布置。研修教师根据坊主（或辅导员）的要求，在规定的时间内完成作业并提交，坊主（或辅导员）在规定的时间内完成作业批改（批改为优秀、良好、合格、待合格四个等次，也可另外加评语）。若坊内设立了研修小组，则由组长完成作业批改，坊主（或辅导员）对组长的作业批改进行督促、检查。

（5）课程评价。研修教师在完成本门课程的学习研修之后，需要对其进行满意度评价，评价等级为非常满意、很满意、一般、不满意四档。

（6）成果上传。研修教师通过学习研修，结合自己的教育教学实践经历进行总结反思，进而形成固化成果，然后将固化成果上传到坊资源空间，坊主（或辅导员）对研修教师的成果进行审核，并按一定比例推优到社区平台。若坊内设立了研修小组，其审核、推优工作由组长完成。

二、网络研修工作坊

网络研修工作坊又称研修工作室，是在网络学习空间环境支撑下，针对学科教学中的普遍问题或教师专业发展的现实问题，来自不同学校、领域，具有不同发展背景的教师基于共同兴趣、教学需求或专业发展要求，在坊主以及相关专家的引领下，通过对话和社区讨论等形式进行经验分享，围绕主题进行研讨，寻求问题解决方案，从而促进教师专业发展的一种研修方式，坊内学员通过共享资源、交流意见、思想碰撞，最终实现知识迁移[①]。作为一种新型的教师专业发展方式，

---

① 刘权纬，王兴辉，蒋红星. 教师工作坊成员学习交互行为的社会网络分析[J]. 现代远距离教育, 2019(3): 22-29.

相比以往的网络研修，网络研修工作坊强调小群体和针对特定学科，具有专家引导与小组协作相结合、问题解决与案例研究相结合、主题研讨与自主学习相结合、线上学习与线下实践相结合、行动研究与成果评价相结合等特点。其主要目的是通过种子教师——坊主的引领作用，带动区域内一定数量的骨干教师参与研修，打造网络学习空间环境下的教师学习共同体，为教师搭建一个宽松自如，集深度参与、自主发展、工作反思于一体的合作平台，以促进区域内（如县域、区域、乡域）教师队伍素质的整体提升和教学质量的全面提高。

（一）人员构成

网络研修工作坊通常由三大类人员构成：第一类是工作坊的坊主（通常是学科专家，也可以分立设置、协同工作），由若干名（通常 1～3 名）学科教师、教研员或高校学科专家担任；第二类是辅导教师，由业务精干型教师担任，要积极参与和协助坊主发起的网络研修任务，如集体备课、课题研究、专题研讨、评课议课、答疑解答等一系列活动，并伴随着研修活动的开展不断提升自己，在兼学兼指导的过程中向专家型教师转变；第三类是参与教师，通过参加研究活动，不断提高自身的专业素养和能力，逐渐向学科带头人转变。其中，坊主是网络研修工作坊研修活动的发起者、策划者、组织者、促进者、评价者，承担着引领、示范、组织、协调等多项职能，因此要选择一位业务水平高、组织能力强、影响力大的名师担任。一般来讲，坊主应具有需求分析与研修规划、资源建设与整合加工、研修工具与技术运用、研修组织与过程管理、氛围营造与团队建设等多项能力，具体如表 4-9 所示。

表 4-9　网络研修工作坊坊主的能力要求[①]

能力要求	具体描述
需求分析与研修规划能力	能调研研修的需求和条件并进行分析，从而确定研修目标，对整个研修进行科学规划
资源建设与整合加工能力	能进行预设性资源和生成性资源的建设，查找并下载网络资源，对资源进行加工整合以及自行设计开发等
研修工具与技术运用能力	能使用研修平台和第三方的研修工具，并将研修工具与研修活动相结合，辅助学员的研修
研修组织与过程管理能力	能对研修活动进行组织，对研修过程管理监控，并评价学员的研修结果，对研修成果进行有效管理
氛围营造与团队建设能力	建立友好人际关系，维持坊内团结，促进成员交流协作，为学员网络研修创建一个友好的、社会化的氛围

① 武丽志, 白月飞. 教师工作坊主持能力评价指标体系构建[J]. 中国电化教育, 2019(12): 123-128.

（二）运行机制

网络研修工作坊运行过程中，要以活动理论与认知学徒制理论为基础，强调以下四个关键机制。

第一，研修主题的真实性，要从教学中的重要或疑难情境中提炼有价值的实际问题。特别是教师自身的教学想法与实际教学效果存在差距的问题，如翻转课堂有效设计与实施问题；教学过程中价值取向冲突或对立的问题；有效协调家长、学生对某一项教学改革的立场和认同问题。

第二，研修活动序列的循序渐进性，从理解问题、观察反思，到意见表达、设计实践，要逐步深入，层层递进，直到彻底掌握并使专业能力得到发展。

第三，研修过程的生成性，参与和生成是网络研修工作坊的生命力所在，在集体备课、同课异构、主题研讨、教学研究、在线交流、资源分享等活动中，需要工作坊成员相互借鉴、互相学习，在学习中生成，在生成中学习。

第四，研修共同体的建设性，要有共同的目标和愿望，通过示范、辅导、脚手架、表达、反思与探索等达到个体理解，个体理解通过外化表达构建组织理解，进而发展为工作坊集体知识，最终促进共同体与个体的协同发展、共同进步、整体提升。熊久明提出了如图 4-3 所示的网络研修工作坊运行模式[①]。

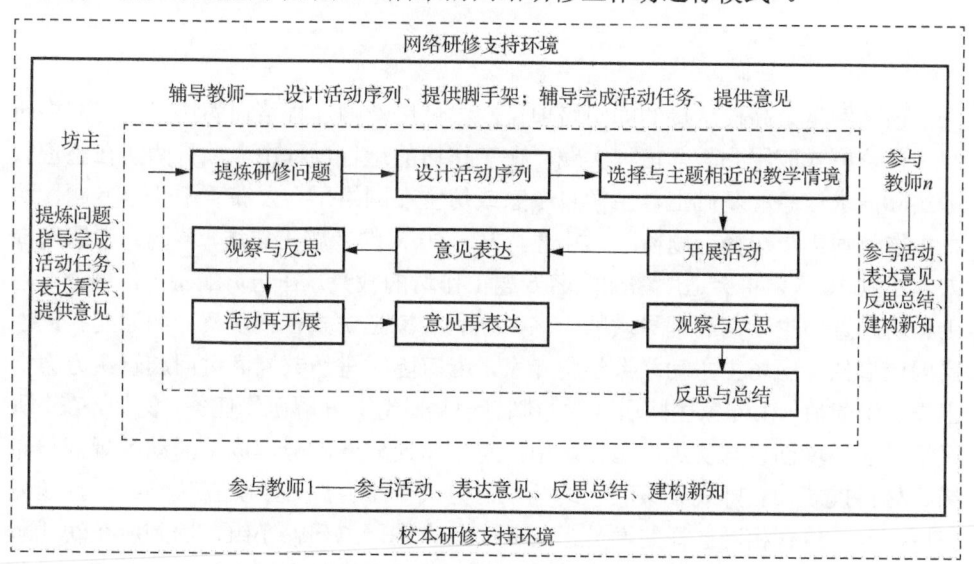

图 4-3 网络研修工作坊运行模式

从图 4-3 可以看出，网络研修工作坊通常有坊主、辅导教师、参与教师等角

---
① 熊久明. 教师工作坊主题研讨活动设计与应用研究[D]. 武汉：华中师范大学, 2017.

色，各自的任务如下。

坊主的主要任务：总结归纳坊内教师工作中遇到的实际教学问题，提炼并形成研修主题、预设学习资源；组织坊内教师（包括辅导教师、参与教师）针对主题开展网络学习，通过查阅相关资源自主思考形成见解；组织坊内教师结合研讨主题头脑风暴和进行讨论，形成集体再生资源；督促坊内成员结合前期研讨，进一步总结、发表意见，针对坊内意见开展意见协商，形成解决方案；组织坊内教师反思活动流程并上传研修总结。

辅导教师的主要任务：根据研修主题，搜索、整理相关资源，预设相关资源，设计并发布研修活动序列；协助坊主引导坊内教师讨论并整理讨论中的生成性资源；引导坊内教师发表意见、形成见解；引导参与教师积极讨论并进行意见协商，形成问题解决方案；反思总结活动流程，督促坊内其他成员及时提交研修总结。

参与教师的主要任务：查找、阅读相关的学习资源；参与研修活动，积极参与主题讨论，发表自己的见解，在讨论过程中详细阐释自己对于研修主题与问题的认识和理解；清晰阐述自己的观点并借鉴其他参与教师的意见，整理形成个人见解；与坊内其他教师积极讨论，在讨论过程中从各个方面剖析研修主题与其涉及的问题，尝试综合不同角度的观点，并与坊内成员进行意见协商，构建新知识，争取得到问题的最佳解决方案；反思活动流程，并及时上传研修总结。

（三）案例介绍

该案例是某高校承接幼师国培项目，尝试以幼师远程培训为切口，将网络研修工作坊模式应用到教师培训实践。在工作坊的运行过程中，项目团队在整理教师实际需求信息的基础上，由学科专家或坊主在网络平台发布若干研修专题，坊主根据教师学员选择专题情况，组建了30～50人的专题工作坊，若同一专题选择人数超过50人，将会适度增加同名专题工作坊的数量。在坊员配备上，每个专题工作坊配置坊主1名、辅导教师1名，学科专家巡访式在线观察，如遇到关键性问题或事件，由坊主主动联系学科专家，专家随时进坊共同商讨问题解决方案。工作坊组建后，由专家团队引导学员制订研修计划，分解研修任务。例如，在"班级活动区环境创设与实施"工作坊中，坊主将研修专题分解成了活动区规划与布局、材料投放、教师观察策略、幼儿学习方式等小专题，学员在认领某一专题任务后，与其他有相同选择的学员组成8～10人的网络研修小组，回到所在幼儿园实施园本研修活动。在这个过程中，网络研修工作坊是学员之间交流问题和汇总资源的支撑平台，坊主、学科专家、各片区骨干教师可以对学员进行线上与线下指导，也可以搜集、整理学员上传的过程性内容。在园本研修后期，由坊主引导各个学员提炼研修成果，并会同各区县教研员、学科专家对研究成果进行集中诊断、点评和推优。具体过程如表 4-10[1]所示。

表 4-10 教师工作坊研修的运作流程

运作环节	环节概述	学员任务	实施团队
研修专题确立	在专家团队抛出的系列专题中，坊主根据学员意愿和需求选择相应专题，招募对本专题感兴趣的学员组建工作坊	①向项目团队反馈专业发展困惑和研修需求，参与项目团队组织的前期调研活动；②在坊主引导下，学习预设课程资源；③从系列专题中选择感兴趣的研修专题，进入相应工作坊	专家团队、技术团队、本地教研员、骨干教师
研修计划制订	由坊主组织、专家团队提供咨询，全体工作坊成员制订研修计划，定期开展集中答疑和专题研讨活动	①学习预设课程资源；②参与工作坊研修计划的撰写工作，商讨工作坊的目标任务；③参与坊内各次集中答疑和专题研讨活动	专家团队、技术团队、本地教研员、骨干教师
研修计划实施	坊主将研修专题分解成若干小专题，学员根据兴趣组成不同的研修小组，通过同课异构、现场观摩、连片教研、微课竞赛等活动，形成丰富的过程性资料	①认领完专题任务后，回到所在园实施相关研修计划；②学习预设课程资源；③向工作坊空间上传微课、视频、文本等过程性资料；④参加坊内两周一次的定期交流和专家答疑活动；⑤积极参与坊内各小组间、不同工作坊间的互动交流	专家团队、技术团队、本地教研员、骨干教师
研修反思与总结	通过搜集和整理学员过程性资料，形成生成性课程资源，坊主引导学员对成果加工提炼，会同各区县教研员、学科专家集中诊断和点评，并做好推优工作	①学习预设课程资源；②总结园本研修经验，将最终研修成果以微课、视频、文本形式上传至评审团队；③每人提交 1～2 份同课异构教案；④提交小组研修计划总结和工作坊研修计划总结；⑤参加线上工作坊经验总结交流活动	专家团队、技术团队、本地教研员、骨干教师

三、网络名师工作室

（一）名师工作室

什么是名师工作室，大家还有不同的理解，下面列举一些观点。

国立夫等认为，名师工作室通常是由地方教育行政主管部门组建和管理，用名师姓名或者专业特色命名的，有固定人员参加、有明确具体活动内容的非行政组织机构[2]。

刘穿石认为，名师工作室是一个以课题研究、学术研讨、理论学习、名师论

---

[1] 李艳艳, 刘云艳. "互联网+"背景下云教师工作坊的研修设计与实作[J]. 教育学术月刊, 2019(9): 63-70.
[2] 国立夫, 李惠文. 基于 PDCA 理论的名师工作室活动设计[J]. 教育理论与实践, 2016, 36(5): 34-36.

坛、现场指导等形式对内凝聚、带动，向外辐射、示范，引领教学改革，促进教师专业化成长的团队组织[①]。

梁颖认为，名师工作室是以名师为中心的教师群体，主要由省教育厅评选并授牌或学校自行设立，以名师的姓名命名，旨在弘扬名师治学精神和加强高校专业建设，是集教学、科研、实践于一体的教师学习共同体[②]。

严运锦等认为，名师工作室是在教育行政部门主导下，以名师为引领，以活动为途径，以学习为核心，集教学、科研、培训于一体，具有学习型组织的性质[③]。

孙艳丽认为，名师工作室是我国探索教师专业发展途径的新尝试，是基础教育领域中为促进教师专业发展、培育名师团队、建设骨干教师队伍而由教育行政部门组织的由名师领衔、有固定参加人员、有明确目标与任务的中小学教师研修项目[④]。

从上述这些描述可以看出，名师工作室具有以下几个特点。

第一，名师工作室是由教育行政主管部门评选、挂牌和管理的非行政的、学习型组织机构。

第二，名师工作室能否成立和运行，关键在于是否有名师。广义上讲，名师是指在教育领域中具有广泛影响力和知名度并拥有一定"粉丝"的杰出人才；狭义上讲，名师是指精英人才、教育工作的杰出代表和广大的优秀教师等，通常需要具有教育行政部门授予的荣誉，如特级教师、学科带头人、有突出贡献或享受政府津贴的专家型教师等。

第三，名师工作室有相对明确的边界（各个名师工作室相对独立）、规范的秩序（名师工作室有明确的规章制度），以及级层结构（主持人担当领导者的角色，其权威是不可挑战的，其他成员在主持人的领导下各司其职，开展各项工作）。

第四，名师工作室通常由工作室主持人（或负责人）和一定数量的成员组成。主持人负责主持工作室日常工作，引导具有独特价值和方向的专业发展，开展课题研究，推广新的、先进的教育理念、教育经验或教育成果；成员要按时参加工作室组织的各项活动，协助主持人建设工作室，总结教育教学经验，及时形成书面材料和研究成果，开展研修活动，推广先进经验和成果，传播新的、先进的教育理念。

---

① 刘穿石. "名师工作室"的解读与理性反思[J]. 江苏教育研究, 2010(30): 4-7.
② 梁颖. 云南省职业教育名师工作室建设研究[D]. 昆明: 云南大学, 2019.
③ 严运锦, 朱宁波. 名师工作室中教师学习机制的个案研究[J]. 教师教育研究, 2019, 31(6): 78-85.
④ 孙艳丽. 河北省名师工作室组织氛围与学员研修效果的关系研究[D]. 石家庄: 河北师范大学, 2020.

（二）网络名师工作室

顾名思义，网络名师工作室是在网络学习空间支撑下的名师工作室，是一类在网络环境下组建的专业学习共同体；是由某一地方教育行政主管部门组织和管理，用名师姓名或者专业特色命名，集教学、科研、研修和培训等职能于一体，教师自愿申请、主动参加的合作共同体；是为解决提升各地中小学师资队伍的建设、扩大名师资源的辐射、开展专项课题研究等目的而专门组建、有固定人员参加、有明确活动和具体任务的非行政组织机构[①]。其目的也是传播先进理念，孵化创新成果，带动教师专业发展，造就一批教学名师和学科领军人才。网络学习空间的参与，一方面扩大了名师工作室成员的范围，可以跨校、跨区域组建；另一方面扩大了辐射的范围，名师工作室先进的教育理念、新的教学成果、日常教研活动、课题研究等可以通过图、文、像等全方位展示和立体化传播。

（三）案例介绍

2019年5月，依托"之江汇教育广场"的"章献明名师网络工作室"（http://zhangxianming.ms.zjer.cn）（如图4-4所示），在章献明老师的带领下，正式加入浙江省教育厅组织的"第三批名师网络工作室"。该工作室汇聚了来自浙江省内各地的骨干教师、学科带头人，各级教坛新秀。

图4-4　"章献明名师网络工作室"主页

---

① 沈蝴蝶. 网络名师工作室在线交流促进机制研究[D]. 金华：浙江师范大学，2018.

1. 人员构成

"章献明名师网络工作室"由章献明作为工作室主持人，负责整个工作室的运行以及各项活动；工作室成员和学员的产生由名师推荐，报市教育局备案。工作室的每个成员既是学员，又是合作伙伴。工作室的每个成员还必须将在工作室中的所学、所做、所得传递给本校的学习同伴，最大效果地发挥专家的指导作用和名师的辐射引领作用。

2. 建设目标

（1）帮助工作室成员形成正确的教育观、教学观和学生观，培养一批具有高尚的师德修养、较高的理论水平、扎实的业务功底、突出的教育教学业绩、较强的教育科研能力和较好的发展潜质的优秀教师。

（2）引导和培养工作室全体成员形成强烈的工作进取心，团结协作、积极研究的扎实工作作风。

（3）通过三类活动，即日常规定性活动、专项主题活动、特色研究活动，帮助工作室成员提升教育教学水平。

（4）建立网络共同体内良好的交流与学习氛围，使广大成员能自觉学习、自醒自悟，成为能教学、爱学生、会思考、勤撰写的现代型优秀教师。

3. 名师工作室基本活动

（1）重点课题研究活动。例如，2019年度重点课题有两项：一是开展以课堂教学观察为主题的研究性活动，争取产出研究成果；二是以教师专业成长为主题的提升性路径研究。

（2）举行联谊展示活动。工作室成员校本画展活动；成员间教学研讨观摩活动；组织成员开展写生摄影等采风活动。

（3）观摩学习，培训研究。在可能的情况下，组织工作室成员外出学习，并组织相关的培训，邀请有关专家进行专题培训，或相互培训；研读欣赏类的书籍，并撰写读后感；个人准备一个专题为本校教师或工作室成员进行专题培训活动。

（4）日常网络群体互动活动。分类建立"特级教师章献明工作室"的助教群、学科带头人群、骨干教师群、网络学员群等，为全体成员提供一些相互交流的网络即时平台；以浙江省"章献明名师网络工作室"为平台，提供相互交流的在线平台；建立工作室成员个人空间，及时展示个人成果。

（5）组织主办与承办相关活动。参与浙江省教育厅组织的"百人千场活动"；参与"浙派名师""千课万人"等活动；适时组织送教下乡，为乡村发展助力；组织各类发展性活动。

四、基于网络学习空间的城乡教师协同发展

由于经济发展、地理位置、教育资源配置等方面因素，我国乡村教师的整体专业水平不高，存在"教育观念、教学方法亟待提升，不容易得到教育专家和名家的指导、教育科研技能比较薄弱、专业知识和能力发展不足"[①]等问题。为了改变乡村学校优质教师资源缺乏的现状，我国已经采取了教师轮岗交流制度、挂职锻炼等一系列举措。随着网络学习空间在各级各类学校的全面建设，为城乡教师协同互助创造了便捷渠道。集体备课、协同教研等方式，能促进教师之间的交流，改善教师的学习方法和学习效果，是信息时代解决城乡之间教师专业素质失衡问题的新途径。

（一）基于网络学习空间的城乡教师集体备课

在网络学习空间支持下，构建城乡教师集体备课共同体，不仅能提高乡村学校的教学质量和教学结构，而且还可以加速城乡教育改革的协同进程，帮助乡村教师突破教学过程中的瓶颈期[②]，对我国教育均衡发展具有重要的意义。在集体备课过程中，不同知识结构、专业能力的城乡教师进行交流可以实现相互学习，促进城乡教师协同发展。武法提等[③]提出了如图 4-5 所示的集体备课流程。

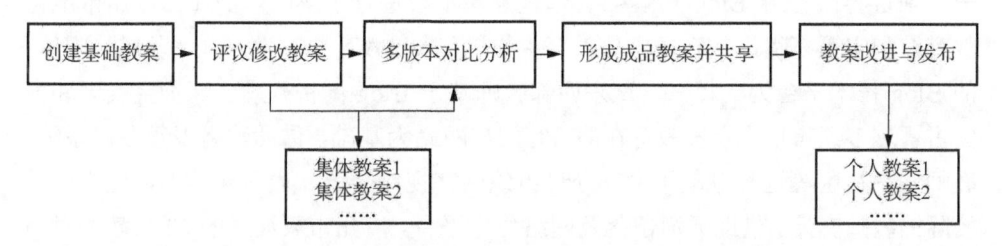

图 4-5　基于网络学习空间的城乡教师集体备课流程

学科管理员在组织备课小组并发布集体备课任务后，轮流指定成员负责基础教案的创建和编辑，然后由城乡备课组其他小组成员共同评议、修改基础教案；网络学习空间的备课系统会保留各教师的修订历程和痕迹，从而形成多个版本的集体教案；在学科管理员的组织下，城乡备课组小组成员对比分析各历史版本的集体教案，形成成品教案并发布到共享的教案库中。在上课前，每位教师根据教学班学生的特点、个人的教学风格，在成品教案的基础上再次进行改进、完善与

---

① 周凤霞, 黎琼锋. 试论城乡教师专业发展共同体及其构建[J]. 教育理论与实践, 2016, 36(23): 24-27.
② 李当智. "互联网+"环境下城乡教师集体备课模式探析[J]. 科教导刊(上旬刊), 2019(22): 56-57.
③ 武法提, 黄洛颖, 邹蕊. 基于一体化思想的网络备课系统设计[J]. 现代教育技术, 2015, 25(9): 103-109.

发布，最终形成具有个人特色的个性化教案。

在基于网络学习空间的集体备课中，许多教师认为集体备课就是通过集体的力量形成一份高水平教案，然后统一使用。这是对集体备课的肤浅认识，甚至可以说是"误解"。如果全国或城乡教师都使用同一份教案上课（统一目标、统一内容、统一重难点、统一进度、统一练习），一方面由于城乡学生的生活背景、知识基础、学习环境各有差异，难以行得通；另一方面使用统一的教案也违背了新课程强调的"教学要以学生为中心，注重个性化和多样化，促进学生个性的发展"的理念和要求。因此，基于网络学习空间的集体备课，重在以"备课"为载体、为依托，通过集体攻关、资源共享、相互学习、相互借鉴，解决教学疑难，在参与中提高水平、发展智慧、提升素养，特别是使乡村教师的教学能力得到提升、教学潜力得到释放，旨在促进教师的个人专业成长。

（二）基于网络学习空间的城乡校际协同教研

目前，常规的教学研究活动大都限于"校本"层面。随着新课程改革的深入推进，对教师的专业能力和综合素质提出了更高的要求，常规的教研活动已不能满足教师专业快速成长的需要，校际协同特别是城乡校际协同受到关注。在早期，一些项目尝试利用 Blog（博客）、远程互动平台进行了实践。例如，苏州市电化教育馆和宁夏石嘴山教育局电化教育中心以"苏州教育博客学习——发展共同体"的 Blog 技术平台为支撑，尝试东西部教师基于 Blog 同侪互助；深圳宝安区和内蒙古鄂尔多斯市以"宝安教育在线"等门户网站为基础，借助网络视频会议系统、教师知识社区等远程互动平台，通过组织网络视频会议、教研和培训，促进区域校际的教师交流。借助天河部落及网络协作平台，广州市天河区的 22 名教师对西藏林芝地区 47 名中小学教师进行了网络教研的培训。在"互联网+教育"的大背景下，基于网络学习空间的校际协同教研成为一种趋势。以校本教研为依托，以"云+网+端"技术为支撑的网络学习空间，不同学校之间针对同一研究主题共同协作教研，促进不同学校之间的经验交流、资源共享、教学支持。通过学校之间的共同研究活动带动教研能力薄弱的学校，更好地促进教师专业能力的整体发展，从而促进教育的均衡发展。

图 4-6 是临泽县借助国家"网络学习空间人人通"项目组建的县域内城乡教师学习发展共同体，以临泽县第二中学（同时承担教学督导任务）、城关小学、新华中心小学、滨河小学、西街教学点、大寨教学点、长庄教学点为实验学校。一校带多点，校校有联结，形成了以城镇学校带动农村学校、中心校带动教学点为

发展主线，通过组织开展基于本地教育资源云平台的远程协同教学活动，促进区域教师之间的协同发展。

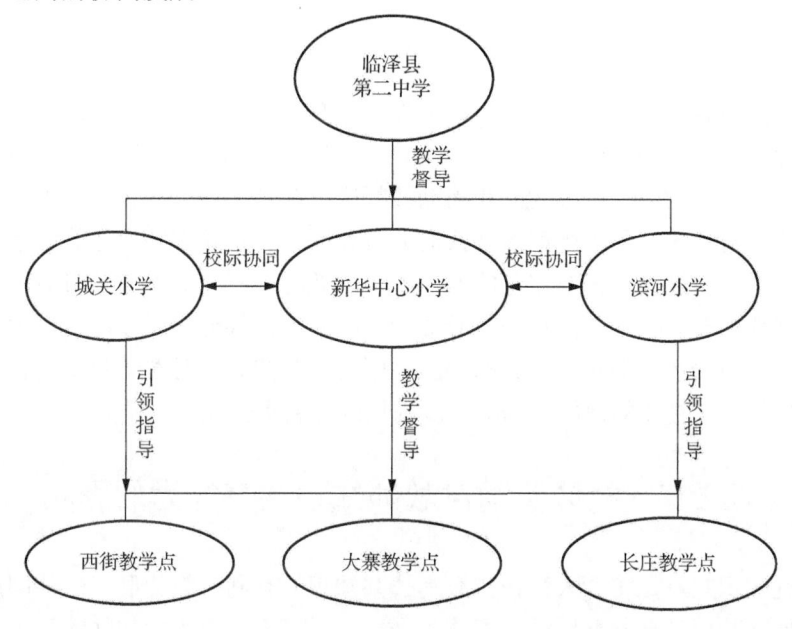

图 4-6　临泽县域内城乡教师学习发展共同体

在临泽县的城乡校际协同教研共同体项目中，主要从课前协同教研、课中协同教学和课后协同教研三个方面组织开展，让优质的名校名师资源能够实时共享到农村偏远地区的薄弱学校中，让农村偏远地区学校教师在名校名师的引领下不断促进自身专业能力的发展。

1. 课前：组织开展远程协同教研活动

课前，两地教师通过网络学习空间开展课前的集体备课活动，确定教学内容、教学目标、设计相应的教学活动，最终形成完整的教学设计方案，并针对同步互动课堂教学开展过程中的注意事项（录播系统操作、课堂记录维持、课堂交互活动的组织与实施等）进行深入细致的讨论，做好课前准备工作。

2. 课中：组织开展远程协同同步互动教学活动

利用高清录播系统实现远程同步教学与实时课堂互动，两地教师根据课前教研活动中形成的教学设计方案，共同组织学生参与课堂学习活动，在开展过程中组织两个课堂学生之间开展小组讨论、问题探究、互动游戏等交互活动，并实时关注本地与异地师生、生生之间的交互情况，组织好学生的课堂学习活动，然后由主讲教师通过作业盒子布置课后作业，最后根据学生课堂学习表现和作业完成情况对学生进行学习评价。

3. 课后：组织开展远程协同教研活动

课后的教研活动主要是针对教学过程中存在的问题以及教学效果的分析。教研活动除了两地教师以外，还可以组织其他学校教研员通过在线观摩录播课，共同参与到评课活动中。主讲教师和辅助教师根据教学过程进行教学反思，同时其他教师可以对教学过程进行深入细致的分析和研讨，共同借鉴优秀的教学经验和方法，发现教学过程中需要完善的地方。协同教师在开展课后的教研活动时，可以邀请其他学校的教师共同参与教研活动，不同学校教师协同教研在很大程度上促进了协同教研活动的实效，教师们从不同的视角和观点对教学效果进行分析，深入剖析教学中存在的问题，为进一步的修改完善提供支持。

第三节 社区奖励对教师知识共享行为的影响

通过知识共享，将个人知识扩散为公共知识，有利于教师群体的共同成长和专业发展，从而带动教育质量的整体提升。所以，面向中小学教师的知识共享活动一直被教育部门高度重视，并定期有计划地进行。其中，学科组集体备课、师徒制、听评课、校本教研、集中培训等是目前的主要方式。随着国家"网络学习空间人人通"项目的全面推进，中小学教师拥有了可随时随地大范围进行知识共享的专属途径。然而，技术环境仅仅能为知识共享提供条件，却不能保证知识共享行为一定会发生[1]。事实上，由于当前对网络学习空间环境下教师知识共享的研究还不是很充分、激励措施缺位以及知识共享要素配置中的优化与集成作用还不明显等因素的影响，包括网络学习空间在内的许多在线教研环境常常处于沉寂状态或者仅仅维持形式上的联系[2]，教师的持续访问量和活跃用户数并不理想，陷入了用户黏性差、忠诚度低、辍用率高的实践困境，在教师知识共享方面没有发挥应有的作用。如何让广大教师把个人的观点见解、实践经验、有效方案、优秀案例、重要资料等知识性内容通过网络学习空间共享出来，是当前网络学习空间应用研究中需要解决的问题。

目前，已有一些研究对网络学习空间知识共享的影响因素进行了分析，并识别出了"受到尊重、得到关注、社会影响、社会性支持、价值自我感知、任务性

---

[1] 李随霞. 促进知识共享的教师专业发展平台的设计[J]. 软件导刊, 2011, 10(12): 81-83.
[2] 张丽霞, 秦丹. 教师个人网络学习空间知识共享机制及优化策略研究[J]. 电化教育研究, 2017, 38(4): 36-40.

代价、认知性代价、绩效期望、努力期望、便利条件"等影响因素[1][2][3]。然而，从教师知识共享行为有效发生角度来看，是通过道德教育、氛围影响、行为约束来提高人们的无私奉献精神，还是通过个人需要、劳有所得、自我实现等构建有效的促进机制？是打造知识共享的"免费蛋糕店"，还是构建"人人为我、我为人人"的互惠家园？对这些问题，似乎并没有给予认真对待。为此，本节以社会交换理论为基础，从人类行为的"经济性"出发，以调查实证的方式分析网络学习空间中社区奖励对教师知识共享行为的影响程度和作用机制，希望能为网络学习空间建设和管理等提供研究支撑。

一、概念界定与理论基础

（一）社区奖励

在传统商业领域，广泛使用了积分兑换、增值服务、优惠折扣等奖励措施，以此来吸引和留住顾客，激发他们的购买意愿，也因此为企业带来了更好的经济效益和人气支持。随着互联网的兴起，上述传统商业领域的激励措施被巧妙地应用到互联网行业中，社区奖励的概念应运而生。社区奖励是指网络社区管理者为吸引、激励和驱动社区用户参与平台活动而提供的奖励，主要有虚拟货币（如社区积分、财富值、经验值）、等级特权（如内容解锁、社区权利）、荣誉标签（如徽章、LOGO 形象）、虚拟商品、小额现金等。王楠等[4]认为，社区奖励既是一种精神性奖励，也是一种经济性奖励，既有信号功能，也有外在激励功能。信号功能是指社区奖励起到了对用户分享信息价值的评判功能，能够激发用户的内部动机，从而获得自我肯定、助人愉悦感等。外在激励功能是指社区奖励实际上充当了用户社区劳动（各种行为）的报酬，这种报酬性质的奖励可以让用户有获得感。总之，社区奖励是一种吸引和激励用户的手段，不论是在商业网购平台还是在电子游戏平台，社区奖励在留住用户和激发动机方面发挥了十分重要的作用。

（二）社会交换理论

社会交换理论（social exchange theory，SET）是由美国著名的社会学家霍曼斯（Homans）首先提出来的，该理论以古典经济学、社会分析学和提供解释的心理学为基础，把人的行为理解为一种权衡得失、计算利弊、期待回报的理性行为，认为主体行为的产生是为了追求自身效益（包括无形效益）最大化满足而发生的

---

[1] 张思. 社会交换理论视角下网络学习空间知识共享行为研究[J]. 中国远程教育，2017(7): 26-33, 47, 80.
[2] 张思，刘清堂，黄景修，等. 中小学教师使用网络学习空间影响因素研究——基于 UTAUT 模型的调查[J]. 中国电化教育，2016(3): 99-106.
[3] 陈春光. 虚拟社区知识共享行为影响因素研究[D]. 武汉：华中师范大学，2014.
[4] 王楠，陈详详，陈劲. 虚拟社区奖励对知识共享的作用效果研究[J]. 科学学研究，2019, 37(6): 1071-1078, 1132.

交换。目前,社会交换理论已经成为分析人类社会行为的重要理论基础之一,国内外已有大量学者利用该理论分析个体间的行为交互与社会互动过程。其中,美国学者布劳(Blau)利用非制度化的人际互动对社会交换进行研究,认为社会互动是行为主体的一种自愿性活动[①]。在社会互动中,社会成员在交换中获得的利益(成功、价值、满足、赞许、报偿等)实际上为进一步互动提供了直接动因,而交换的过程则促进了社会结构、社会资本的形成。根据社会交换理论,网络学习空间知识共享行为作为一种社会互动行为,行为主体也不可避免地会受到对知识共享过程获得利益与付出代价感知的影响,这为分析网络学习空间知识共享行为的持续发生提供了非常重要的思考角度。

二、研究模型和研究假设

(一)研究模型

为什么社区奖励能够激励用户的行为?相关研究认为,社区奖励对用户具有实用价值和情感价值[②]。实用价值是从"经济人"角度出发分析用户的参与行为,认为行为主体采取某种行动前会对预期收获进行衡量。实用价值主要是指网络学习空间成员参与空间活动获得的直接性收益,本部分将其定义为网络学习空间成员完成知识共享活动后获得的、能够用"货币"计量的经济价值,主要形式有网络学习空间积分、财富值、经验值等虚拟货币,兑换券和小额现金。情感价值反映的是用户对社区奖励给其带来的情感收获,主要体现在级别权限、荣誉徽章带来的成就感、得到更多"关注和回应"时所体会到的社交感,以及参与社区活动获得的自我肯定和助人愉悦感等。根据社会交换理论,每个人都是价值的创造者和利益的追求者,用户的行为是对获得与付出心理感知与权衡的结果,从而提出如图4-7所示的研究模型。

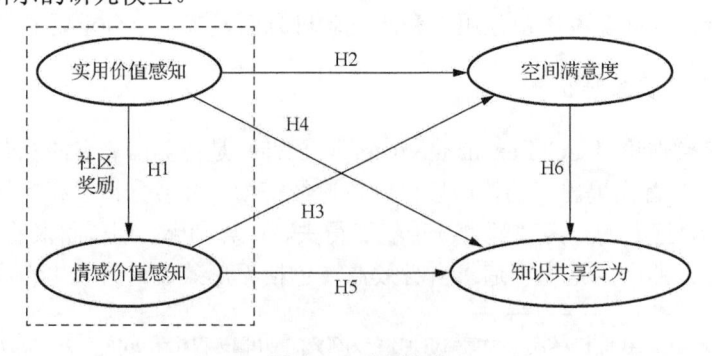

图4-7 研究模型

---

① Blau P M. Exchange and Power in Social Life[M]. New Brunswick: Transaction Books, 1986: 86-106.
② 李彩丽. 虚拟社区奖励计划对用户知识共享持续意愿影响研究[D]. 南宁: 广西大学, 2015.

其中，变量之间的影响关系用箭头表示。在网络学习空间中，教师的知识共享行为受其对网络学习空间满意度的影响，而空间满意度和知识共享行为受到教师对社区奖励实用价值感知和情感价值感知两个外部变量的影响；教师对社区奖励实用价值的感知也会影响其对情感价值的感知。

(二) 研究假设

1. 社区奖励情感价值感知

百度百科、百度文库等知识型虚拟社区的用户等级特权的提升、荣誉徽章的获得是伴随知识共享行为虚拟货币（积分、经验值、财富值、论坛币等）增加而改变的，而用户等级特权提升意味着可以在虚拟社区中享受更多的待遇，荣誉徽章的获得会得到更多的关注度和权威性。也就是说，用户在通过知识共享行为获得社区奖励实用价值的同时，也会给自己带来情感上的收获，产生一定的成就感和愉悦感。通过对微信、百度贴吧等虚拟社区用户调查数据的实证结果表明：虚拟社区用户对社区奖励的实用价值感知与情感价值感知呈显著正相关[1]。为此，本部分提出如下研究假设。

假设H1：在网络学习空间中，教师对社区奖励实用价值的感知正向影响其对社区奖励情感价值的感知。

2. 网络学习空间满意度

满意度作为人的一种主观感受，是用户对产品或服务的事前期望与实际使用后的一种认知和情感相结合的心理状态，有形成复杂性、测量困难性等特点[2]。网络学习空间满意度是指教师对以往使用网络学习空间分享知识信息活动的总体感受，以及网络学习空间有用性、易用性、价值性等多个变量直接或间接共同作用的结果。在网络学习空间中，教师群体之间知识共享行为表面上看好像是"教师A←→教师B"的直接互动，实际上是"教师A←→网络学习空间←→教师B、教师C……"的间接交互关系，每位教师面对的都是网络学习空间。因此，教师网络学习空间知识共享行为的满意度，在很大程度上将受到教师对网络学习空间本体是否满意的影响。根据社会交换理论，教师把自己花费很多时间、精力原创或整理的信息资料、经验技能、思想观点放到个人网络学习空间中共享，网络学习空间如果能够公平而有序地给予一定奖励作为回报，教师对网络学习空间的"黏性"、忠诚度和满意度都会得到提升。为此，本部分提出如下研究假设。

假设H2：在网络学习空间中，教师对社区奖励实用价值感知正向影响教师对网络学习空间的满意度。

---

[1] 王拓. 基于感知价值理论的虚拟社区成员持续知识共享意愿研究[D]. 长春：吉林大学, 2019.
[2] 刘资媛. 顾客满意度影响因素的理论分析及实证研究[D]. 长沙：湖南大学, 2005.

假设 H3：在网络学习空间中，教师对社区奖励情感价值感知正向影响教师对网络学习空间的满意度。

3. 知识共享行为

在网络学习空间中，教师的知识共享行为是指教师分享自己与教学相关的信息资料、经验技能、思想观点、回答他人问题以及搜索、转发、评论他人与教学相关的信息资料、经验技能、思想观点等的活动。社会心理学家发现，知识共享行为是一类由知识贡献者自主决定的"角色外"行为，具有很高的自我决定性，此类行为主要受分享者的兴趣、获得感等"内部因素"激励[1]。所以，目前社会性虚拟社区基本上都综合使用了精神奖励和物质奖励，对这种自主的知识共享行为给予激励。例如，乐途旅游网（http://www.letoour.com）为了激励用户撰写旅游日记，使用了礼品卡（获评优质游记给 100 元到 200 元不等的现金奖励）、乐币（1 乐币=0.05 元人民币，获评精品游记可获 500 乐币，折合 25 元人民币）、感谢量、经验值、荣誉勋章等社区奖励；经管之家（https://bbs.pinggu.org）社区奖励设有论坛币、经验、威望、学术水平、热心指数、信用等级等。从现有的研究来看，社区奖励对用户知识共享行为的影响，有的研究认为其有显著的积极促进作用[2]，也有的研究认为社区奖励对用户"角色外"行为的影响不显著[3]，但更多的研究认为社区奖励对用户知识共享行为具有积极的正向影响。为此，本部分提出如下研究假设。

假设 H4：在网络学习空间中，社区奖励的实用价值感知正向影响教师的知识共享行为。

假设 H5：在网络学习空间中，社区奖励的情感价值感知正向影响教师的知识共享行为。

满意度是期望确认理论（expectation confirmation theory，ECT）模型中的核心概念，是用户行为持续发生、用户忠诚度和用户口碑效应的决定性因素。在知识问答类社交网络服务平台[4]、在线教育平台[5]、学术虚拟社区[6]、学术门户网站[7]等研究情境中，用户满意度对用户行为的积极影响都得到了实证。网络学习空间也是人机结合的信息服务系统，教师对以往使用网络学习空间分享知识信息活动的总体

---

[1] 赵琴琴，张梦，付晓蓉. 物质奖励对旅游虚拟社区再分享意愿影响研究[J]. 旅游学刊，2018, 33(3): 39-49.
[2] Wolfe C, Loraas T. Knowledge sharing: the effects of incentives, environment, and person[J]. Journal of Information System, 2008, 22(2): 53-76.
[3] Fahey R, Vasconcelos A C, Ellis D. The impact of rewards within communities of practice: a study of the sap online global community[J]. Knowledge Management Research and Practice, 2007, 5(3): 186-198.
[4] 赵宇翔. 知识问答类 SNS 中用户持续使用意愿影响因素的实证研究[J]. 图书馆杂志，2016, 35(9): 25-37.
[5] 吴安. 在线教育平台用户持续使用意愿研究——基于期望确认理论模型的分析验证[J]. 哈尔滨学院学报，2018, 39(6): 117-122.
[6] 李曼静. 学术虚拟社区用户持续使用意愿研究[D]. 武汉：华中师范大学，2015.
[7] 张树娟，韩阳阳，万腾飞. 学术门户网站持续使用意向影响因素研究[J]. 未来与发展，2014, 37(1): 43-50, 33.

感受将会对教师的知识共享行为产生积极影响。为此，本部分提出如下研究假设。

假设 H6：在网络学习空间中，教师对网络学习空间的满意度正向影响教师的知识共享行为。

三、实证研究

（一）调查问卷的编制

研究模型中共包含 4 个测量变量，分别是教师对社区奖励的实用价值感知、教师对社区奖励的情感价值感知、教师对网络学习空间的满意度以及教师网络学习空间的知识共享行为。为了保证问卷的信度与效度，作者采用的均是以往研究中已经使用过的成熟量表，形成初始的测量项目。然后通过文献参照、研究团队充分讨论，对初始量表的表达和措辞进行改动，以拟合研究情境。最后，通过 2 位中小学教师的试读和访谈，对各问项的表述方式进行完善，以提高量表的可读性。

其中，借鉴徐美凤[①]、熊淦等[②]的分类方式，将网络学习空间知识共享行为测量项目确定为浏览行为、发帖行为和回帖行为，采用 Likert（利克特）五点计分（1=完全不符合，5=完全符合），共 3 个题目。教师对社区奖励的实用价值感知与情感价值感知的测量，借鉴了 Zhang 等[③]、Zhao 等[④]的研究，共 5 个题目，包括虚拟货币（积分、财富值、经验值）、兑换券、等级特权、荣誉标签（徽章）、小额现金等，均采用 Likert 五点计分（1=完全不重要，5=完全重要）。教师对网络学习空间网络满意度量表参考王拓[⑤]的研究，该量表共有 3 个题目，采用 Likert 五点计分（1=完全不同意，5=完全同意）。

（二）研究样本与数据

研究团队利用培训等机会，针对有网络学习空间使用经验的中小学教师进行了调研，共获得有效调查问卷 210 份。基本情况是：教师的年龄分布，29～46 岁；教龄小于 2 年的 62 人，占 29.5%，教龄在 2～5 年的 87 人，占 41.4%，教龄大于 5 年的 61 人，占 29.1%。其中，男性 63 人（30%），女性 147 人（70%）。在学段分布上，小学教师 64 人（30.5%），中学教师 146 人（69.5%）；专科及以下学历

---

① 徐美凤. 不同学科学术社区知识共享行为影响因素对比分析[J]. 情报杂志, 2011, 30(11): 134-139.
② 熊淦, 夏火松. 组织承诺对微博社区成员知识共享行为的影响研究[J]. 情报杂志, 2014, 33(1): 128-134.
③ Zhang D P, Zhang F L, Lin M F, et al. Knowledge sharing among innovative customers in a virtual innovation community: the roles of psychological capital, material reward and reciprocal relationship[J]. Online Information Review, 2017, 41(5): 691-709.
④ Zhao L, Detlor B, Connelly C E. Sharing knowledge in social Q&A sites: the unintended consequences of extrinsic motivation[J]. Journal of Management Information Systems, 2016, 33(1): 70-100.
⑤ 王拓. 基于感知价值理论的虚拟社区成员持续知识共享意愿研究[D]. 长春: 吉林大学, 2019.

教师 9 人（4.29%），本科学历教师 178 人（84.76%），研究生学历教师 23 人（10.95%）。

（三）数据分析与结果

1. 共同偏差检验

由于所有数据均来自教师的自我报告，有可能存在共同方法偏差（common method biases，CMB）问题，从而影响分析结果的可靠性。为了避免出现共同方法偏差，研究团队在问卷设计上通过问题交叉排序等措施进行了预防性控制。调查后，首先用单因素分析法，对所有测量题目进行探索性因素分析（exploratory factor analysis，EFA），未旋转的主成分因子分析结果显示，11 个因子的方差解释率最大为 35.526%，低于 40%的临界标准。然后，运用验证性因素分析（confirmatory factor analysis，CFA）对单因素模型进行检验，结果显示模型拟合效果较差［卡方/自由度（χ^2/df）=9.150，近似误差均方根（RMSEA）=0.197，增值拟合指数（IFI）=0.564，Tuker-Lewis 指数（TLI）=0.448，比较拟合指数（CFI）=0.559，修正拟合优度指数（AGFI）=0.599］。从两种方法验证结果可以看出，本次调查不存在共同方法偏差效应。

2. 模型整体检验

本研究采用 SPSS 和 AMOS 分析软件，对社区奖励的实用价值感知、情感价值感知、知识共享满意度和知识共享行为四个变量量表进行了信度和效度的检验，结果见表 4-11。

表 4-11　变量量表的信度和效度检验

潜在变量	测量题项	因子载荷	克龙巴赫系数	组合信度	平均方差萃取值
实用价值感知	PV1	0.823	0.768	0.815	0.596
	PV2	0.803			
	PV3	0.753			
情感价值感知	SV1	0.825	0.839	0.808	0.677
	SV2	0.821			
知识共享满意度	ST1	0.825	0.705	0.810	0.588
	ST2	0.787			
	ST3	0.682			
知识共享行为	KS1	0.689	0.751	0.838	0.634
	KS2	0.828			
	KS3	0.862			

从表 4-11 可以看出，四个变量量表的克龙巴赫 α 值分别为 0.768、0.839、0.705 和 0.751，均超过了 0.7 的标准，表明各研究变量量表的一致性信度较好。通过 AMOS 对模型进行验证性因素分析，结果显示模型的拟合效果良好 [χ^2/df=1.116, RMSEA=0.024, CFI=0.979, 拟合优度指数（GFI）= 0.979, IFI=0.980]。此外，从表 4-11 可以看出，各测量变量的因子载荷数值都大于 0.6，依据因子载荷值计算平均方差萃取值，各变量的平均方差萃取值均大于 0.5，组合信度数值也都大于 0.8，表明研究变量的量表具有比较好的收敛效度。

3. 研究假设检验

利用 AMOS 软件对研究模型提出的 6 个假设进行检验（e1～e14 为各变量残差），结果如图 4-8 所示。在网络学习空间中，中小学教师的实用价值感知对情感价值感知具有显著的正向影响（H1，路径系数 β=0.60，概率 $P<0.01$），但对空间满意度（H2，β=0.14，$P>0.05$）和知识共享行为（H4，β=0.02，$P>0.05$）的影响不显著；情感价值感知对空间满意度（H3，β=0.39，$P>0.05$）和知识共享行为（H5，β=0.28，$P>0.05$）具有显著的正向影响；空间满意度对知识共享行为具有显著的正向影响（H6，β=0.30，$P<0.05$）。

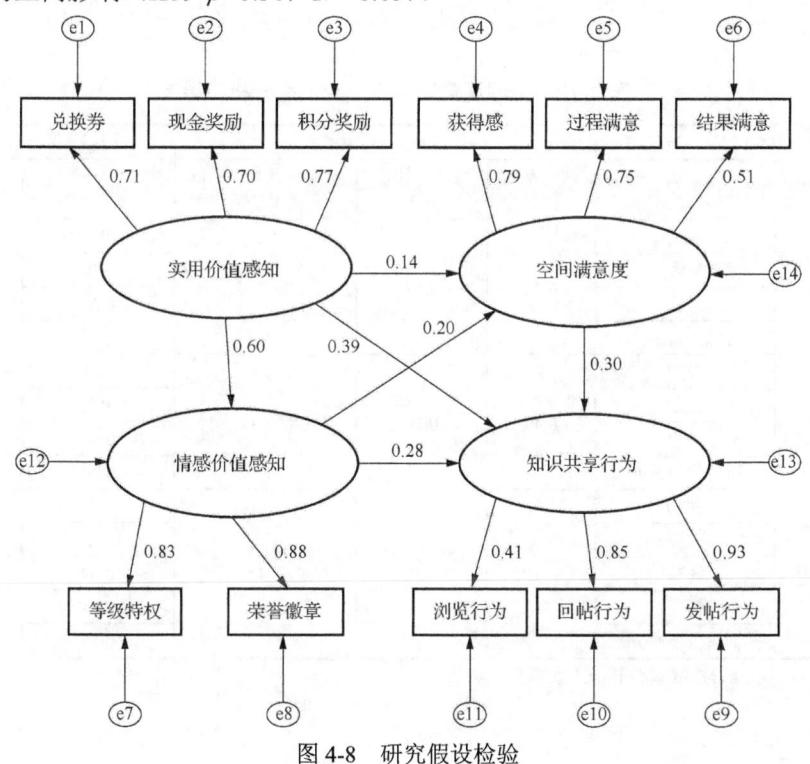

图 4-8 研究假设检验

4. 空间满意度中介效应分析

从图 4-8 呈现的分析结果可以看出，中小学教师对网络学习空间的满意度在社区奖励情感价值与知识共享行为的相互关系中具有显著的中介效应。下面采用 Hayes 于 2012 年发布的 SPSS 宏中的 Model4 中介模型，在控制性别、年龄、教龄的情况下，对空间满意度的中介作用进行了分析，结果见表 4-12 和表 4-13。分析结果表明，中小学教师对空间奖励的情感价值感知对教师知识共享行为的预测作用显著（$\beta=0.26$，检验统计量 $t=4.69$，$P<0.01$），且放入满意度中介变量后，情感价值感知对教师知识共享行为的预测效应依然十分显著（$\beta=0.18$，$t=3.05$，$P<0.01$）。情感价值感知对空间满意度的预测效应非常显著（$\beta=0.34$，$t=6.09$，$P<0.01$），空间满意度对教师知识共享行为的预测效应也非常显著（$\beta=0.24$，$t=3.54$，$P<0.01$）。另外，情感价值感知对教师知识共享行为的直接效应及满意度的中介效应的自助法 95%置信区间的上限和下限都不包括数值 0（表 4-13），说明情感价值感知不仅可以直接预测中小学教师网络学习空间的知识共享行为，而且可以通过中小学教师对空间满意度的中介效应预测中小学教师的知识共享行为。其中，直接效应数值为 0.18、中介效应数值为 0.08，分别占总效应量（0.26）的 69.23%和 30.77%。

表 4-12 空间满意度中介效应模型分析结果

回归方程（$N=210$）		关键拟合指标			回归系数显著性	
结果变量	预测变量	判定系数（R）	检验统计量（R^2）	检验统计量 F（自由度 df）	β	t
知识共享	性别	0.42	0.17	10.85（4）**	-0.12	-1.06
	教龄				-0.20	-3.22**
	经验				0.09	2.29
	情感价值感知				0.26	4.69**
满意度	性别	0.40	0.16	9.87（4）**	0.11	0.97
	教龄				-0.03	-0.46
	经验				0.03	0.72
	情感价值感知				0.34	6.09**
知识共性	性别	0.47	0.22	11.67（5）**	-0.14	-1.33
	教龄				-0.21	-3.19**
	经验				0.09	2.18
	满意度				0.24	3.54**
	情感价值感知				0.18	3.05**

注：**表示显著性概率小于 0.01 水平。

表 4-13　模型总效应、直接效应及中介效应分解表

	效应值	Boot 标准误差	Boot CI 下限	Boot CI 上限	相对效应值
总效应	0.26	0.06	0.15	0.37	—
直接效应	0.18	0.06	0.06	0.29	69.23%
中介效应	0.08	0.03	0.03	0.14	30.77%

5. 性别、教龄和网络使用经验的调控作用

从表 4-12 的中介作用分析结果来看，性别变量和网络使用经验因素对教师知识共享行为的控制作用不明显，但中小学教师的教龄对其知识共享行为的控制效果显著（β=-0.2，t=-3.22，$P<0.01$）。按照不同教龄年限的教师进行编组分析，三种知识共享行为的描述性统计结果如表 4-14 所示。

表 4-14　不同教龄教师知识共享行为描述性统计结果

	教龄	样本量（N）	均值	标准差	均值的标准误差
浏览行为	小于 2 年	62	3.90	1.097	0.139
	2~5 年	87	3.64	1.045	0.112
	大于 5 年	61	3.80	0.792	0.101
回帖行为	小于 2 年	62	3.32	1.004	0.128
	2~5 年	87	3.01	0.946	0.101
	大于 5 年	61	2.74	0.854	0.109
发帖行为	小于 2 年	62	3.35	1.010	0.128
	2~5 年	87	2.94	0.907	0.097
	大于 5 年	61	2.54	0.848	0.109

为进一步判断教龄对中小学教师的三种知识共享行为是否有一致的调控作用，在数据符合正态性和方差齐性检验情况下，利用单因素方差分析（one-factor analysis of variance）逐一进行变量分组比较。单因素方差分析的结果表明：在浏览行为上，不同教龄年限组教师的知识共享行为得分不存在显著性差异（F=1.289，P=0.278），但在回帖行为得分和发帖行为得分上存在显著性差异。然后进一步通过独立样本检验，对教师的回帖行为和发帖行为进行两两比较，分析结果表明：在回帖行为上，教龄大于 5 年的中小学教师与教龄小于 2 年和在 2~5 年教师的差异性显著，教龄小于 2 年和在 2~5 年教师的差异性不显著；在发帖行为上，三类教龄教师行为得分的差异性均显著。

四、结论与建议

（一）研究结论

从长远和可持续发展来看，网络学习空间项目推进不仅要关注"好不好用""有没有用"的问题，更要关注中小学教师"想不想用"的问题。研究团队以社会交换理论为基础，构建了社区奖励因素对中小学教师网络学习空间知识共享行为分析模型，并通过问卷调查、结构方程模型等方法，对模型结构关系和研究假设进行了检验，得出如下结论。

（1）在网络学习空间中，中小学教师对社区奖励的实用价值感知直接正向影响其对社区奖励的情感价值感知，这说明中小学教师在知识共享过程，获得积分、财富值、经验值、兑换券等虚拟货币，能够给其带来一定的情感收获，但对其在网络学习空间中的知识共享行为并没有产生直接影响。究其原因，可能与虚拟货币可兑换的服务或产品类型有限，虚拟货币的使用范围只能局限于某个网络空间内有关，导致用户实际上并没有切实感受到虚拟货币的实用价值。

（2）在网络学习空间中，中小学教师对社区奖励的情感价值感知直接正向影响其对网络学习空间的满意度，也直接正向影响其在网络学习空间中的知识共享行为。这说明，中小学教师非常重视个人在网络学习空间中的级别权限、荣誉徽章带来的成就感、得到更多"关注和回应"时所体会到的社交感以及参与知识共享活动过程中的自我肯定和助人愉悦感。

（3）在网络学习空间中，中小学教师的网络学习空间满意度对其知识共享行为具有显著的中介效应。这进一步佐证了，知识共享行为是一类由知识贡献者自主决定的"角色外"行为，具有很高的自我决定性，难以强迫。在实践中，应该遵循"吸引、激励而非强制"的原则，构建促进教师在个人网络学习空间进行知识共享的机制。

（4）在网络学习空间中，教龄对中小学教师知识共享过程中的发帖和回帖行为具有显著的调控作用。教龄小于2年的教师，发帖和回帖行为最积极，这可能与他们参加工作时间不长、经验不足或实践性知识需求量大有一定的关系；而教龄大于5年的教师，发帖和回帖行为都不是很积极。

（二）相关建议

根据上述研究结论，本书提出如下研究建议。

1. 推进网络学习空间社区奖励体系的建设，通过吸引而非强迫的方式让广大中小学教师积极参与网络学习空间的知识分享

本部分的研究结果表明，中小学教师对社区奖励的价值感知对网络学习空间的满意度和知识共享行为都有积极的正向影响，说明在网络学习空间中设置虚拟奖励很有必要。目前，大部分网络学习空间在支持课堂教学、个性化自主学习等方面的功能已经比较完善，但在社区奖励这方面尚未引起高度重视。个人知识被视为一种重要且独有的宝贵资源，若要每位教师真正把自己认为十分有价值的知识主动拿出来、放到网络学习空间中进行共享，实际上并非易事。如果没有一定的激励机制，拥有者无私奉献，需求者随意获取，显然难以激发中小学教师在空间中持续分享个人知识的欲望，也难以吸引优质资源拥有者积极"入住"网络学习空间。优质资源拥有者不积极"入住"网络学习空间，网络学习空间的供给能力就上不来，自然难以吸引有需求用户的积极到访，因此网络学习空间在知识共享方面出现"冷冷清清"的局面在所难免。为了通过网络学习空间促进教师个人知识的大范围共享，带动教师群体共同成长，使网络学习空间发挥更大的作用，推进网络学习空间社区奖励体系建设非常必要。

2. 研制符合用户特点和需要的社区奖励方案，让中小学教师切实感受到因知识分享而产生的实用价值和情感价值

奖励方案是社区奖励的具体实现形式，目的是引发用户的重复行为。从商业网络社区领域来看，奖励方案的实现模式主要有积分奖励、会员卡和会员俱乐部三种[①]。目前，社会性虚拟社区大都采用了积分奖励方式，如积分、排行榜、虚拟货币、荣誉徽章、功能券、小额现金等，对社区用户的信息共享行为产生了较好的激励作用。但仔细研究也不难发现，由于不同平台面对的用户群体不同，每个平台的社区奖励方案也并不完全相同。例如，乐途旅游网使用了礼品卡、乐币、感谢量、经验值、荣誉勋章等；经管之家使用了论坛币、经验、威望、学术水平、热心指数、信用等级等。由于网络学习空间的用户主要是教师、学生、家长、管理者等，网络学习空间中社区奖励方案设置应该针对这些用户特点和需求进行研发，使社区奖励体系能真正发挥激励作用，从而提升网络学习空间社区奖励的有效性。另外，为了发挥社区奖励实用价值感知的激励作用，在社区奖励设置上需要尽量丰富虚拟货币可兑换的服务或产品类型，可以考虑不同利益相关方一起打造网络学习空间社区奖励虚拟货币联盟，扩大积分、财富值、经验值等虚拟货币的使用范围和实用性。

---

① 李彩丽. 虚拟社区奖励计划对用户知识共享持续意愿影响研究[D]. 南宁: 广西大学, 2015.

3. 加强网络学习空间满意度建设，让更多有经验的教师共享个人实践知识

实证结果表明，中小学教师对网络学习空间的满意度不仅会直接影响其知识共享的行为，而且在情感价值感知与知识共享行为之间还有显著的中介效应，说明满意度在中小学教师的网络学习空间知识共享行为中发挥着十分重要的作用。为了提升教师对网络学习空间知识共享的满意度，应该关注长期导向、共同利益下的知识共享动机，把网络学习空间打造成一个"人人为我，我为人人"的互惠家园。很多老师不愿意进行知识共享，主要是担心知识独有权和优势地位的丧失，所以在网络学习空间中做好知识所有权保护、建立获得与付出相一致的社区奖励机制十分重要。另外，该调查结果也显示，那些教龄比较长、拥有一定经验的教师并不是网络学习空间知识共享活动的积极参与者，如何激发这些教师共享个人实践知识的积极性和主动性，也是网络学习空间满意度建设中需要重点考虑的。

第五章 网络学习空间与学校变革

网络学习空间带来的学习环境和学习方式变革，正在促使学校的组织形式和管理模式发生重大变革。融入网络空间，以个性化、智能化、多元协同为特点的未来学校正在形成，其意义正在逐步从知识本位的教育向能力和素养本位的现代教育转型，从同质化教育向个性化教育转型，从信息集成管理向智能决策管理转型。本章以学校环境变革、课程变革、管理变革、形态变革为专题，分析了网络学习空间在学校变革中的作用。

第一节 学校环境变革

随着大数据、物联网等智能技术的发展，传统学习环境突破了虚实限制，将物理空间与虚拟空间无缝融合，逐渐发展成为智能学习空间。网络学习空间作为虚拟教学空间的主体，为学生的正式学习和非正式学习提供智慧学习环境，能够利用学习分析技术深入、及时地了解学生的学习情况和状态变化，以便提供适应性支持和教学服务，帮助教师完成知识的教授、内化和迁移，实现学生自主、灵活、个性化的学习。

一、智慧校园

2008 年，IBM（国际商业机器）公司首次提出智慧地球的概念。智慧地球中"智慧"主要是指利用新一代信息技术更加迅速、灵活、正确地理解事物和解决问题的能力。此后，学界提出了智慧校园的概念。

（一）什么是智慧校园

智慧校园目前还没有统一的标准说法。黄荣怀等[①]认为，智慧校园是指一种以面向师生个性化服务为理念，能全面感知物理环境，识别学习者个体特征和学习情境，提供无缝互通的网络通信，有效支持教学过程分析、评价和智能决策的开放教育教学环境和便利舒适的生活环境。智慧校园具有 5 个基本特征，即环境全面感知、网络无缝互通、海量数据支撑、开放学习环境、师生个性服务。宗平等

---

① 黄荣怀，张进宝，胡永斌，等. 智慧校园：数字校园发展的必然趋势[J]. 开放教育研究，2012，18(4): 12-17.

认为,智慧校园的核心特征主要体现在三个方面:一是向全体师生提供一个全面的智能感知环境和综合信息服务平台,提供基于角色的个性化定制服务;二是将基于计算机网络的信息服务融入学校的各个应用与服务领域,实现互联和协作;三是通过智能感知环境和综合信息服务平台,为学校与外部世界提供一个相互交流和相互感知的接口[①]。祝智庭等[②]认为,智慧终端、智慧教室、智慧校园、智慧教育云等都是基于不同尺度范围对智慧教育划分出的不同学习空间,都是为发展学生智慧而服务的。

从上述论述来看,智慧校园是一种新型的校园形态,是利用物联网、大数据、云计算等先进的信息技术手段实现环境全面感知,从资源、管理到服务全部数据化、网络化、智慧化,以提高教育教学及教育管理水平的智慧学习环境。

(二)智慧校园中的网络学习空间

智慧校园涵盖教学环境与资源、校园管理和服务以及信息安全体系等多个方面,网络学习空间是智慧校园的重要组成部分。网络学习空间在智慧校园中主要有如下几个应用模块。

1. 教学服务模块

运用大数据和云计算技术开发出的网络教学平台,可以为学校各个学科提供丰富优质的教学资源。课下,学生可以通过电子设备随时随地查看教学内容,自主选择感兴趣的课程内容和知识点,通过平台提供的在线交互手段获取反馈和帮助。课上,教师在云平台中采取多种方式开展教学互动,例如限时抢答、随堂测试等提高学生的参与度,促进学生知识的掌握和能力的培养。网络学习平台支持的学习环境更加人性化、智能化,极大地促进了教学改革,提高了教学质量。

2. 数据集成与共享模块

网络学习平台能够利用大数据技术对学校管理和发展中涉及的各项数据进行深度挖掘并加以处理,同时在云计算技术的帮助下,将分析结果共享给全校师生。通过构建集成公共数据共享平台,可以加快校内信息传递速度,促进各部门之间的沟通交流,有利于打破高校内部管理信息的孤岛格局。例如,教学、科研和管理数据全校范围内共享,教师网络学习空间中录入的数据通过有效集成构成公共信息数据库,不但能够便于行政管理部门对学校的监管和评价,也有助于促进学校的可持续发展。

---

① 宗平,朱洪波,黄刚,等.智慧校园设计方法的研究[J].南京邮电大学学报(自然科学版),2010,30(4):15-19,51.
② 祝智庭,贺斌.智慧教育:教育信息化的新境界[J].电化教育研究,2012,33(12):5-13.

3. 学生管理模块

学生管理模块主要具有智能预警和学情诊断的功能。网络学习空间利用云计算与大数据技术，对学生在学校中的学习情况和生活状况等各相关信息进行收集和分析，通过对学生各项考试成绩、出勤率等进行统计分析，及时向学生发出相关预警信息。目前，智能预警一般设置有学分预警、实习就业提醒、学风智能提醒等，通过及时向家长和学生预警，可以有效提高学校的管理水平和服务质量。

4. 学校管理模块

该模块是通过采集、分析、处理网络教学空间中存储的海量数据，为学校管理提供决策支持服务。包括通过对学校财务信息进行采集分析，清晰展现各项收入、支出情况，为学校财务决策提供数据支持；通过对学生学习情况、实习单位和消费水平等进行分析，了解学生的个人学习、生活情况，便于更好地调整管理方法，对学生开展针对性指导和帮助；通过对每年的招生就业情况进行分析，制订合理的招生计划，及时加强学科专业建设、优化课程内容、优化师资结构，提高学生就业竞争力。

（三）案例介绍

苏州大学与华为技术有限公司共同打造了"云中苏大"的智慧校园项目[①]。该项目的目标是在学校无盲点数据采集的基础上，实现校园内的人、景、物以及学术活动、文化生活等各个方面的全息复制，实现数字化、镜像化。再通过沃土数字平台，逐步实现校园智慧化，使无处不在的校园学习、融合创新的科学研究、透明高效的校务治理、丰富多彩的校园文化、方便周到的校园生活成为可能。在第一期建设中，一共完成了 6 个应用的建设，分别是迎新、离校、智能电表、停车诱导、人脸识别和 360 智慧教室项目。

（1）建成基于 5G 及 VR/AR 技术打造的 360 智慧教室，重构医疗教学模式，开展临床医学案例沉浸式教学。新构建的医疗教学模式实现了 5 个打破，即打破物理空间限制，随时随地进行学习；打破知识体系限制，任何学院、任何年级的同学均可根据爱好参与学习；打破交流限制，直接与主刀医生、手术室医生交流互动，增强教学体验；打破老师的知识结构限制，各领域专家灵活参与授课；打破原有教学体验，VR 身临其境的教学模式，给学生以沉浸式体验。

[①] 蔡燊冬. 苏州大学：精心打造数字化、镜像化、智能化的"云中大学"[EB/OL]. (2019-12-17)[2020-08-08]. http://xb.suda.edu.cn/ef/00/c16635a388864/page.psp.

（2）利用物联网技术，建设了校园智慧停车系统和智能电表系统。精准识别单个车位的状态，运用车牌识别技术记录车辆轨迹，无画线停车场车位状态，实时指引车主快速找到停车位，提升使用体验。同时避免超量车辆进入校区，实现有序停车。通过智能电表的部署，实现了系统自动抄表计费，学生随时随地通过手机缴费，同时还可以对恶性负载进行实时告警，保障用电安全。

（3）部署人脸识别系统，150 路人脸识别摄像机在校园主要出入口、教室、宿舍、图书馆和食堂等场景进行应用，如图 5-1 所示。这不仅是对现有安防系统的一个升级，同时也可以更便利地实现无感身份认证、课堂考勤等多种功能。

图 5-1 "云中苏大"迎新系统人脸识别

（4）全新的迎新、离校系统。迎新系统从服务新生开始，如图 5-2 所示，建立新生入校重要事件的时间轴，建立每个专业的学业知识图谱，同时建立新生数字档案，为后续充分感知学生的成长发展积累各自的数据，也为学校精准陪伴每个需要帮助和提优的学生打下基础。新的离校系统利用现有学生的数字档案，从多个维度面向毕业生提供了 94 个数据类别的信息，可以大致勾勒出学生在校期间的成长轨迹。迎新离校系统只是成长陪伴方案应用的建设起点，后期还将通过全量数据采集和多维分析，基于华为沃土数字平台中的数据湖、主题数据库、视频云、大数据分析等模块完成学生精准画像，不仅根据学生的兴趣、爱好、日常行为完成学生画像，做到精准关怀，更依照学生的个性化学习行为、知识结构、专业特长，完成课程推荐，实现精准培养。

图 5-2 "云中苏大"迎新系统服务新生

二、智慧教室

随着智慧地球、智慧教育等概念的提出以及先进技术的发展，利用传感技术、人工智能技术、网络技术等改善学习者的学习环境和搭建智慧型教室已经成为一种必然趋势。传统班级集中授课时，一名教师通常要面对数十位学生，纸质教材和习题是主要的教学材料，视频、图片、演示文稿是主要的教学方式。教师只能依靠学生课堂表现和课后作业粗略了解学生的学习情况。由于缺乏信息技术支持，无法全面记录学生的学习时间、做题过程、学习习惯，缺少过程数据，教师难以从学生学习过程中掌握学生真实的学习情况、了解学生的学习盲区，针对薄弱环节指导困难，难以提高学生的学习成绩。因此，智慧教室的发展引起了广泛关注。

（一）不同视角下的智慧教室

（1）功能角度。智慧教室是基于媒体和网络教室的一种能够优化教学内容呈现、便利学习资源获取、促进课堂交互开展、具有情境感知和环境管理功能的新型高端教室[1]。其"智慧性"功能体现在内容呈现、环境管理、资源获取、及时互动、情景感知等五个方面。

（2）技术角度。从应用技术角度来看，智慧教室是借助普适计算技术、物联网技术、云计算技术和智能技术等促进学生知识构建的智慧学习空间[2]。其中，学习空间包括物理空间和数字空间、本地和远程的结合，改善了人与学习环境的关系，从而实现人与环境自然交互，便于交流、协作和共享，最终满足学习者个性化学习、开放式学习和泛在学习的需求。

---

[1] 黄荣怀, 胡永斌, 杨俊锋, 等. 智慧教室的概念及特征[J]. 开放教育研究, 2012, 18(2): 22-27.
[2] 张亚珍, 张宝辉, 韩云霞. 国内外智慧教室研究评价及展望[J]. 开放教育研究, 2014, 20(1): 81-91.

（3）特征角度。智慧教室应该具备以下特征：装备先进（齐全）、操控便利（自如）、资源丰富（充分）、交互实时（流畅）、教学方式灵活（多样）。因此，智慧教室是依靠智能空间技术实现以人机自然交互为特征的，易于控制和操作各种设备的，利于师生无缝地接入资源并从事教育教学活动的，以及能够适应包括远程教学在内多种学习方式的增强型教室[①]。

综合以上研究，智慧教室是基于物联网技术、传感技术、人工智能技术等感知学生信息、获取学习资源、呈现教学内容、支持学习过程、满足学习者个性化学习和辅助教师完成教学任务的智慧学习空间，是推进智慧校园建设的重要组成部分，通过引入先进装备将教学活动提高到更高层次，以实现最优教学效果。

（二）智慧教室中的网络学习空间

从网络学习空间功能来看，其对智慧教室的"智能性"支持可以从两个方面体现。

1. 学习资源聚合

学习资源是实现教育系统变革的基础，是教育智慧沉淀、分享的重要载体[②]。智慧教室建设的基础特性就是资源获取，而资源获取的最佳方式是对网络学习空间的建设。开展智慧教室的网络学习空间建设时，可以将课前、课中和课后的各类学习资源聚合在一个空间里。其中，课前元素包括预习提纲、知识点、参考书籍和参考电子资源；课中元素包括电子板书、课堂录播、互动平台和随堂测试；课后元素包括网络作业、在线答疑和共享知识库。其中，电子板书和课堂录播需要通过软硬件结合的方式实现，而其他资源都是软件层面的工作。电子板书通过平板电脑结合互动白板、智能黑板等形式，将教师的书写笔迹动态记录，并作为师生回溯课堂内容的重要资源，这类数字资源为学习空间提供了必要的素材。

2. 智能分析应用

"智慧教室"的学习空间建设，除了收集必要的空间素材，记录学生的学习过程和学习轨迹之外，更重要的是将各类资源有机组织起来，构成实用的学习空间，为教育教学的科学决策提供大数据支持。利用空间实现智慧教室的情境感知和智能管理，一方面对室内空气、温度、光线、声音等参数进行分析和调整；另一方面利用课堂录播系统记录教学过程，跟踪师生互动轨迹，通过大数据分析等技术实现学习过程的分析诊断。在分析诊断方面，空间要能够支持教学过程的全方位

---

① 陈卫东, 叶新东, 张际平. 智能教室研究现状与未来展望[J]. 远程教育杂志, 2011, 29(4): 39-45.
② 杨现民, 余胜泉. 智慧教育体系架构与关键支撑技术[J]. 中国电化教育, 2015(1): 77-84, 130.

监控和深度互动，及时发现教师的教学状态和学生的学习状态，为教育教学的方法改革和方式创新提供必要的依据。

（三）案例介绍

浙江大学于 2020 年暑期对 400 间公共教室进行了改造和智能升级[①]，主要包括以下内容。

（1）智能中控系统。不用复杂的操作说明，教师只需轻轻点击一键上课，电脑、投影机、幕布、音响等设备就可以实现自动开启。教室内安装可控式感应灯光，通过中控系统显示并调节室内温湿度和灯光亮度。

（2）多屏显示及扩声系统。教室内设有多个辅助显示屏幕，教师不用频繁回头即可查看讲台上的投影，坐在大教室最后一排的同学也能借助显示屏幕看清楚教师在黑板上的板书。教室前后配有多个高保真音响，可以将声音清晰地传达到教室的每个角落，让学生随时跟上教师的授课节奏。

（3）常态化直播录播系统。高清直播录播系统与浙大"智云课堂"连接，系统以直播区、PPT 区、电子笔记区和语音识别区"四分屏"的形式，保存完整教学场景，实现音视频同步，如图 5-3 所示。部分教室还配备了师生远程互动系统，

图 5-3 高清直播系统与"智云课堂"连接

---

① 浙江大学. 近 400 间！浙大教室智慧升级，体验感太赞了！[EB/OL]. (2020-09-29)[2020-10-05]. https://mp.weixin.qq.com/s?__biz=MjM5NDgxNTQwNQ==&mid=2650754198&idx=1&sn=9a0b8d0a1ef76c1f2b3443bfb012fc88&chksm=be89e05489fe6942fb24d70b3544562e2646f158676953de496def9cde574658ef1f9a089f70#rd.

可以实现跨校区的线上线下同步课堂。系统提供回看功能，为学生回溯教学过程、巩固和加深对知识点的理解提供了条件。常态化录播系统的使用为学生突破时空限制的学习、个性化的学习和更公平的学习提供了必要的条件。

（4）纳米智能黑板。在装有纳米智能黑板的教室里，如图5-4所示，教师可以通过触屏方式实现传统教学黑板和智能黑板之间的无缝切换，实现将电脑和手机同时一键投屏，将传统教学黑板变为可感知的互动黑板，在书写粉笔字的同时进行教学内容的叠加互动，实现了互动教学的创新突破。

图5-4 纳米智能黑板教室

第二节 学校课程变革

课程是教育质量保证的根本和基础，也是学校教育教学改革的关键和突破口。"互联网+教育"有利于促进课程实施的方式、环境、结构等变革。例如，线上线下混合、虚实融合、跨学科整合、个性化定制等。

一、线上线下混合

随着国家教育资源公共服务平台等新型信息化基础设施的建设，网络学习空间支撑体系的不断完善和便捷性的不断提升，教育形态呈现出立体化发展特征，线上课程学习与线下课堂教学有机结合，已成为学校课程实施方式的新常态。

（一）混合学习的出现

教育形态的变革推动课程变革，其中最为典型的就是混合学习。混合学习原指各种学习方式的结合，但随着因特网的普及和在线学习的发展，混合学习把传统学习方式的优势和在线学习的特长结合起来，进而既要发挥教师引导、启发、监控教学过程的主导作用，又要充分体现学生作为学习过程主体的主动性、积极性与创造性[①]。《混合式学习的理论与实践》一书中指出，混合学习理论的核心是在适当的时间为适当的人采用适当的学习技术和为适应适当的学习风格而传递适当的技能来优化与学习目标对应的学业成就[②]。

（二）基于网络学习空间的混合学习实施

近年来，更多的研究着重于混合学习模式创新与应用方面。徐梅丹等[③]以建构主义教学理论、首要教学原理及个性化学习理论等为基础，构建基于微信公众平台的新颖混合学习模式，形成新型的师生关系，增进师生情感交流。黄志芳等[④]在智慧教育理念、生态系统学、教学交互等相关理论指导下，设计了混合学习环境下交互式生态课堂教学活动，构建混合学习环境下交互式课堂生态系统。实践表明，学习者在参与交互式生态课堂的过程中，学习表现优于传统多媒体教学，学习动机的提高更为显著。王佳利等[⑤]通过构建与实施扬州大学网络教学平台的"办公室网络信息技术"校本混合课程，发现学生对混合课程的接受度和满意度较高，并且学生的在线学习行为表现与学业成绩呈正相关，说明合理设计校本混合课程有助于提升教学质量。下面介绍另外两种混合学习模式。

1. 基于BOPPPS的线上线下混合教学

BOPPPS源于加拿大的教师技能培训，最早是由加拿大英属哥伦比亚大学（University of British Columbia，UBC）的Douglas Kerr于1978年提出，是一种以教学目标为导向、以学习者为中心的教学活动模式。该模式包括六个环节，分别是导言（bridge）、目标（objective）、前测（pre-assessment）、参与式学习（participatory learning）、后测（post-assessment）、摘要/总结（summary），BOPPPS是六个环节

---

① 何克抗. 从Blending Learning看教育技术理论的新发展(上)[J]. 电化教育研究, 2004(3): 1-6.
② 黄荣怀, 周跃良, 王迎. 混合式学习的理论与实践[M]. 北京: 高等教育出版社, 2006.
③ 徐梅丹, 兰国帅, 张一春, 等. 构建基于微信公众平台的混合学习模式[J]. 中国远程教育, 2015(4): 36-42, 62, 80.
④ 黄志芳, 周瑞婕, 万力勇. 混合学习环境下交互式课堂生态系统设计及实证研究[J]. 电化教育研究, 2020, 41(4): 78-85.
⑤ 王佳利, 李斌峰. 基于网络教学平台校本混合课程教学效果的实证研究[J]. 电化教育研究, 2016, 37(3): 101-107.

的英文首字母缩写。其中，导言（B）环节，是引起学生注意、引导学生兴趣、引发学习动机；目标（O）环节，是让学生知道学习重点、明确学习要求，对学习任务做到心中有数；前测（P）环节，是了解学生学习准备和知识掌握情况，用于指导教师的后续教学安排；参与式学习（P）环节，是整个教学过程的关键环节，要切实使实现学习目标的有效行为发生，让学生积极参与到课堂学习过程中；后测（P）环节，是评估学生学习结果、检验是否达到学习目标，发现学生存在的问题；摘要/总结（S）环节，是问题式讲解、针对式回顾，布置作业，为后续学习做铺垫等。把 BOPPPS 的环节合理地分布于线下线上空间，形成了如表 5-1 所示混合教学模式。

表 5-1 基于 BOPPPS 的线上线下混合教学

时间	环境	环节	教学策略
课前	线下	导言（B）	解释学习的意义或重要性，提供相关的故事、时事、案例等，联系已有知识或学习内容，提出与教学主题相关、引发兴趣或动机问题等
		目标（O）	将学到什么、如何考核，概要主要活动、作业等
		前测（P）	议题讨论、问题解答、小测验、提交作业、调查问卷等
课上	线上线下	参与式学习（P）	小组讨论、个人或者小组报告、讨论式学习、案例分析、虚拟实践、师生互动、鼓励学生发言等
		后测（P）	选择题或简答题、口头报告、核查表、报告心得、问卷、现场展示等
		摘要/总结（S）	评论后测，回顾所学、整理要点、归纳结构等
课后	线上线下	复习与总结（S）	作业、实践、答疑等

2. 基于班级虚拟共同体的混合学习模式

以往的混合学习更多地应用于高等教育，而在 2020 年新冠疫情居家学习期间，混合学习在大中小学生教育中均发挥了重要的作用。宋灵青等[①]提出以培养学生"五育"为重点，科学设计居家学习内容，从现有资源和生成性资源、线上资源和线下资源两个维度对学习资源进行划分和使用方式分析，建构了基于班级虚拟共同体的"同步在线学习+异步在线学习+线下自主学习"相结合的混合学习模式，如图5-5所示。

---

① 宋灵青, 许林. 疫情时期学生居家学习方式、学习内容与学习模式构建[J]. 电化教育研究, 2020, 41(5): 18-26.

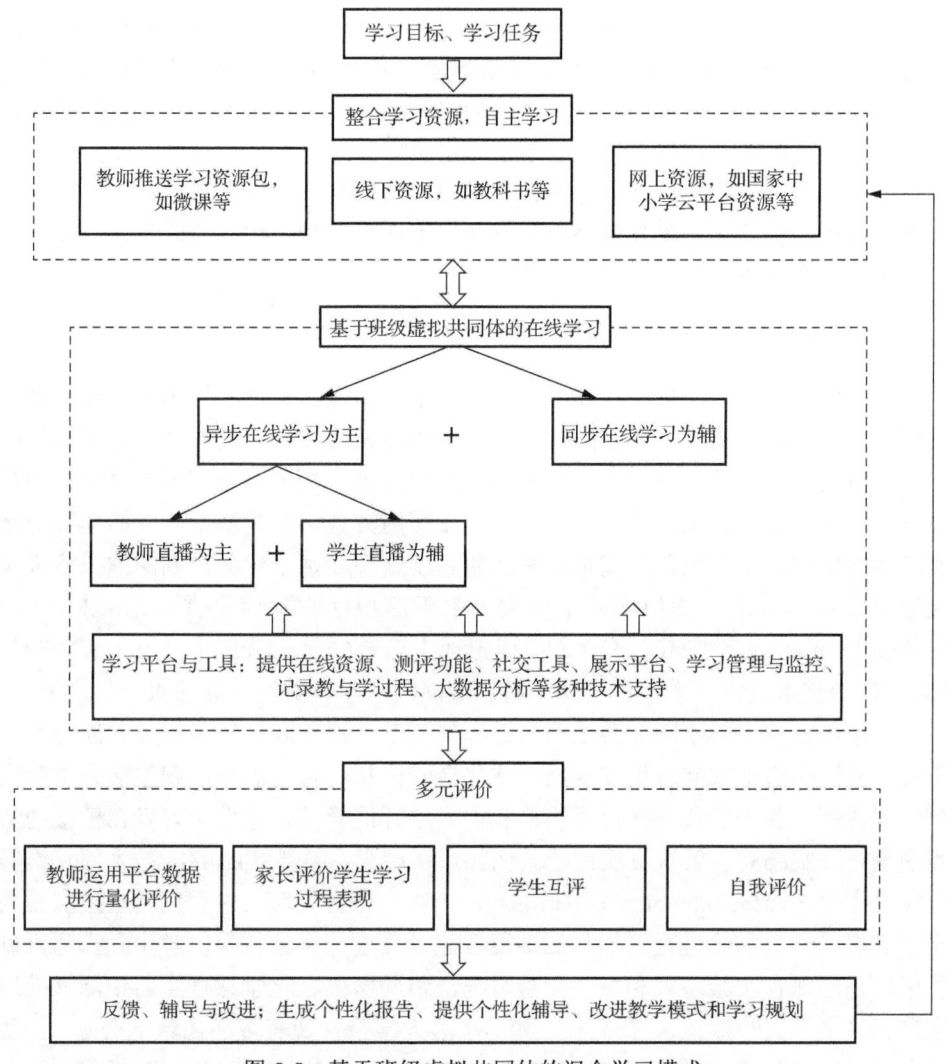

图 5-5　基于班级虚拟共同体的混合学习模式

二、虚实融合

随着虚拟现实技术的发展，课程的呈现不仅仅局限于课堂，贴近现实生活的虚拟仿真实验室也逐渐成为学习的新场所。虚拟仿真技术是继数学推理、科学实验之后人类认识自然界客观规律的第三类基本方法，而且正在发展成为人类认识和改造客观世界的一项通用性、战略性技术，已成为社会未来发展的必然趋势。

2013 年 8 月，教育部开始展开国家级虚拟仿真实验教学中心的建设工作[①]，

---

① 教育部高等教育司. 关于开展国家级虚拟仿真实验教学中心建设工作的通知[EB/OL]. (2013-08-13)[2020-08-08]. http://www.moe.gov.cn/s78/A08/tongzhi/201308/t20130821_156121.html.

截至 2023 年 4 月，基于"智能+教育"的虚拟仿真实验教学项目上线数量已超过 1800 个，覆盖全国 2600 余所高校，实验次数超过 1600 万人次。将虚拟技术应用到教育领域，在教学过程中建立层次化的实验教学体系，增加学生的实践操作机会，回归真实的生活场景，有助于学生运用所学知识解决实际问题，在实践中反思，深化对理论知识的理解。在实验教学中，利用具有开放性、仿真性、共享性等优点的虚拟仿真实验进行教学能够弥补当下课程重知识轻能力的短板，符合当下人才培养的战略目标。

（一）理实一体化课程

虚拟仿真教学资源按应用技术可以分为基于多媒体计算机的虚拟实验、基于网络的分布式协同实验、基于虚拟现实技术的浸入式实验、基于教育游戏软件的个性化自主实验、基于远程遥控技术的交互实验等；按平台特征可以分为移动实验室、网络实验室、虚拟仿真实验室等；按使用方式可分为基于软件的虚拟仿真实验教学资源、基于仪器的虚拟仿真实验教学资源和基于远程控制的虚拟仿真实验教学资源。目前，虚拟实验平台大多基于虚拟现实建模语言（virtual reality modeling language，VRML）、Virtools、虚拟现实平台（virtual reality platform，VRP）、Flash3D 等技术进行开发，应用的学科领域涉及医学、航海、计算机、化学等。

虚拟仿真技术的不断完善推动着课程的变革，课程观由知识本位向能力本位转变，从压缩饼干式向理论和实践一体化转变，从项目化向以回归生活为主的虚拟现实转变。各个学段都在课程结构和内容中开展尝试，帮助学习者在模拟的情境中获得真实感受，解决真实问题。例如，在中学，基于 Flash3D 技术的三维虚拟化学实验（virtual chemical experiment，VCE）平台能够对中学化学虚拟实验场景、虚拟仪器、物品进行二维和三维混合建模并进行实验教学，学生和教师可以利用该平台保存实验步骤和相关实验数据，帮助学生在化学课程学习中能够准确掌握相关化学实验知识[①]。在高校，陆军军医大学整合现有数字化教学资源，创新建立突出灾害医学救援特点的、针对基础知识和能力的 GAP-FREED 虚拟仿真训练课程[②]，如图 5-6 所示。灾害医学救援基础知识和能力虚拟仿真训练，旨在进一步夯实通科医学知识、强化灾害医学相关理论基础，并通过虚拟仿真训练搭建理论到实践的桥梁。课程由偏重医学基础的 GAP 模块和偏重灾害现场救援基本技能的 FREED 模块构成，可分为 8 个子课程。在职业院校，福州建筑工程职业中专学校将虚拟仿真应用于电梯施工技术等学科的教学中，在正式组装和维修之前利

---

① 张学军，唐久磊，魏江明. 基于 Flash3D 的中学化学虚拟实验平台的设计与实现[J]. 电化教育研究，2014，35(1): 79-84.
② 黄河清，卢长伟，刘刚，等. 灾害医学救援 GAP-FREED 虚拟仿真课程构建与实践[J]. 中国医学教育技术，2016，30(2): 166-170.

用虚拟实验进行预习，有助于学生从实验整体到局部建立起直观的感性认识，能有效避免在正式组装和维修过程中出现的错误操作[①]。

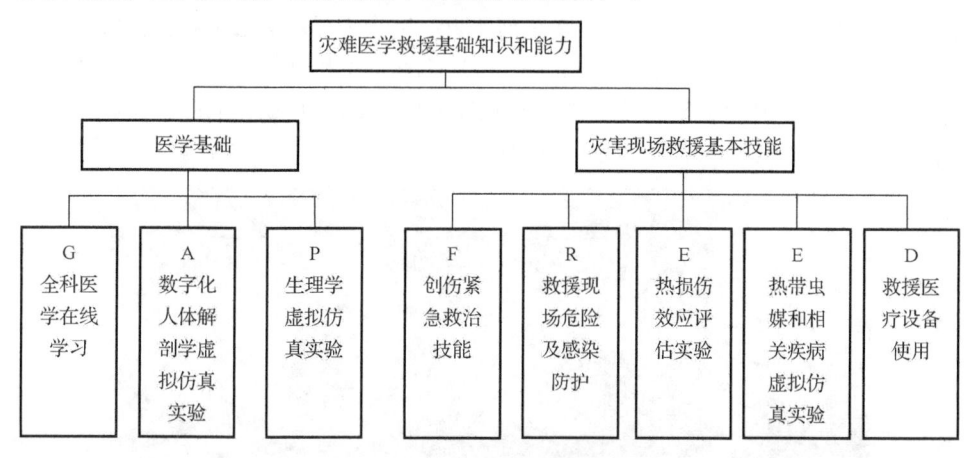

```
                    灾难医学救援基础知识和能力
                    ┌──────────┴──────────┐
                 医学基础            灾害现场救援基本技能
            ┌──────┼──────┐    ┌──────┬──────┬──────┬──────┐
            G      A      P    F      R      E      E      D
          全科   数字化  生理学 创伤   救援   热损伤 热带虫 救援
          医学   人体解  虚拟   紧急   现场   效应   媒和相 医疗
          在线   剖学虚  仿真   救治   危险   评估   关疾病 设备
          学习   拟仿真  实验   技能   及感染 实验   虚拟仿 使用
                 实验                 防护          真实验
```

图 5-6　GAP-FREED 课程结构

网络学习空间功能的日渐完善为虚拟仿真实验教学提供有力的支撑环境。国家虚拟仿真实验教学项目共享平台在新冠疫情期间，推出与抗击疫情相关的公共卫生与预防医学类、护理学类、新闻传播学类学习专题，面向高校在校大学生提供在线实验学习资源，面向广大医疗战线从业人员提供在线实训演练途径，面向社会学习者提供科普教育虚拟现实学习渠道，实现"停课不停教、停课不停学"，为打响抗疫攻坚战贡献力量。网络学习空间整合虚拟仿真教学资源，使学生能够根据自身需求进行个性化学习，在掌握理论的基础上，深化对知识的理解，在仿真实验中培养解决实际问题的能力。

（二）虚实融合化课堂

智慧教室能够提供虚实融合的学习环境，这为教育教学提供了全新的育人方式。现实学习环境中教师的知识讲解有助于学习者的临场体验和实际操作能力的培养，虚拟学习环境中知识的讲授、传播、分享有助于跨地域的协作学习，二者无界限地融合促使学习内容的来源、学习方式均发生了根本性变革。通过华为公司支持建设的数字平台，苏州大学建设了基于 5G 及 VR/AR 技术打造的 360 智慧教室并开展临床医学案例沉浸式教学[②]。苏州大学附属第一医院手术室里的手术现场通过 5G 被实时传送到苏州大学的案例教学课中，课堂上学生们的提问可以及

---
① 王继新, 陈文竹, 万冰怡. "互联网+"职业技能培养培训模式探析[J]. 中国电化教育, 2017(7): 99-106.
② 苏州大学. 漫步云中苏大: 百年东吴这样打造未来大学[EB/OL]. (2019-09-28)[2020-08-28]. http://news.jstv.com/a/20190928/15696637701002.shtml.

时得到课堂内外专家的反馈，如图 5-7 所示。除了画面直播和即时互动，学生们还能戴上 VR 眼镜和耳机，身临其境地感受手术室环境。2019 学年，基于 VR/AR 技术的 5G 临床教学和 360 智慧教室在苏州大学多个教学楼完成交付，2020 年 4 月云中苏大 360 教室样板间正式启用。苏州大学的 360 智慧教室可以实现课堂物理空间无阻碍、知识体系无断档、教育活动无延时、师生互动无间隙、虚拟现实无界限。

图 5-7　临床医学案例沉浸式教学

三、跨学科整合

在传统教育中，学科与学科之间有着明显的分界。随着时代对复合型人才的需求不断提升，单一学科教学的局限性逐渐显现，课程整合、打破学科界限成为国际教育变革的趋势之一。在网络学习空间支撑下，可以将教学系统中分化的各要素及其各成分之间有机联系起来，使学生、教师、课程紧密结合，并在科内整合、科际整合、跨学科整合、超学科整合等层面促进整合型课程改革。

（一）课程整合的类型

课程整合是指采用各种有机整合的形式，使学校教学系统中分化了的各要素及其各成分之间形成有机联系的课程形态[①]。

（1）学科发展角度。以 Jocabs（乔克布斯）、Fogarty（弗格瑞）等为代表的研究者从学科发展的角度解释综合课程，认为课程整合是"运用不同的学科方法与语言以验证一项核心主题、议题、问题、单元或经验，进而通过学科之间的联结、沟通进一步优化学科教学的过程"[②]。通过课程整合，打破学科边界、优化知识结构，能够解决有限教学时空与不断扩展的学科知识之间的矛盾。Jacobs 根据课程

[①] 黄甫全. 整合课程与课程整合论[J]. 课程·教材·教法，1996(10): 6-11.
[②] Jacobs H H. Interdisciplinary Curriculum: Design and Implementation[M]. Alexandria: ASCD, 1989.

内容组织程度将课程由低到高划分为平行学科课程、科际整合课程、整合日、完全整合方案四类。平行学科课程是指通过调整教学的时间与空间让内容相关的学科保持同样的步调来实施教学，从而增进学科知识相互迁移的过程；科际整合课程则指基于同一主题，不同学科分别实施学科教学活动以促进对主题的理解；整合日则是指在规定的时间内，学生结合自身兴趣完全自主选择学习主题与学习方式，通过模块化的自主时间安排促进学生与学科之间的联系；完全整合方案则是在课程整合的理念指导下统筹安排学校课程，促进学校课程体系成为一个相互沟通、有机联系的整体。

（2）课程类型角度。杨澜等[①]根据课程类型的整合方式将课程整合分为学科内整合、跨学科整合与超学科整合三种类型。学科内整合是指教材内不同单元或不同年级的教材内容之间进行的整合。跨学科整合指的是若干科目以某一种超越主体或一体的方式，建立内部的联结。跨学科的整合分为两种形式：一种是多种学科根据共有的特征或者培养的共同目标整合为一种学科，另一种是根据引导的问题或者共同的概念等联系起来而形成的整合课程。超学科整合是从真实生活情境出发的一种超越多种学科的课程整合方式，该模式不以学科知识为起点，而是将学科隐藏在学习中，强调人的成长模式及其社会责任。

（3）整合途径角度。庞茗萱等[②]观察发现重构课程整合的模式共有三种途径，分别是以学科知识为线索的整合模式、以社会议题为线索的整合模式、以核心素养为线索的整合模式。以学科知识为线索的整合模式是根据学科知识的线索，分析各学科最基本的知识结构，找到不同学科间知识的连接点并加以整合的方式；以社会议题为线索的整合模式是把以适应环境所需的知识技能为核心的多学科知识进行整合，将学术性知识转化为解决社会议题的生活性知识的方式；以核心素养为线索的整合模式是以核心素养为线索，在课程方案层面、科目层面和主题或单元学习层面进行课堂层面整合的方式。

（二）基于核心素养的课程整合

21世纪以来，学生的核心素养始终是各国教育改革关注的热点。核心素养是不局限于个别学科的通用能力，无法只通过单一学科培养，所以其课程整合是实现培养学生核心素养的重中之重。课程设置由分科走向综合已经成为国际趋势，

---

① 杨澜, 陈冠伊, 殷洒. 多元视角下的课程整合——第十七届上海国际课程论坛综述[J]. 基础教育课程, 2020(5): 29-38.
② 庞茗萱, 刘亚玲. 共享课程整合经验 描绘课程整合蓝图——"第17届上海国际课程论坛"会议综述[J]. 教育测量与评价, 2020(3): 20-25.

对课程的探讨不再局限于学科或科目间的关系，而是从课程育人目标出发，重组原有学科结构，以主题、单元、项目等为出发点开发综合课程。而且随着课程改革的不断深入，具有实用价值导向的跨学科课程开始出现。这些课程的整合程度介于独立学科课程和超学科课程之间，既有独立的目标又与其他学科具有一定的相关性，并且这些课程有系统的教科书、独立的教学时间和教师[1]。以 STEM 整合课程为例，STEM 已经由最初仅代表科学（science）、技术（technology）、工程（engineering）和数学（mathematics）四个独立学科领域的术语，发展到一种基于多学科交叉融合方式培养复合创新型人才的教育理念，由侧重数学和科学教育融合，逐渐转向重视科学、技术、工程、数学、艺术和计算机等学科的整合教育。STEM 整合课程强调工程设计和技术应用，融入项目、合作、探究等学习方式的同时，着重科学探究、工程设计、数学推理能力和 21 世纪技能的培养[2]。

芬兰的跨学科整合在不增加现有课时与学科领域的前提下，基于跨学科素养发展任务的学段划分安排课时，并通过结构优化寻求科目间的自然整合，灵活安排"整合"与"分化"的内容，形成互为补充、各有侧重的整合模式。同时，配套提出基于现象的整合教学模式，鼓励学生利用多学科学习模块实现不同领域知识与技能的连接，在互动中形成有意义的整体[3]。美国综合课程改革追求教学价值、育人价值与社会价值的统一，从科内整合、科际整合、跨学科整合、超学科整合四个层面出发构建多层次、立体化的综合课程体系，并孕育出全语文、社会科学、STEM、21 世纪主题等多种有代表性的综合课程形态。美国综合课程改革强调从课程理念的高度把握并推动综合课程体系建设，注重综合课程的相关性、严密性和参与性，以保障课程品质[2]。芬兰和美国基于跨学科素养的课程整合思路，在发展理念和改革措施等方面的经验对我国基于核心素养的课程改革具有重要的参考价值。2018 年我国学者刘忠强等[4]提出在信息技术支撑环境下的 CASH 课程理念，把文化（culture）、艺术（art）、社会（society）、历史（history）等多学科深度融合，多维度培育人文社会学科核心素养。在课程实施过程中，强调引导学生应用所学知识解决生活中的实际问题。CASH 课程理念所指并非只限于文化、艺术、社会、历史四门学科，教学或学习过程中往往会涉及更广泛的人文社会科学和自然科学等有关知识。在中学语文网络学习空间中进行 CASH 课程教学的过程中发

---

[1] Johnson C C, Peters-Burton E E, Moore T J. STEM Road Map: A Framework for Integrated STEM Education[M]. London: Routledge, 2015.

[2] 刘登珲. 美国综合课程改革指导框架、实施路径与借鉴[J]. 比较教育研究, 2019, 41(12): 94-100.

[3] 王奕婷. 基于跨学科素养的课程整合研究[D]. 上海: 华东师范大学, 2018.

[4] 刘忠强, 钟绍春, 钟永江, 等. 基于 CASH 课程理念的中学语文网络学习空间建设策略研究[J]. 中国电化教育, 2018(6): 38-44.

现，CASH 课程对培养学生的综合解决实际问题能力、提升学生的批判性思维和创造能力起到重要作用。

（三）案例介绍

北京市教育委员会于 2015 年启动了初中开放科学实践活动,通过优化课程结构，推动学科、课程整合和校内外教育一体化[①]。该活动服务于北京市 7~9 年级学生，围绕物理、化学、生物等学科课程标准，开发、实施开放科学活动，构建无边界、跨学科的开放性学习服务平台，满足不同类型学生的个性化、多样化学习与发展需求。活动实施采用线上到线下的 O2O 模式，资源单位开发设计课程在线上提交审核并发布，学生在线上查看、预约，线下上课，教师在线上完成学生考勤，上传学生学习记录，学生自己上传作品与成果进行共享交流，开展线上评价。2015 年，秋季学期共开放实践活动项目 851 个，涉及自然与环境、数据与信息、能源与材料、结构与机械、健康与安全、电子与控制以及其他领域的最新科技成果，活动项目分布情况如图 5-8 所示。课程内容实现了学科内和跨学科的知识整合，重构了科学实践课程的体系结构，通过项目驱动实现了理论教学与实践应用的理实融合，更加关注学生的个性发展和个人选择，受到学生和家长的好评，网上抢课成为当时学生间的热门话题。

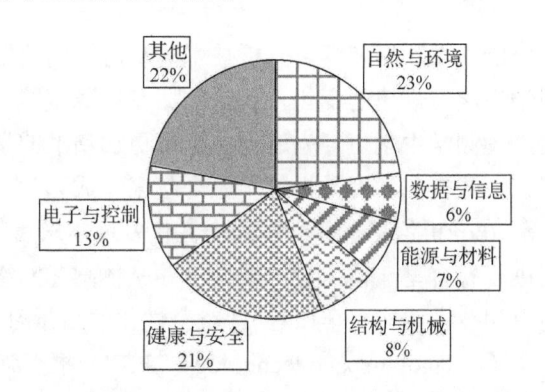

图 5-8　活动项目分布情况

四、个性化定制

个性化教育理念的兴起推动课程供给方式发生变革，课程由预先设定逐渐向动态生成转变，学生根据自己的兴趣与实际需求选择和定制属于自己的课程，这种供给方式的改变，使每个学生拥有独一无二的培养方案，让充分尊重学生的个

---

① 吴砥，尉小荣. 国际教育信息化典型案例(2015—2016)[M]. 北京：北京师范大学出版社，2017.

性化发展成为可能。

(一) 个性化课程

个性化课程是充分体现学习者个性发展的一种方式，也是基于学习者的需求而产生的，从学习者发展的角度来说，我国新课程改革的理念是"以人为本，以学生的发展为本"，智能时代学生的需求更加多元化。处于智能时代的学习者，接收到的信息量更大，丰富的信息使得他们能够更加清晰地了解自己的学习风格与需求，学习者对课程的要求不再只是体现在群体式课程中，还需要通过能够体现其个性的课程来实现其个体化发展。教育的个性化趋势愈加明显。总体来说，学习者不是刻板的，而是灵活自由的，在课程中加入个性化的成分、设计个人特质更加鲜明的课程，是学习者个体发展的必然需求[1]。技术革命推动教育革新，数据化的信息处理方式使个性化课程设计得更加便捷，对数据信息的处理能够整理出学习者的学习行为模式、思维模式，有助于完善个人的个性化课程表。个性化课程包括两个层次：一是学科课程的个性化，即不同的学生对同一课程有不同的要求；二是课程结构的个性化，即不同的学生需要选修不同的课程。

(二) 个性化学习空间

个性化学习需要借助大数据和学习分析技术，从海量的数据信息中发现学习发生的机制，挖掘学生学习规律的变化，找到数据背后隐藏的学习行为产生的原因和相互的关联性，预测学生学习行为序列并提供更加精准的学习内容和反馈建议。网络学习空间将大数据和学习分析技术融合起来，成为学生实现个性化学习的支撑平台。廖轶等[2]在分析信息时代学生的个性化发展需求后，提出以学生为中心对网络学习空间进行整合型一体化设计模型，并具体阐述网络学习空间一体化设计理念、模型构建和技术架构。李振等[3]针对个性化网络学习空间建设的需求，以教学法-空间-技术（pedagogy-space-technology，PST）框架为基础，补充了利益相关者-数据-学科内容（stakeholder-data-content，SDC）三个要素，构建了个性化网络学习空间模型——PST-SDC模型。张进良等[4]在梳理大数据分析技术驱动的技术交叉融合对网络学习空间三个子系统产生的影响的基础上，将此阶段网络学

---

[1] 刘培培, 黄晓琴. 大数据时代高中"四段式"个性化课程设计模式[J]. 现代中小学教育, 2015, 31(7): 36-39.
[2] 廖轶, 李波, 周航. 支持个性化发展的网络学习空间一体化设计[J]. 中国电化教育, 2016(4): 43-51.
[3] 李振, 周东岱, 钟绍春, 等. 基于云计算的个性化网络学习空间研究[J]. 现代教育技术, 2016, 26(11): 114-120.
[4] 张进良, 郭绍青, 贺相春. 个性化学习空间(学习空间 V3.0)与学校教育变革——网络学习空间内涵与学校教育发展研究之五[J]. 电化教育研究, 2017, 38(7): 32-37.

习空间命名为个性化学习空间（学习空间 V3.0），对教师、学生、学习资源、教与学环境和教学组织形式等五个方面分析后认为，促使学校的组织形式和管理模式发生变革是学习空间 V3.0 变革学校教育的核心点。学校教育逐步从知识本位的教育向能力本位的现代教育转型，从规模化教育向个性化教育转型，形成混合型教育生态。

（三）案例介绍

美国 Knewton 自适应学习平台是当前比较有影响的自适应学习平台之一。学习者可以在系统中创建个人学习空间，并在空间中制订自己的学习计划、选择课程。该平台通过收集在线学习数据，精准预测和分析学习者的优势、劣势、学习兴趣、认知水平和参与程度，并为学习者推荐个性化的学习活动和学习内容，提高每一位学习者完成学习目标的可能性[1]。下面对该平台进行介绍。

（1）使用群体：K12、高等教育、职业教育。

（2）理论基础：项目反应理论、概率图形模型、凝聚层次聚类和知识图谱等四个主要的理论框架。项目反应理论模型在学生能力与正确回答可能性之间建立联系，概率图形模型实现持续提炼推荐结果功能，凝聚层次聚类为群组学习的分组提供核心算法，知识图谱为个性化适应性学习提供支持。

（3）平台架构：该平台主要包含推荐引擎、预测分析引擎和归一化学习引擎[2]。个性化内容推荐主要通过个性化基础设施完成，旨在综合数据池中的海量信息为学生规划最适合的学习路径。推荐引擎基于学生的学习目标、优势和劣势、学习输入等为学生规划下一步的学习内容；预测分析引擎基于学生综合情况对学生接下来的学习完成度、对学习内容的注意程度、学习速度、活动参与度、分数等做出预判；归一化学习引擎旨在及时更新学生动态数据，并建立起跨学科、跨时段、跨地域的个人数据的联系，实现学习数据统一化。这不仅在很大程度上满足了学生的需求，同时也为教师、家长以及学校管理者的评估和管理带来了极大便利。图 5-9 为 Knewton 与伦敦中学合作的系统界面，展示了该校的学生学习数据。

---

[1] 李海峰, 王炜. 国际主流适应性学习系统的比较与趋势分析[J]. 现代教育技术, 2018, 28(10): 35-41.
[2] 叶小敏. 美国 Knewton 自适应学习平台研究[D]. 重庆: 西南大学, 2019.

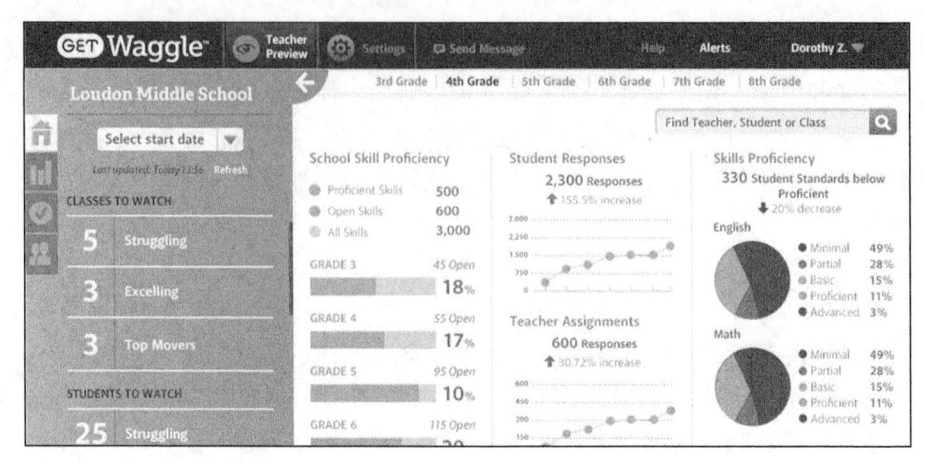

图 5-9　Knewton 与学校合作的系统界面

（4）平台功能：支持自适应课程学习的创建和使用，师生可以根据自己的课程、学习内容进行针对性的适应性学习设计和资源供给；实时学习行为的数据分析，包括学习者与学习内容之间交互、学习进度以及学习质量检测等，并且以数据仪表盘的形式进行呈现；差异化引导学习者的自适应学习过程，通过不断地提问和测试判断学习者的真实水平，学习者可以得到当前题目的反馈以及后续题目难易程度的变化，如果无法完成题目，平台能及时介入辅助学生完成课程，以实现对学习者薄弱知识点的精确定位和学习路径推荐。图 5-10 为 Knewton 系统中两个学生的学习过程对比：系统没有预先设定学习的路径，知识点呈网状结构，学生在学习过程中，系统会不断地根据知识的最新掌握情况，通过算法从知识图谱中推荐下一步最优的学习点，而且在每一步学习过程中都会重新计算，从而实现系统动态地适应学生的学习进程。

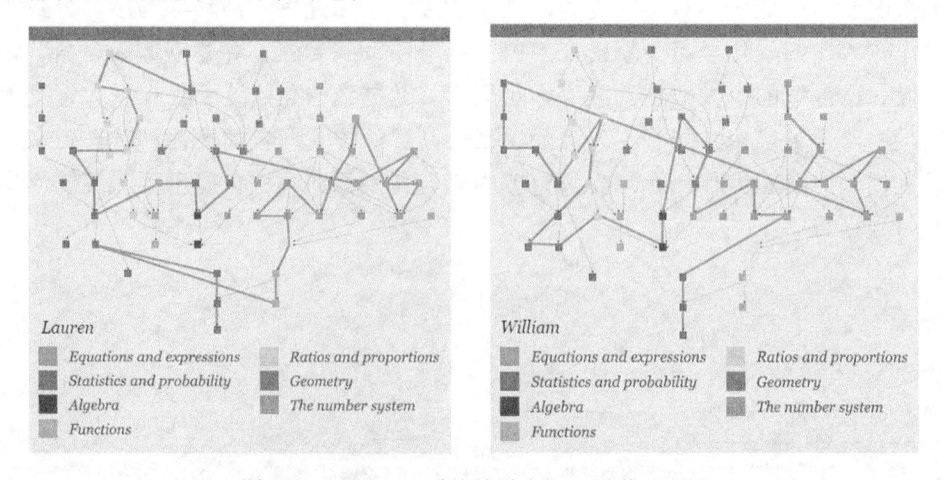

图 5-10　Knewton 系统的学生知识图谱对比图

第三节 学校管理变革

在物联网、大数据和云计算等新一代信息技术的支持下，网络学习空间的应用推动学校教育管理模式逐步走向"智能化"。各种智能技术与管理业务的融合，促进了教育管理的变革与发展。主要表现在：云计算技术拓展教育资源与服务的共享和一体化管理，物联网技术提升教育环境与活动的感知监控，大数据技术提高智能管理和科学决策，泛在网络增强家校多终端联通。

一、共享协同

大数据时代，数据已经成为一种基础性资源。学校可以产生很多数据，通过对校园产生的数据进行挖掘，分析潜在价值的关联，实现基础数据全校共享，使学校资源得到合理配置，从而为决策者加强教育管理工作、进行教育科学决策提供有效依据。

（一）数据共享

在数字校园时期，校内各部门各自建立、管理信息。其信息种类繁多、数据量大、非结构化，并且存在信息孤岛现象。数据采集是管理、决策的基础。统一规划的智慧校园利用统一数据管理平台解决了这些问题。数据管理平台对校内分散的人事信息数据、学生学籍数据、教务数据、物资设备数据、组织机构数据、校园金融数据等实现集中采集、管理和分析，对各类资源数据进行整合、优化和共享，减少数据冗余和不一致性，打破信息孤岛，为管理决策提供有效参考。例如，某大学完善数据应用机制，建立了数据管理应用体系[1]。在评审学校教师教学活动的能力与个人科研能力方面，先对存储在图书馆数据中的论文署名进行梳理并关联到教师个人，然后再结合教师在 e-Learning 网络教学平台上活跃程度、学生参与程度、关注程度和欢迎程度、论文合作署名影响力以及其他相关信息来进行综合判定。

（二）协同决策

数字校园时期，学校的业务管理主要利用办公自动化 OA 系统实现，然而 OA 只能处理一些简单、自上而下的工作。对学校所拥有的人、财、物、信息、时间和空间等资源进行综合平衡和优化管理的功能并不能实现。智慧校园的业务管理主要通过协同办公系统和基于数据智能决策系统共同完成。智慧协同办公系统以

---

[1] 宓詠，赵泽宇. 大数据创新智慧校园服务[J]. 中国教育信息化，2013(24): 3-7.

科学管理为中心，协同运作为进化手段，使行政办公、校园教务、人事、科研、教研、财务、后勤、校友等管理信息资源融会贯通，极大地提高了学校管理运行效率；满足学校公共信息、个人办公、公文流转、行政管理等全方位办公需求；实现信息发布、文档管理、会议管理、协同工作、关联人员、门户定制等功能。管理的关键在于决策，在大数据的基础上，校园管理将会变得更加具有前瞻性和科学性。数据智能决策系统主要是站在校园决策层来全局统筹处理学校各种信息。学校通过安装各类摄像头和全方位传感器，从海量数据中挖掘出潜在的、有价值的关联信息，全面优化校园人、财、物等资源配置，不仅能服务于校园教务、行政办公、科研、基础设施等全面智慧化管理，而且还能发现教育教学规律、预测教育教学发展方向，为未来学校发展提出合理建议。

（三）案例介绍

西安交通大学以中国西部科技创新港为平台，建成了全国首个能系统高效支撑教学科研、能源管理、安全保障和生活服务的智能化、一体化"智慧学镇 5G 校园"，实现了智慧教育、智慧安防、智慧物业等十大功能，打造"人人皆学、处处能学、时时可学"的融合校区、园区、社区一体化的智慧教育服务体系，总体设计如图 5-11 所示[①]。该智慧校园建设通过构建无差别资源访问服务体系，打通数据孤岛，实现业务融合，做到"网络通、数据通、业务通、人人通"，即四个校

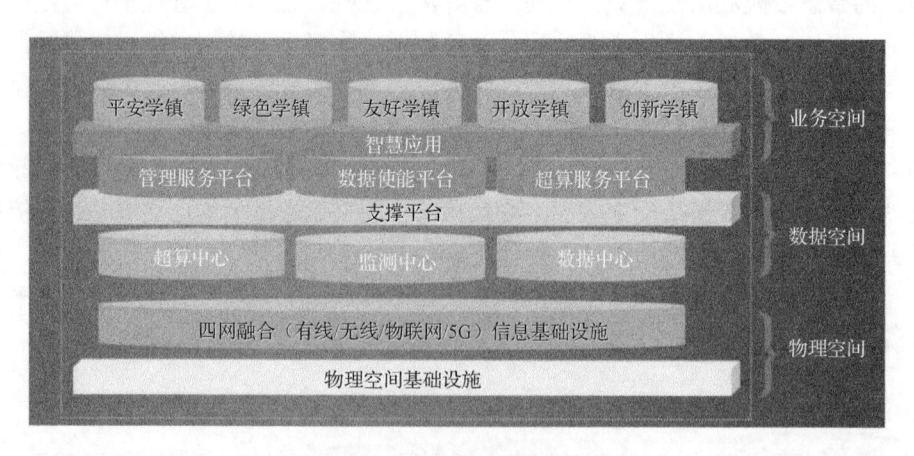

图 5-11 智慧学镇的总体设计

---

① 姜泓. 我市建成中国高校首个"智慧学镇 5G 校园"[EB/OL]. (2019-07-20)[2020-08-08]. https://epaper.xiancn.com/newxarb/pc/html/201907/20/content_1487.html.

区之间的 100G 高速互联，实现"网络通"；有效落实科研财务"放管服"，实现"数据通"；门禁权限、班车信息、讲座活动、迎新系统、周边信息、图书资料、超市购物等多类校园生活服务信息的在线查询，实现"业务通"；仪器设备、图书文献等业务的无差别共享资源访问服务体系，实现"人人通"。通过全业务支撑和一体化运维的基础网络服务，构建了校园业务入口统一、标准一致、数据共享、通知速达的全新互动生态。

二、智能感知

智能感知是智慧校园的建设内容之一，通过对环境、资源和应用的全部数字化、智能化实现，为教学、科研、管理和服务提供多元感知环境，以拓展现实校园的时空维度，扩展业务功能，提高校园管理水平和效率。

（一）教学环境感知

在校园内部部署感知网络，关键区域安装视频监控设备，利用可视感知网络和图像图形技术等收集分析数据，实现环境智能调控、故障自动提醒，主要包括教学楼、图书馆、自习室等场所温度湿度感知、室内光照自动调节；园内噪声自动检测、自动降噪；恶劣天气智能提醒、空气污染自动净化、细菌超标提醒；校园电能、能源超标提醒等。智能感知系统利用无线网络技术、互联网覆盖、射频技术、视频图像识别技术、二维码技术等实时感知校内环境，智能识别人、事、财、物等信息。校园感应监控点和门禁系统可以通过校园一卡通对在校人员全天无间断、无死角、全自动实时感知和定位。校园管理者、安保单位、教师可以通过校园卡系统实时掌握人员在位情况。借助此卡，还可以实现对学生日常消费、图书借阅、电子签到、外出情况等数据可视化呈现。远距离射频技术可以对校园资产设备进行实时监控和感知。借助资产设备实物上的标签进行射频识别，避免账面记录管理等缺点，主要包括资产设备定位、产品信息、保养维修、财务消费等信息随时识别。

（二）感知可视化

智能感知不仅能为学生提供一个舒适的生活环境，还可以深度处理学习感知数据，为学生构建一个个性化的学习环境。学习仪表盘可以对学生在线学习行为精密追踪，记录行为轨迹，对学生学习数据进行挖掘，最终以图形图表等可视化形式呈现出来，进而预测学生的学习情况，并针对存在学习困难的学生进行适当干预和帮助。通过综合仪表盘和多层关联深钻的方式，对感知到的数据进行多维分析、可视化展示，为校园管理者提供决策支持，促进校园智慧发展。美国塔夫茨大学有两种类型仪表盘[①]：一种是针对自己学校发展情况的仪表盘，另一种是同行比较仪表盘。前者利用箭头和颜色展现所有指标的具体变化；后者比较一段时间内自己学校与同类学校的发展情况，并呈现发展变化情况。普渡大学信号灯系统实时对学生的学业情况预警，有助于教师和学生全面了解学业情况并及时调整学习策略。信号灯系统仪表盘分别用红、黄、绿三种颜色来呈现学生的学业情况。红色代表学生需要努力学习，改变学业情况；黄色代表学生要注意自己的学业发展趋势；绿色代表学业情况良好。

（三）案例介绍

宁波经贸学校建设了基于物联网和大数据的智慧校园管理体系[②]。校园门口安装车辆信息自动采集装置，校园显示屏可以实时显示地下车库的车位数，方便、安全地管理教师停车和行车问题，实训楼自动安防门禁系统能主动识别身份，自动照明系统可以根据设定自动感知光线，实现照明智能开关。中药标本室安装温度和气体浓度检测传感装置，一旦出现异常情况便能自动报警。植物种植基地部署了土壤湿度采集控制和灯光控制装置，教师可以在手机上查看相关数据，并及时进行调整，如图5-12所示。此外，学校还计划安装自动施肥和施加农药两个系统，以便进行基地生态远程监测和施肥、施药等远程控制。

图5-12 教师通过手机查看土壤的温湿度

[①] 唐丽, 张一春. 学习分析仪表盘: 教育大数据的可视化工具[J]. 高等理科教育, 2018(6): 31-36.
[②] 宁波晚报. 校园里的物联网让人耳目一新[EB/OL]. (2014-06-04)[2020-08-08]. http://cs.zjol.com.cn/system/2014/06/04/020062056.shtml.

三、监控预警

学生的成长安全是全社会、政府、学校、家长共同关注的问题。校园内频繁发生的校园暴力和意外事件让学校和家长防不胜防。智慧校园必将是一个平安校园，借助安全防控技术构建有效完整的安全防患体系，对校园意外事故频发地区、校园周边、数据中心、网络系统等安装远程智能监控，建立实现智能预警、应急调度及辅助决策的综合型安全防范系统。

（一）平安校园

平安校园主要由进出身份识别、视频监控、安防报警、身份识别和视频联动等子系统构成。校园进出身份识别子系统安装在校园进出门口，对进出人员进行身份甄别。进出学校只需拿着证件，在电子识别器上轻轻一放，瞬间就可以采集人员信息，如果不是本校成员，系统则警告提示保安人员注意。视频监控子系统主要对校园重要和特殊区域进行视频监控。当摄像机拍下有人求救、打架、摔倒或者意欲聚众等行为，该系统立即分析这些异常行为，立即预警并发送至监控中心。安保人员通过视频监控发现问题，尽量确保校园安全。安防报警子系统主要采用红外探测器对周边环境进行防范，有效阻止非法闯入、爬墙翻越进入校园，并配合视频监控进行报警。身份识别和视频联动子系统对进出人员自动进行身份识别，能够进行准确的人脸捕捉或者呈现清晰的人脸图像，同时与重点人员数据库内的人脸图像进行比对，并对可疑人员进行重点监控。一旦出现危险情况，子系统不但可以实现本地报警、声光报警，还可以和110联网，实时录像并把录像上传至安全中心。平安校园系统可有效贯穿于安全事故发生的前、中、后阶段，并形成全方位完整安全事故救援体系，实现对意外事故的监测监控、预测报警、信息报告、指挥调度、综合判断、辅助决策等主要功能，可有效杜绝校园内发生的安全隐患。

（二）案例介绍

山东大学青岛校区建设平安校园管理平台[①]，以保障师生人身财产安全和营造和谐的学习工作氛围，系统拓扑结构如图5-13所示。视频监控系统对进出校园的访客进行实时抓拍，将抓拍人脸图片上传云端与数据库人脸图片进行比对，匹配成功产生来访记录。对出入学校进出口的车辆进行车牌抓拍，识别并建立车辆信息库，方便查询调阅。在学校教学楼宇、办公楼宇内部、宿舍等重要位置布置视频监控，对视频中的异常行为进行实时侦测，当出现打架斗殴、非法入侵、自杀、

---

① 叶青霖. 智慧校园的综合安防平台设计[J]. 无线互联科技, 2019, 16(5): 78-79.

群体事件等行为时，系统会自动发送预警给学校安保人员，保证区域安全。当学校里发生紧急情况如火灾等，可快速自动抓拍现场全景发送给相关负责人员，减少现场确认警情时间，以便及时处理火灾问题。

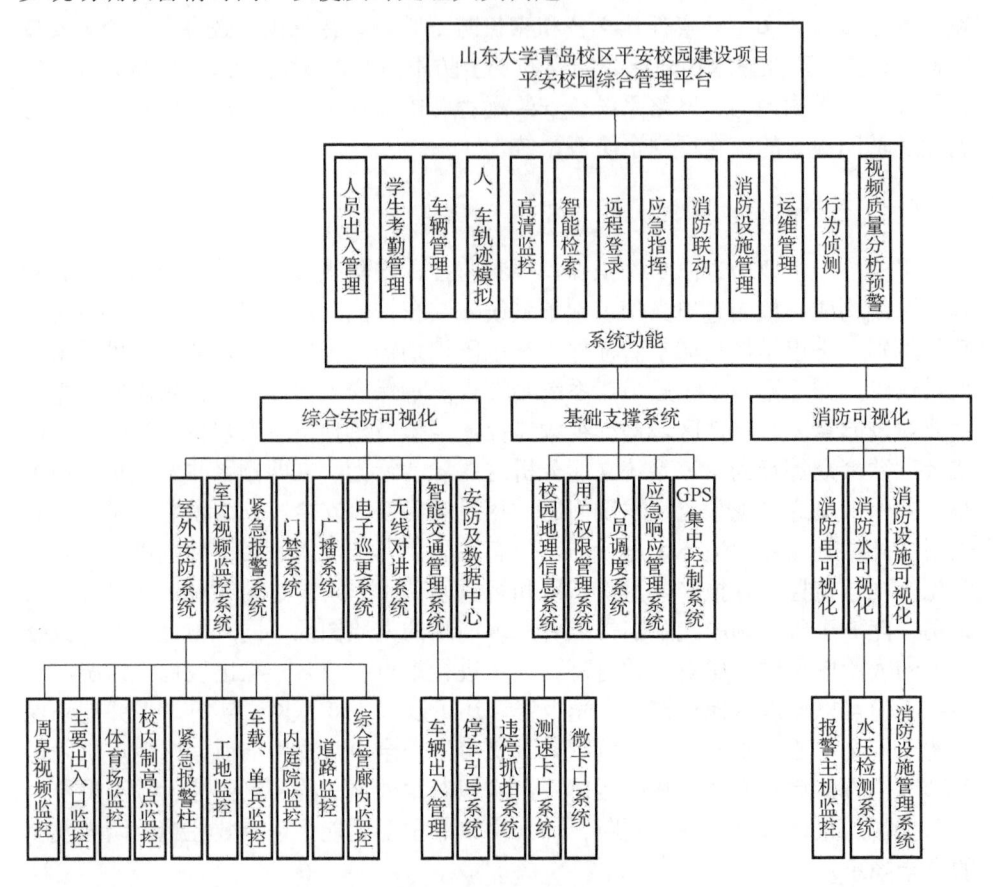

图5-13 平安校园建设项目系统拓扑图

四、科学决策

随着信息技术的迅速发展，各行各业都在利用数据手段提升管理运营，并逐渐成为企业规避风险、降低成本的有效途径。在大数据时代，校园内所产生的数据更是呈爆炸式增长。面向校园决策层实时提供教学管理和行政管理的各种状态数据，通过挖掘、分析，提炼有价值的信息，为学校各级领导部门制定决策、预测趋势提供有力支撑，使得教育教学决策逐渐从"拍脑袋决策"走向"科学决策"，从而提高教学质量、促进学校发展。

（一）教学管理决策

在以往的教学活动中，教师的决策往往带有主观色彩，缺乏科学性，主要根据教学经验进行判断。教师掌握的都是学生课堂表现等显性信息，很难了解学生的课外情况，对于一些隐性因素，例如学习状态、心理变化、认知结构更是难以把握。智慧校园中的教学管理平台能够感知并记录学生学习时长、学习参与活动、学习效果、学习习惯等，并转变为数据进行分析处理，为教师提供基于数据支持的诊断结果，避免人为、主观等因素干扰。据此教师可以更好地掌握学生学情，及时调整教学安排和方向，为学生制定个性化学习方案，推送合适的学习资源，满足学生个性化学习需求，做到因材施教。

（二）行政管理决策

以往的行政管理决策中，学校管理层主要凭借个人经验和互相协商进行决策，但仅凭主观经验的简单决策常常缺乏科学性。充分利用网络学习空间对校园产生的海量数据进行收集和挖掘，提取出有利于决策的信息，再凭借以往的成功经验制定切实可行的解决方案。例如，学校扩建浴室，需要面临每日烧水量多少、锅炉选用多大容量等重要问题。后勤管理人员可以选取校园信息管理系统中一个时间段内学生洗澡卡的相关数据，通过分析得出日洗澡高峰人数、洗澡人数高峰日等信息，根据分析结果为学校管理层提供决策支撑。建设学校食堂也需要管理信息系统的数据支持，通过统计就餐人数和分析数据结果来适当调整课程安排，让学生错峰就餐，避免学校食堂在午餐、晚餐时间人员拥挤。

（三）案例介绍

北京市教育委员会（简称"北京市教委"）从2016年9月开始推行"北京市中学教师开放型在线辅导计划"（又名"双师服务"），委托北京师范大学未来教育高精尖创新中心搭建"双师服务"在线辅导平台，面向通州区、房山区等六个区的初中生免费开放[1]。学生不仅可以观看平台的直播课程，还能享受到各校骨干教师的一对一在线辅导，如图5-14所示。该平台收集教师用户的管理数据、双师资质审批等数据，采集姓名、称号、职称、执教科目信息，建立各学校、各年级和各学科的教师个性成长档案，形成各校师资配置分析报告。学校管理层可以借助分析报告，权衡教学、科研管理的重点，调配物资比例，更好地发挥各年级、各学科的优势和特色，减少管理盲区，提高资源利用率，有效提高教育管理的实效

---

[1] 北京晚报. 北京市"双师服务"在线辅导已推广六个区 各校骨干教师免费指导[EB/OL]. (2019-01-09) [2020-08-08]. https://www.takefoto.cn/viewnews-1674687.html.

性。2021 年 11 月，北京市教委印发《北京市中学教师开放型在线辅导计划（试行）》[1]，提出搭建中学教师在线辅导云平台，鼓励教师组合运用一对一在线辅导、一对多在线辅导、问答中心以及微课学习四种形式开展在线辅导。根据实施步骤，2021 年上半年面向通州、延庆、怀柔、密云、平谷、房山、门头沟、大兴和经开区的初中学生开放，2021 年下半年和 2022 年拓展到全市所有初中学生。

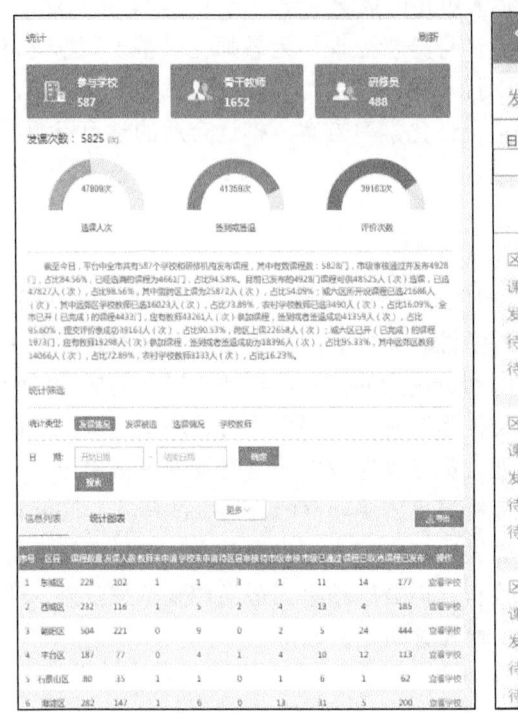

图 5-14 双师服务系统界面

五、家校共育

在以往的教育体系中，家庭和学校教育桥梁难以搭建，家校共育难以得到全面、深入的开展，导致家庭对学校教育了解不够全面，同时学校对家庭教育也了解甚少。家长每日忙于工作事业或生活琐事，认为孩子的教育是属于学校的事，家长只需要听从并配合学校的安排。家长与学校沟通方式主要通过家长会、口头信息传递、家庭访问、电话交谈等，并不能帮助家长及时掌握学生的在校情况，存在一些制约因素，在一定程度上影响学生身心健康发展。近年来，随着信息技

---

[1] 北京市教委印发中学教师开放型在线辅导计划，将提供四种辅导形式[EB/OL]. (2021-12-09)[2022-03-08]. https://www.sohu.com/a/506691048_250147.

术的快速发展，人们愈加意识到学生的教育仅凭学校的孤军奋战，教师的独当一面，效果并不明显，更需要全社会的鼎力相助以及家长的积极参与，只有三者密切合作、协调一致，才能实现最理想的教育模式。

（一）家校合作的途径

在自媒体迅猛发展的新时代背景下，学校与家长的沟通更加便利，QQ、微信等公共平台已经成为最常用的家校交流方式。学校微信公众平台定期发布学校最新资讯，让家长了解学校日常教育；家长与教师建立微信群聊，实现双向互动沟通，有助于家长、教师及时掌握学生在学校、家庭的表现情况，便于快速沟通学生问题；按学生学习需求建立学科微信群，实现学习针对性培育。在课后和假期期间，学生也可以利用网络继续进行学习。虽然网络学习打破了时间和空间的限制，但部分学生随着知识的不断深入，对课后作业、疑难问题存在的困惑，超出了家长的知识范围，使家长无法解决孩子的学习难题。学校可以通过互动平台上传课程资源，并针对学生疑惑线上答疑，突破时空限制解决学生的学习障碍问题。例如，南京市鼓楼区建设的"鼓楼e学校"[1]，当学生遇到学习障碍时通过该平台可采用拍照、文字输入、语音提问等多种方式向该学段学科相关名师发出求助信息。平台提示教师有问题等待回答并显示学生的个人信息，教师在查看具体提问内容后即可与提问学生进行一对一视频在线辅导答疑。教师和学生还可以在该平台中分别查阅自己以往的答疑和提问记录。

（二）案例介绍

首都师范大学附属中学研发并实施"智慧家校合作项目"[2]，项目体系如图5-15所示。学校面向全体教职员工开展心理学特色专项培训，提高教师理论水平和指导能力，帮助教师科学指导家长的家庭教育。学校邀请专家重点讲授学生在成长阶段时常发生的共性问题，转变家长的教育观念，帮助家长了解孩子身心健康发展，掌握教育孩子的方法技巧。学校还通过平台定时向家长推送在线教育课程，帮助家长掌握有效的家庭教育方法，为孩子的健康成长提供一个良好条件。家校交流平台还全面客观地记录与学生相关的行为数据，通过数据分析不仅可以让家长更加全面地了解学生生活、学习和心理上的状况，而且还可以让教师更加深入地了解学生的实际情况，学生也能更加全面地意识到自己学习中存在的不足。比如，教师可以根据学生在历次考试中的错误数据进行对比分析，制定个性化教学方案，有针对性地提高学生的学习成绩。上海闵行区教育局依托互联网、大数

---

[1] 侯正永. 鼓楼e学校：塑造混合学习空间的智慧教育[J]. 江苏教育, 2019(90): 24-26.
[2] 卢青青, 李雅红. 实施"智慧家校合作项目"构建家校共育新模式[J]. 北京教育(普教版), 2019(11): 65-67.

据等技术进行校园建设，全面客观地记录学生发展状态数据，推进教育质量管理方式的科学发展。学生通过电子学生证，各种日常行为数据被动态抓取和实时记录，并在平台内自动生成各种数据统计图表，从而量化分析学生隐性状态及需求，让家长和教师能够及时直接地看到学生的点滴进步或潜在问题；家长还可以登录学生电子档案的个人门户网站，浏览孩子的成长信息，实时关注学生的动态变化。通过教师和家长的协同教育，可以及时发现、有效疏导存在学习困难和心理疾病的学生，帮助学生健康成长。

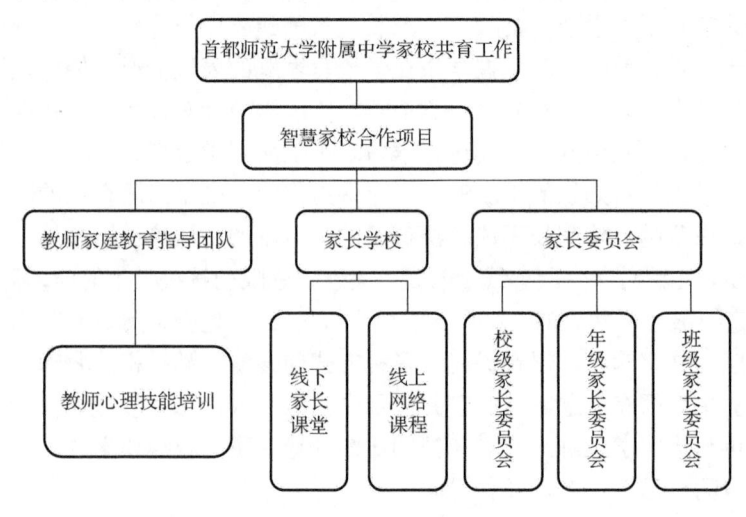

图 5-15 "智慧家校合作项目"家校合作体系

第四节 学校形态变革

传统院校是以百年历史的工厂模式为基础，适合于培养适应工业型社会的劳动力。这种模式采用整齐划一的方式安排教学活动，统一时间上课、统一教学大纲、统一教学进度、统一考试模式，以此来培养年龄相仿但个性迥异、能力不同的学习者。工业时代用统一标准要求所有学生，存在每个学生的个性得不到充分发展、能力得不到充分发挥的问题。随着物联网、云计算、大数据、移动互联网等新一代信息技术的兴起，工业社会所塑造的世界逐渐发生变化，并悄然步入了智慧时代。传统学校不再是学生获取知识的唯一场所，学生的学习活动也不再局限于钢筋水泥、砖瓦花木的传统校园。步入智慧时代，学校的组织形态正在发生变化，旨向虚实交融、满足学生个体发展需求的泛在学习空间[1]。

---

[1] 罗生全，王素月. 未来学校的内涵、表现形态及其建设机制[J]. 中国电化教育，2020(1): 40-45, 55.

一、虚拟学校

现实学校建立在真实的物理环境中，而虚拟学校则是利用网络技术模拟现实学校，并对现实学校三维虚拟再现。虚拟学习环境解决传统课堂教学形式单一等问题，不仅能充分调动学生感官，带给学生一种身临其境的感觉，还能满足不同类型学生的需求。现实学校严格规定学生的学习地点和时间，而虚拟学校打破时空的限制，教师可以灵活安排教学任务，学生可以在任意时间进行学习。现实学校统一课程安排，不能满足特殊学习类型的学生进行个别教学，而在虚拟学校中可以实现选择性学习，促进学生个性化发展，挖掘学生各种天赋。虚拟学校最大的优点是拓展了教育手段，为那些身体不便进入传统学校的学生提供了学习的机会。

虚拟学校目前没有统一标准的概念，有研究将虚拟学校定义为经过政府审核的、通过远程教育方法（包括网络教学）提供学分课程的质量合格的学校[1]；也有研究将虚拟学校定义为运用虚拟技术创办在互联网络上的、不消耗现实教育资源和能量的，并且具有现实学校所有特征和功能的一个办学实体[2]。总之，虚拟学校创造了一个崭新的教育时空，数字化建构的虚拟学习空间为更多的学习者提供了学习机会，也为学习者提供了更加丰富的学习资源，学习者可以根据自身需要灵活支配学习时间，随时进行学习。当前，我国不仅建设了国家开放大学数字化学习资源中心、国家教育资源公共服务平台和大学慕课等大量优质开放教育资源库，而且在基础设施建设、教师信息化培训以及信息教育资源开发和应用等方面也取得一定成果。但与密涅瓦大学（Minerva）这样纯粹的虚拟学校相比，我国目前还没有建设真正意义上的虚拟学校，大部分都是依托国家开放大学、地方开放大学、实体大学的远程高等教育，以及各种在线高等教育资源和平台实现虚拟学校的部分功能[3]。

二、未来学校

未来学校是基于未来社会人才培养需求与科学技术的深度创新融合而形成的新型育人场所，将会为学习者、教师、家长以及学校管理者提供高质量的精准化、个性化服务。网络学习空间的发展及其在学校教育中的应用，将会对教师、学生、学习资源、教学环境和教学组织形式等学校教育五个核心要素产生革命性的影响。

---

[1] 严文法，廖伯琴. 美国、加拿大虚拟学校的发展研究与启示[J]. 电化教育研究，2009(8): 105-108, 117.
[2] 孙沂. 虚拟大学综述[J]. 科技情报开发与经济，2007(24): 259-260.
[3] 耿益群. "一带一路"背景下高质量国际虚拟大学建设探析[J]. 大学教育科学，2018(5): 74-80.

（一）教师方面

未来学校中强人工智能技术支持的虚拟教师和人类教师将协同工作，虚拟教师将配合人类教师对学生进行部分知识传授和技能训练，而人类教师转变为学生的成长伙伴，以指导者和陪伴者的身份从人格培养、情感教育、能力提升等方面发挥机器不可替代的作用。

（二）学生方面

学生可以在智能导师或智能学伴的协助下开展泛在学习，通过可穿戴设备以虚拟形象进入虚拟学习空间开展创新实践与研究性学习活动，并获得虚实结合的无缝学习体验和深度沉浸式体验。数字化建构的虚拟学习空间还将学校终极教育延伸至终身教育，打破年龄限制，使不同年龄阶段的学习者共同学习。学习者通过自主学习构建满足自身需要的个性化知识结构，实现个性化发展。

（三）学习资源方面

未来学校的学习资源除了纸质教材等，还包含电子教科书、教辅材料及基于自身学习数据的个性化学习资源。大量的智能化学习资源通过动态构建知识图谱，不断完善资源属性，实现智能学习资源的系统化。强人工智能支持的学习资源智能生成技术会改变资源的生成方式，为学习者提供高级智能定制服务。

（四）教学环境方面

未来实体学校依然存在，但实体学校将演变为学习中心，传统教室不再是教师讲授知识的主要场所，而是成为提高学习者高阶学习与非智力发展的场所；可穿戴设备、智能终端、智能感知、全息成像等技术将成为教学环境的基本支撑，教学环境能够自动感知学习者所处的时空、状态乃至需求，准确理解用户的行为与意图并及时给予反馈，学生的学习活动将成为学校教育的主旋律。

（五）教学组织形式方面

未来学校课程与教学根据学生兴趣制定，在虚实融合学习环境中，教学组织形式走向灵活性、多样化、自组织、协作性。学生不必每天按部就班地学习各门课程，学校的教学组织形式完全依据学生发展的需要运行，每个人的课程表不完全一致，学习内容和学习进度由自己掌握，满足学生定制化和个性化的需求。人工智能与大数据技术使未来学校能够准确掌握教师、学生的教学行为轨迹，并基于个体行为轨迹提供精准的教学建议和学习内容，使群体个性化的学习共同体与实践共同体成为新的教学组织形式。

三、案例介绍

（一）密涅瓦大学

2013年，基于互联网互动学习平台的全新数字化大学——密涅瓦大学在美国旧金山创办，这是一所"没有校园、没有入门课、没有讲授式教学、全部小班在线研讨、学生四年全球七座城市游学"的新型大学[1]。同传统大学相比，密涅瓦大学在办学理念、硬件建设、师资选聘、招生方式、培养目标、课程体系、教学模式、学习方式和学习服务等方面都有着天壤之别。

1. 培养目标

密涅瓦大学的培养目标包括三个层次，呈递进关系：第一层次是培养思维习惯和基础知识；第二层次是培养四类核心能力，即创造性思维、批判性思维、有效沟通和有效互动的能力；第三层次是将学生培养为领导者、创新者、广博的思考者、世界公民。

2. 课程体系

学生可以选择在艺术与人文、商科、计算科学、自然科学和社会科学五个专业中获得本科学位。这五个专业都有六个集中的专业领域，这些专业领域通过在课程中对能力进行拆分，综合形成120多个小单元。密涅瓦大学的专业被认为是相互关联的课程矩阵，其中提供的每个课程对于五个专业领域都是必不可少的。在密涅瓦大学的整套课程设计里，就是把这120多个小单元不断地应用到每节课里，新的认知单元在学习后会和已学的认知单元交叉整合，课堂讨论认知单元之间的关系和互动，以及如何多角度地运用一系列单元共同解决问题。作业部分对单元整合的要求更高，最终的项目更是要求把基础课程的单元跨学科整合，解决一个当地城市的真实问题，让学生在使用这些能力的过程当中得到提升。

3. 教学模式

密涅瓦大学的课堂教学都是研讨式的，每堂课最多18个学生，保证每个学生都能够有效参与讨论。通过"线下学习线上讨论"的方式培养学生，侧重讨论、辩论和协作。

（1）线下学习：以"主动学习"为指导，每节课都会有一个核心问题，是抽

---

[1] 陈乐. 密涅瓦大学：引领未来高等教育？[J]. 比较教育研究, 2016, 38(10): 59-64.

象的认知单元在具体问题中的应用,所有的讨论都围绕这个核心问题。课程大纲设计准确列出每堂课需要阅读的网页链接和预习重点,学生根据重点准备相关知识,学有余力则可以用 MOOC 加深理解。

(2)线上学习:密涅瓦大学最显著的优势之一就是基于学习科学理论建立起的 Minerva Forum 在线自主学习平台,这是一个专门为实时视频互动而构建的技术平台,支持学生在分组讨论、辩论、模拟、测验、民意调查和团队演示之间灵活切换。线上讨论时,老师可以在平台上实时掌握每个学生的学习状态,学生在线上学习过程中随时会被老师提问或者做随堂测验,在分组做模拟练习的时候为每组设置讨论黑板和协作文档,组员可以共同撰写、修改组内报告,课堂的互动性非常强,如图 5-16 和图 5-17 所示。每堂课最后 10 分钟会填写一个反思问卷,帮助学生主动思考自己本堂课学到的最有用、最重要的,和课前认识最不同的一点是什么,然后教师对比"课前准备问卷"和"反思问卷"来衡量学生在一堂课内的认知成长,并以此为依据给学生打分。课后,师生双方可以查看平台记录的参与数据和测验评分,老师通过回看教学录像并根据学生的课堂表现和平台的数据分析功能对学生提供针对性的点评意见,如图 5-18 所示。

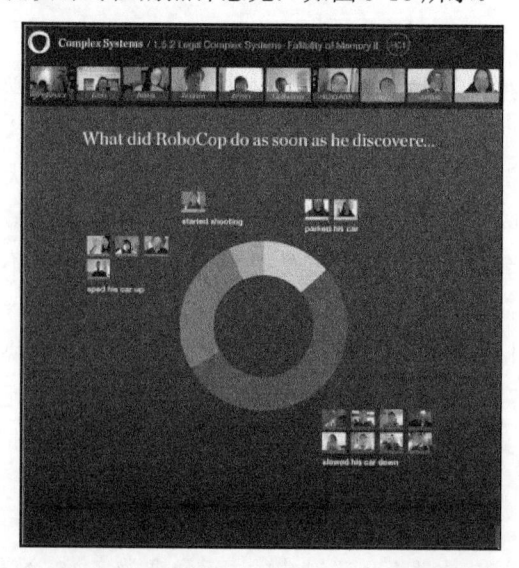

图 5-16 学生在 Minerva Forum 平台上开展投票和讨论

图 5-17　学生在 Minerva Forum 平台上利用协作文档开展互动式学习

图 5-18　教师回看课堂教学视频并利用平台功能开展过程评价

人们把密涅瓦大学称为"互联网大学",然而它不是简单意义上的"网络大学",也与作为传统大学教育补充性形式的广播电视大学不同。它的运作模式是"大学式"的,尽管学生不会在课堂上见到彼此,但是学生们一起参与各种实践课程和课外活动,传统大学中具备的课程、教学、考试、学分、日常校园生活等基本要素也始终存在,符合条件的学习者最终也会获得受社会认可的学位。作为一种特殊形态的大学,密涅瓦大学真正的颠覆性在于借助互联网的力量,用长尾效应把线下教学资源无限扩大,化身为虚拟大学平台,让老师教学、学生学习不再受限于地域,可以实现自由连贯的学习,成为一所"全球性"大学,它的出现具有坚实的现实基础和未来导向。

(二)一对一教学(teach to one)

2009年,纽约州教育部门的两位工作人员乔尔·罗斯(Joel Rose)和克里斯·拉什(Chris Rush)成立了"一人学校"(school of one,SOO),旨在设计并实施一种基于学校的教学模型,该模型能够整合各类资源构建满足学习者个性化需求的学习方式和学习内容。同年11月,这一基于个性化学习理念的教学模式在实施中取得了不错的效果,被《时代》杂志评为年度最佳发明之一。鉴于SOO模式的成果,项目团队成员于2011年创立了一个非营利组织——新课堂创新伙伴(new classrooms innovation partner),并开发了一种新的教学模型,即"一对一教学:数学"(teach to one:math,TTO),该模型延续了SOO模式的个性化教学理念,并通过基于项目软件获得的学生学习信息数据,重新定位老师和学生的角色、构建教学资源、安排教学进度、布置教学环境,更好地为学生提供个性化学习体验。2020年,为了在新冠疫情期间能够给学校教学提供更大的灵活性和便捷性,该组织推出了"一对一教学360"教学模型(teach to one 360,TTO 360)。

1. 教学资源

(1)课程库:TTO 360的课程专家团队设计、策划和评估了9000多个高质量数学课程,这些课程既包括定制课程,还包括与一些知名课程提供商的合作课程。学生可以选择他们认为最适合的课程进行学习,所有课程内容都经过了全面审查,确保每个学生的个性化课程都达到高标准。

(2)技能库:TTO 360会为每一个学生创建个性化的技能库,包含学生一年中需要的全部数学概念和技能,如图5-19所示。概念涵盖了更广泛的数学思想和主题,每个概念都包含3~5个相互关联的技能。学生、老师和父母可以通过技能库了解本年度的学习内容,而且每个技能库会根据学生的实际表现进行年度修订和调整。根据每个学生的不同需求,技能库还提供低年级和高年级的相关技能。

(3)学习路径:学生的日常学习信息会形成个性化的学习清单,每个学习清单都会收集学生在2~3周内学习的相关知识技能,并建立与知识技能相关的学习目标。TTO 360通过功能强大的自适应学习平台"TTO RoadMaps"对学生的历史学习模式、个体属性和课程特征进行诊断分析后，为每位学生生成个性化的学习路径，并以此来决定学生的学习内容、时间、地点和方式，如图 5-20 所示。

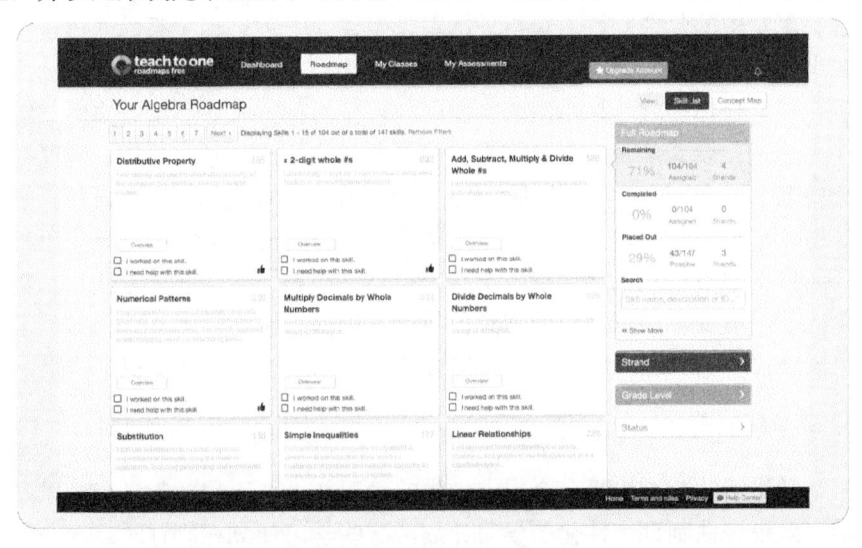

图 5-19　个性化技能库

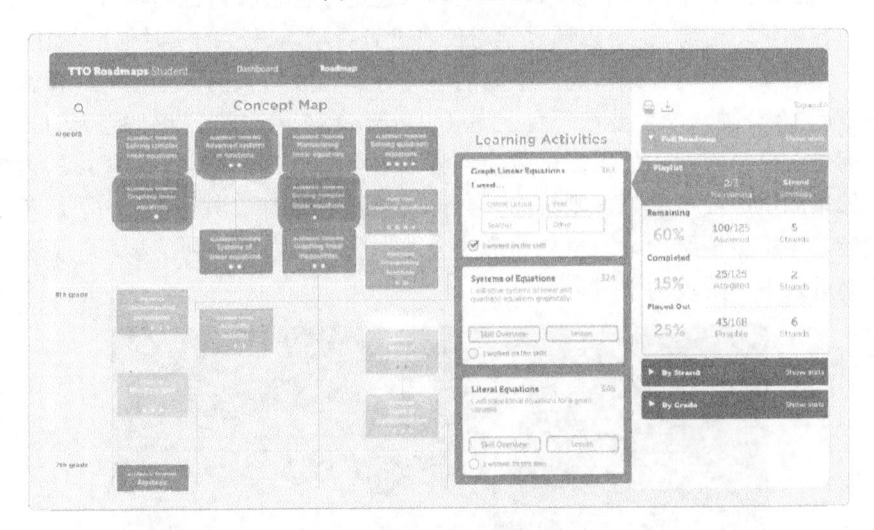

图 5-20　个性化概念图

2. 个性化学习模式

借助 TTO 360，学生可以通过八种不同的学习方式探索数学知识。这八种学习方式总体上分为教师指导、学生合作和自主学习三种学习模式。

（1）教师指导模式包括现场调查、项目学习和咨询三种方式。不同于传统的班级授课，在学生首次接触新技能的时候首先要进行现场调查，了解学生当前的学习水平及情况，然后进行分组。通过基于项目的学习方法，要求学生能够运用知识解决现实中的复杂问题。最后教师与学生建立一种咨询关系，通过反思不断强化知识技能。

（2）学生合作模式包括小组合作和同伴合作两种方式。小组合作中每组最多由 6 个人组成，合作解决数学难题和建模任务，从而提高学生协作、沟通、推理和解决问题的能力。同伴合作就是 2~3 个学生使用同样的技能，各自独立解决问题，然后分享他们的推理和策略，以此帮助学生提高逻辑思维和沟通技巧。

（3）自主学习模式包括虚拟教学、虚拟强化和独立实践三种方式，是指学生根据个人学习需要，通过平台的视频材料自主进行思考和学习，或是对已学内容进行巩固强化，以及通过软件练习中的开放式活动来解决复杂的现实问题。

3. 教学组织形式

（1）学生活动：首先平台会根据学生的学习能力、可用的教学资源以及前一天的学习效果评估制订个性化的学习计划，这些学习计划在制订时还会兼顾学校所在州或者地区的学习任务要求。学生可以通过平台查看自己的学习计划、家庭作业和各种学习资源，也可以通过学习仪表盘查看学习进度的实时信息，如图 5-21 所示。然后按照学习计划，通过不同的学习方式完成当天的课程学习。在课程结束的最后 10 分钟，学生要在平台上完成"Prove Its"小测验，评估当天的技能学习目标是否已经掌握。如果测试成绩合格，则可在第二天进入下一阶段的内容学习；如果测试成绩不理想，则第二天会再次学习同样的知识点，但为了避免学生产生疲倦等不良情绪，学习材料和形式会发生变化，直至当前的学习任务评估合格才会进入下一阶段的学习。

图 5-21　学生查看学习评价情况

（2）教师活动：课前教师会在平台中访问学生的学习计划、课程资源和学生学习进度的完整、实时信息，如图 5-22 所示，并以此为依据开展课程教学。但与传统的讲授不同，教师的授课对象不再是全体学生，而是在学习计划中有听课需求的学生，通过改变学习方式，帮助学生完成知识技能的习得。课上，教师不会全程讲授，而是在指导过程中适时介入学生的学习，以提供帮助。课后通过平台对学生作业、课堂表现等进行评价和反馈，并对学习效果不理想的学生进行辅导，及时调整课程资源来补充、加强和推进学生第二天的课程学习。教师还要定期对学习模式应用、小组项目开展和课程学习效果等情况进行诊断评估。

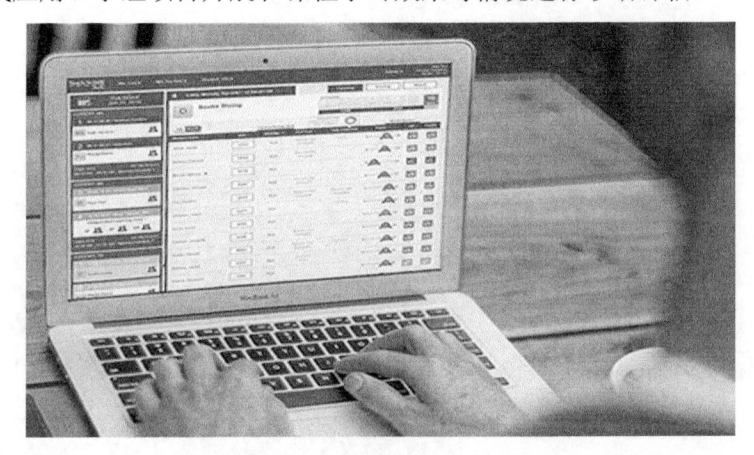

图 5-22　教师查看学生学习进度

"teach to one"的自适应教学平台为教师和学生提供了个性化的教学空间，这个空间既是教学资源的创作、管理和汇集平台，又是教学活动的展示与互动交流的平台。学生在自己的个人学习空间中参与不同班级的学习、管理自己的学习资源，并与他人进行交互，成为自我管理的学习者；教师在自己的个人空间中通过添加教学应用、管理教学资源，为学生提供在线答疑、作业批改和学习评价等服务，成为学生自主学习的指导者和陪伴者；学习资源不再是统一形式，根据学生需求和能力的定制化和个性化课程资源让学生可以找到适合自己学习节奏的课程内容；教室布置为开放式的学习空间，通过桌椅和教具的不同摆放形式划分多个区域支持不同教学模式之间的切换，以此创造自由开放的个性化教学环境；学生不仅可以从个体对知识技能的认知理解程度和学习习惯制订适合自己的学习计划，还可以根据实际学习进度及时调整，教师借助多种评价机制为教学过程开展和学生学习效果提供客观真实的反馈。"teach to one"这种以学生的个性化学习理念为主导，强调学生学习多样化和个性化的混合教学模式代表了未来学校教学组织形式的变革方向。